누구나 쉽게 할 수 있는 AI 바이브 코딩 입문

코딩 1도 몰라도
커서 AI와 대화하며
7가지 프로그램 만들기

이상용, 정동진 공저

Cursor AI

동영상
강의 제공

강의 자료
제공

바로 배워 **바로** 써먹을 수 있는 7가지 프로그램

손글씨 숫자 인식 AI   AI 챗봇   이미지 분석기 AI   뉴스 자동 요약 AI

텍스트 이미지 생성 AI 앱   주가 예측 AI   집값 예측 AI

누구나 쉽게 할 수 있는 AI 바이브 코딩 입문

코딩 1도 몰라도
커서 AI와 대화하며
7가지 프로그램 만들기

초판 1쇄 발행 | 2025년 10월 30일

지은이 | 이상용, 정동진 공저
펴낸이 | 김병성
펴낸곳 | 앤써북

출판사 등록번호 | 제 382-2012-0007 호
주소 | 경기도 파주시 탄현면 방촌로 548
전화 | 070-8877-4177
FAX | 031-942-9852
도서문의 | 앤써북 카페 http://cafe.naver.com/answerbook

ISBN | 979-11-93059-66-1 13000

PREFACE
머리말

기술은 우리 삶을 조금 더 편리하게 만들고, 때로는 새로운 가능성을 열어줍니다.

하지만 많은 분들이 "코딩"이라는 단어 앞에서 망설이곤 합니다. 이 책은 그런 분들을 위해 시작되었습니다.

Cursor와 Python이라는 친근한 도구를 통해, 누구나 쉽게 AI 코딩을 경험하고 성취감을 느낄 수 있도록 하는 것이 목표입니다.

책을 집필하면서 저희가 가장 중요하게 생각한 것은 "이론보다 체험, 복잡함보다 재미"였습니다.

직접 손으로 실행하며, 눈앞에서 AI가 그림을 인식하고, 글을 요약하고, 이미지를 만들어내는 순간의 즐거움이야말로 가장 큰 학습 동기라고 믿습니다.

이 책이 IT와 AI를 처음 접하는 분들에게는 흥미로운 시작점이 되고, 실무자들에게는 새로운 아이디어와 확장의 기회가 되기를 바랍니다.

무엇보다, 독자 한 분 한 분이 "아, 나도 할 수 있구나"라는 자신감을 얻으시기를 바랍니다.

ACKNOWLEDGEMENT
감사의 글

이 책이 세상에 나오기까지는 저 혼자만의 힘이 아니라, 많은 분들의 응원과 사랑이 있었기에 가능했습니다.

무엇보다 늘 곁에서 묵묵히 응원해 준 아내에게 가장 깊은 감사를 전합니다.
바쁜 집필 일정 속에서도 이해와 격려로 함께해 준 아이들 덕분에 끝까지 포기하지 않고 완성할 수 있었습니다.
따뜻한 조언과 응원을 아끼지 않으신 장인어른과 장모님, 그리고 삶의 든든한 뿌리이자 언제나 가장 큰 힘이 되어주신 부모님께도 진심으로 감사드립니다.

이 책을 집필하는 과정에서 도움을 주신 동료와 제자들, 출판사 관계자분들 그리고 함께 배우고 도전해 온 모든 수강생들께도 고마움을 전합니다.
여러분의 열정과 호기심은 저에게 큰 영감이 되었고, 이 책을 완성할 수 있는 원동력이 되었습니다.

무엇보다도, 저 역시 과거에 누군가의 기술 서적을 통해 큰 도움을 받았고, 그 경험이 제 학문의 초석이 되었습니다.
이제는 제가 쓴 이 책이 또 다른 누군가에게 작은 길잡이가 되기를 바랍니다.
만약 이 책이 독자 여러분의 도전에 보탬이 되고, 새로운 가능성을 열어주는 계기가 된다면, 그것만으로도 저에게는 더없는 기쁨과 보람이 될 것입니다.

끝으로, 이 책을 집어 들어 주신 독자 여러분께 진심 어린 감사를 드립니다.
여러분의 도전이 새로운 길을 열고, 그 여정 속에서 더 큰 즐거움과 성취를 만나시기를 기원합니다.

대표 저자 이상용 드림

READER SUPPORT CENTER

독자 지원 센터

[책 소스 다운로드 / 정오표 / Q&A / 긴급 공지]

이 책의 실습에 필요한 책 소스 파일 다운로드, 정오표, Q&A
방법, 긴급 공지 사항 같은 안내 사항은 저자가 운영하는
JSPStudy 사이트를 이용하시면 됩니다.

▶ JSPStudy 사이트 바로가기
https://jspstudy.co.kr

▶ 책 소스 다운로드 주소
https://github.com/JSPStudy-Cursor/Cursor_V01

[동영상 강의 및 강의자료 제공]

이 책의 실습 과정을 친절하게 안내하는 동영상
강의를 유튜브 채널을 통해 제공합니다. 단, 동
영상 강의는 10월 말부터 순차적으로 업로드할
예정이며, 동영상 강의 제공 여부가 이 책의 반
품 및 환불 사유가 될 수 없음을 안내드립니다.

▶ 저자 동영상 강의 유튜브 채널
https://youtube.com/@JSPStudyCursor

강의자료는 이 책을 강의용 교재로 사용하는 교강사님께만 제공하며, 요청 방법은 앤써북 공식 카페를 통해서 요청하
시면 안내 받으실 수 있습니다.

https://cafe.naver.com/answerbook/507

CONTENTS
목차

CONTENTS
목차

CHAPTER 08 집값 예측

Cursor 개요 및 사용방법

학습 개요

이 과정은 AI 개발 환경인 Cursor를 활용하여 프로그래밍과 AI 실습을 손쉽게 진행할 수 있도록 돕는 입문 과정입니다.

학습생은 Cursor의 기본 개념과 설치 방법을 이해하고, Python과 함께 사용하는 환경을 직접 구축해봅니다. 또한 Cursor에서 제공하는 주요 기능(코드 작성, 실행, 예제 불러오기, 자동 완성, 디버깅 지원 등)을 익히며, 실습 시 유의해야 할 사항도 함께 다룹니다.

이를 통해 AI 프로젝트 학습에 앞서 필수적인 개발 환경 준비 및 활용 능력을 체계적으로 습득할 수 있습니다.

학습 목표

1. AI와 Cursor의 개요를 이해하고, Cursor가 학습 및 개발 과정에서 제공하는 이점을 설명할 수 있다.
2. Python 및 Cursor 설치 실습을 통해 개발 환경을 직접 구축할 수 있다.
3. Cursor에서 코드 작성, 실행, 자동완성, 예제 활용 과정을 직접 따라 해본다.
4. 실습 중 발생하는 환경 설정 오류나 패키지 문제를 해결하며, 주의사항을 익힌다.
5. AI 및 딥러닝 프로젝트에 앞서, 실제 활용 가능한 개발 환경 운용 능력을 갖춘다.

1 | Cursor 소개

Cursor는 2022년 미국 실리콘밸리에서 개발자들이 만든 차세대 코드 편집기입니다. 창립자는 오픈AI의 GPT 기술에 깊은 관심을 가지고 있던 엔지니어들로, "개발자가 더 빠르고 쉽게 코드를 작성할 수 있도록 돕는 도구"를 만들고자 했습니다. 기존의 대표적인 개발 환경인 Visual Studio Code(이하 VS Code)는 다양한 기능과 확장성 덕분에 세계적으로 널리 사용되었지만, 초보자가 배우기에는 다소 어려움이 있었습니다. 특히 새로운 언어를 공부할 때 문법을 일일이 찾아보거나, 코드 오류를 직접 해결해야 하는 점은 큰 장벽이 되었습니다. Cursor는 이러한 불편을 해결하기 위해 등장했습니다. VS Code를 기반으로 만들었기 때문에 친숙한 사용 경험을 유지하면서도, 내부에 AI 기능을 기본 탑재하여 누구나 자연어로 질문하고 도움을 받을 수 있습니다. 예를 들어 "파이썬으로 계산기 프로그램 만들어줘"라고 입력하면 Cursor가 자동으로 코드를 작성하고, 에러가 발생하면 해결 방법까지 제안합니다. 이는 단순히 자동 완성 기능을 넘어, 마치 옆에서 멘토가 함께 설명해주는 듯한 경험을 제공합니다. Cursor가 만들어진 이유는 명확합니다. 프로그래밍은 점점 더 복잡해지고 있으며, 개발 속도에 대한 요구도 높아지고 있습니다. 이러한 상황에서 AI는 단순 반복적인 코딩 작업을 줄이고, 개발자가 문제 해결과 창의적인 설계에 집중할 수 있도록 돕습니다. 따라서 Cursor는 초보자에게는 학습 도구로, 전문가에게는 생산성 향상 도구로 활용될 수 있는 새로운 세대의 통합 개발 환경이라 할 수 있습니다.

> **TIP** VS Code vs IDE
>
> Visual Studio Code(VS Code)는 마이크로소프트가 2015년에 공개한 무료 소스 코드 편집기로, 다양한 프로그래밍 언어를 지원하며 확장 기능을 통해 기능을 자유롭게 추가할 수 있는 경량 IDE입니다.
> IDE(통합 개발 환경)은 코드 편집기, 컴파일러, 디버거 등을 하나로 묶어 제공하는 개발 도구로, 프로그래머가 효율적으로 코드를 작성·실행·디버깅할 수 있도록 돕는 소프트웨어입니다.

2 | AI와 Python 소개

1) AI

AI(Artificial Intelligence-인공지능)는 인간의 학습, 추론, 문제 해결 능력을 컴퓨터로 구현하려는 기술로, 1950년대 앨런 튜링의 "기계가 생각할 수 있는가?"라는 질문에서 출발했습니다. 초기에는 체스 프로그램처럼 단순 규칙 기반의 시스템이 주류였으나, 데이터와 연산 능력이 부족해 한계를 보였습니다. 그러나 2000년대 이후 빅데이터와 GPU 연산 기술이 발달하면서 딥러닝이 급성장하였고, 이미지 인식, 음성 인식, 자율주행, 챗봇 등 다양한 분야에 활용되기 시작했습니다. 오늘날 AI는 단순 자동화 수준을 넘어 창의적인 작업까지 지원하며, 개발자에게는 코딩 보조, 오류 진단, 코드 최적화 등 실질적 도움을 제공합니다. 특히 초보자는 어려운 개념을 쉽게 설명받고, 전문가들은 반복 작업을 줄이며 생산성을 높일 수 있습니다. 결국 AI는 현대 소프트웨어 개발 환경에서 없어서는 안 될 핵심 기술로 자리 잡고 있으며, Cursor와 같은 도구에 자연스럽게 결합되어 학습과 실무를 모두 지원합니다.

2) Python(파이썬)

Python은 1991년 네덜란드의 귀도 반 로섬(Guido van Rossum)이 개발한 프로그래밍 언어로, "읽기 쉽고 간결한 코드"를 목표로 만들어졌습니다. 다른 언어와 달리 문법이 단순하고 직관적이어서 초보자도 빠르게 배우고 활용할 수 있다는 장점이 있습니다. 또한 방대한 라이브러리와 프레임워크를 제공하여, 웹 개발, 데이터 분석, 인공지능, 자동화 등 거의 모든 분야에서 폭넓게 사용됩니다. 특히 AI와 데이터 과학 분야에서는 TensorFlow, PyTorch, Scikit-learn 같은 강력한 라이브러리를 지원하기 때문에 사실상 표준 언어로 자리 잡았습니다. 이러한 이유로 Python은 프로그래밍 입문자에게는 학습 언어로, 실무자에게는 강력한 생산성 도구로 선택되고 있습니다. Cursor 같은 AI 개발 환경에서도 Python은 가장 많이 활용되는 언어이며, 학습과 연구, 실무 프로젝트를 이어주는 다리 역할을 합니다.

> **TIP** 라이브러리 vs 프레임워크
>
> 라이브러리(Library)는 프로그램을 만들 때 자주 쓰이는 기능(예: 수학 계산, 데이터 처리, 그래프 그리기)을 미리 묶어둔 코드 모음입니다. 직접 처음부터 만들지 않고 불러와서 쉽게 사용할 수 있습니다.
> 프레임워크(Framework)는 프로그램을 만들기 위한 뼈대와 규칙을 미리 제공하는 도구입니다. 개발자는 정해진 구조에 맞춰 필요한 부분만 채워 넣으면 되어, 효율적이고 일관된 개발이 가능합니다.

3 | Python 및 Cursor 설치

1) Python 설치

01 Python 공식 다운로드 페이지에서 Windows installer (64-bit)를 클릭하여 설치 파일을 다운로드합니다.

(https://www.python.org/downloads/release/python-3100)

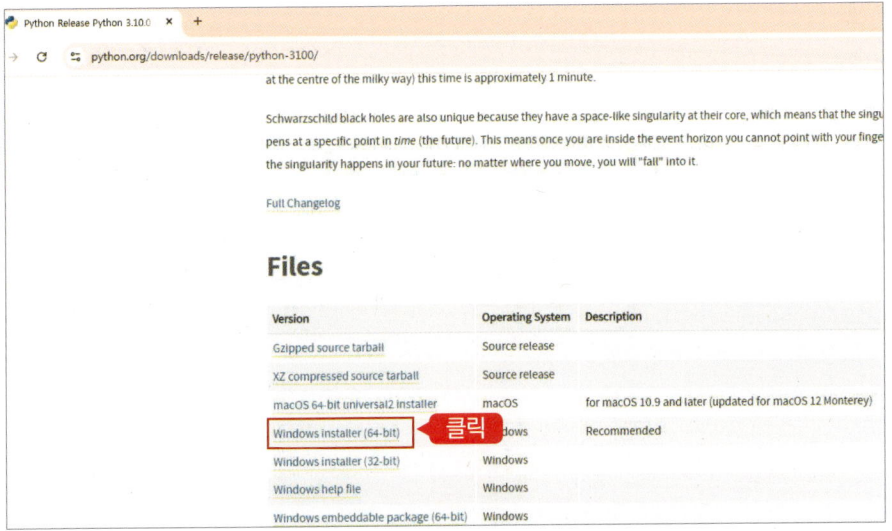

02 다운로드한 설치 파일을 더블 클릭하여 설치를 시작합니다.

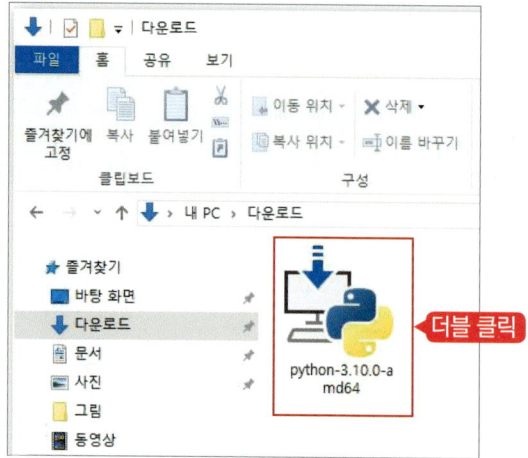

03 첫 번째 설치 화면에서 'Customize installation'을 선택하면 설치 경로를 직접 지정할 수 있으며, 하단의 'Add Python 3.10 to PATH' 옵션은 반드시 체크해야 합니다.

> **TIP** 'Add Python 3.10 to PATH' 옵션은 윈도우 명령 프롬프트(cmd)에서 python 명령을 바로 실행할 수 있도록 환경 변수에 경로를 자동 등록해 주는 기능입니다. 이 옵션을 체크하지 않으면 사용자가 직접 경로를 설정해야 하므로 초보자는 반드시 체크하는 것이 편리합니다.

04 그림과 같이 C:\Python 폴더를 생성하여 설치 경로로 지정합니다.

05 설치가 완료되면 Setup was successful 메시지를 확인하고 설치를 종료합니다.

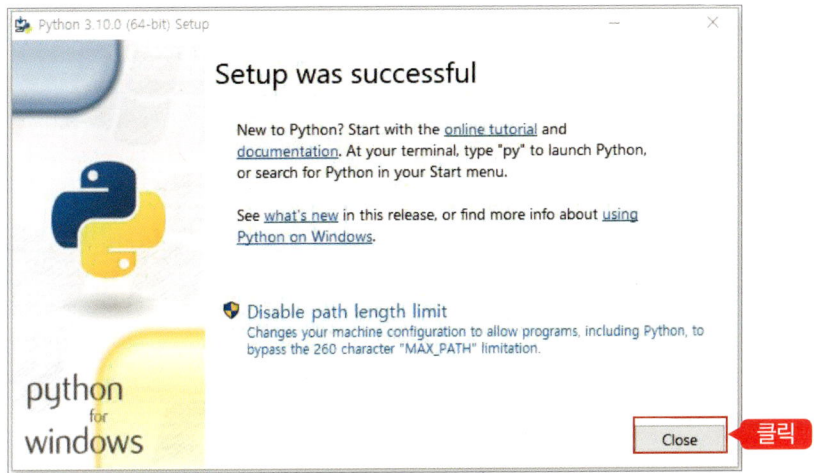

06 설치 후 명령 프롬프트(cmd)에서 python --version 명령을 입력하여 파이썬 버전이 정상적으로 출력되는지 확인합니다.

2) Cursor 설치

01 Cursor 공식 다운로드 페이지에서 'Download for Windows' 버튼을 클릭하여 설치 파일(CursorUserSetup-x64-1.5.7.exe)을 다운로드합니다. (https://cursor.com/downloads)

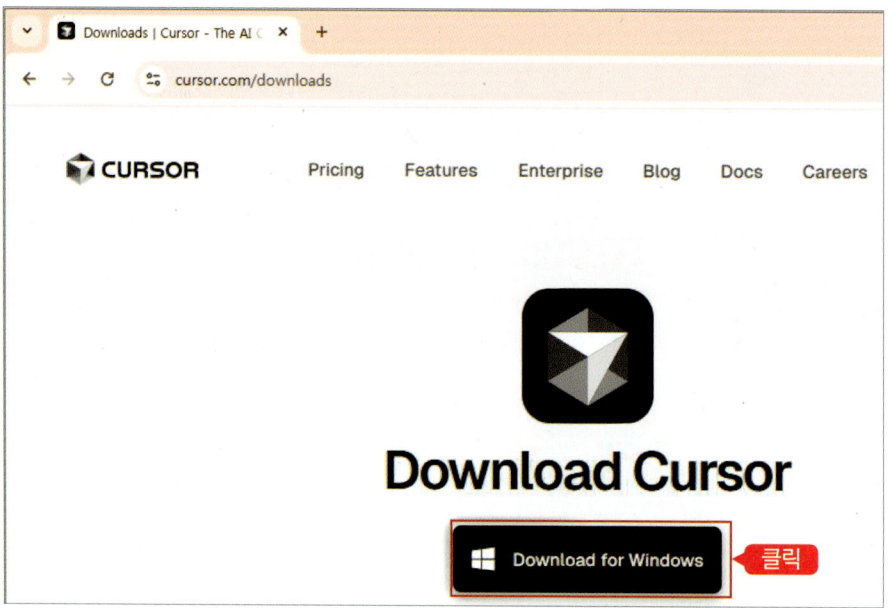

02 다운로드된 CursorUserSetup-x64-1.5.7.exe 파일을 더블 클릭하여 설치를 시작합니다.

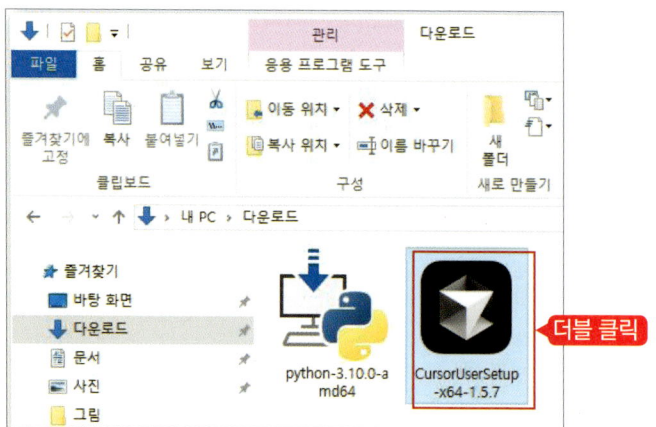

03 설치 시작 전, 이용 약관 및 개인정보 처리 방침에 동의해야 합니다. '동의합니다(A)'를 선택한 뒤 다음(N) 버튼을 눌러 진행합니다.

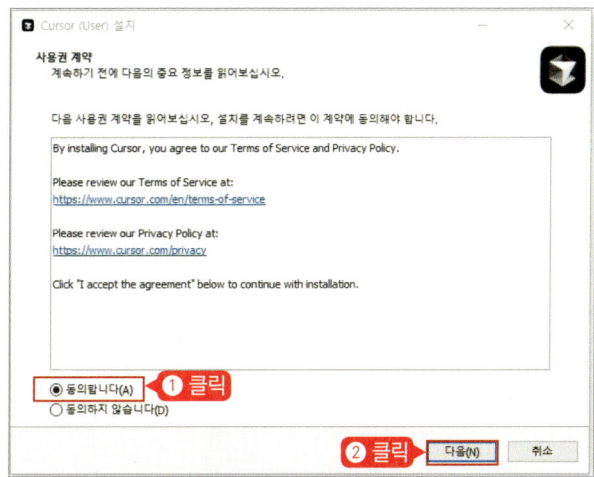

04 Cursor를 설치할 폴더를 지정합니다. 기본 경로는 C:\Users\사용자명\cursor이며, 원하는 경우 찾아보기를 눌러 변경할 수 있습니다. 여기서는 'C:\Cursor' 폴더를 새로 만들어 설치를 진행합니다.

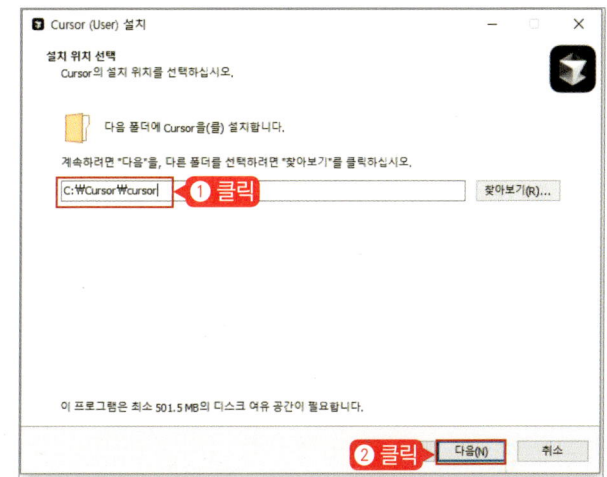

05 설치 과정 중 함께 설정할 항목을 선택합니다. 필요한 항목을 체크한 뒤 다음(N) 버튼을 클릭하여 계속 진행합니다.

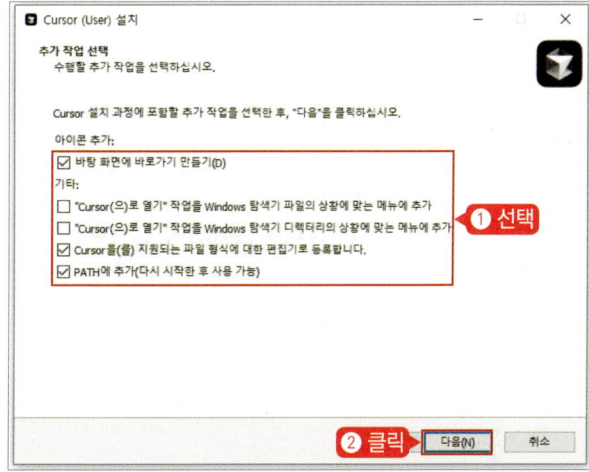

06 설치가 완료되면 설치 완료 화면이 나타납니다. 'Cursor 실행' 체크박스를 선택하면 설치 직후 프로그램이 자동으로 실행됩니다.

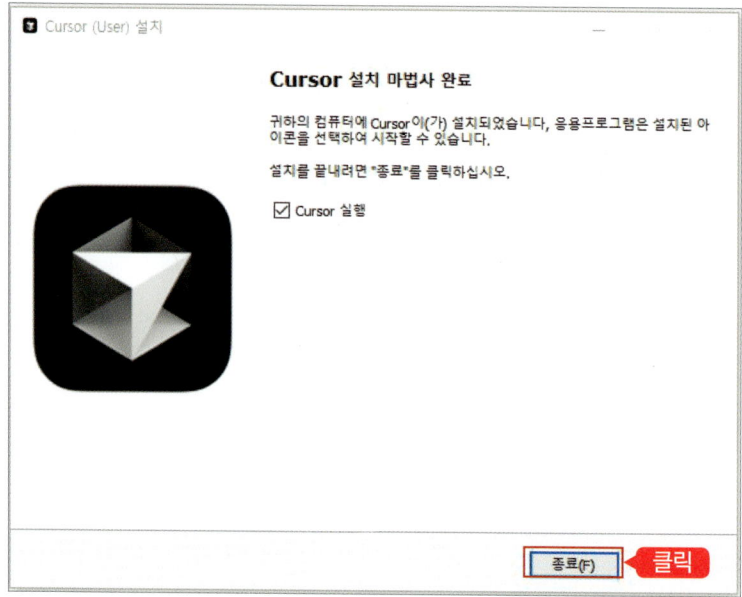

4 ┃ Cursor 회원 가입 및 세팅

01 먼저 크롬 브라우저에서 본인의 구글 계정으로 로그인합니다.

02 로그인 상태를 유지한 채 브라우저를 열어 둡니다.

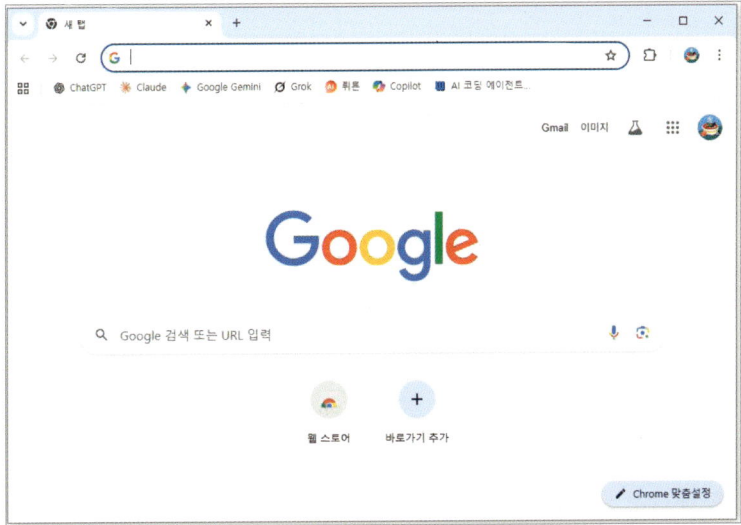

03 Cursor 공식 사이트에 접속하여 'Continue with Google' 버튼을 클릭해 회원가입을 진행합니다.

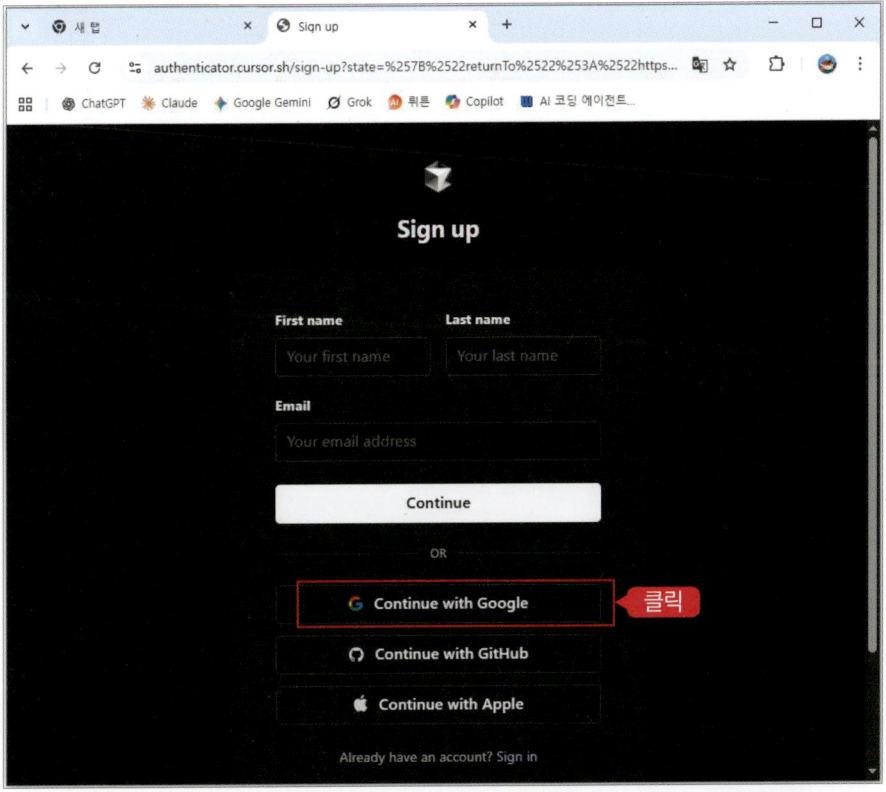

04 구글 계정을 선택하여 Cursor 회원가입을 완료합니다.

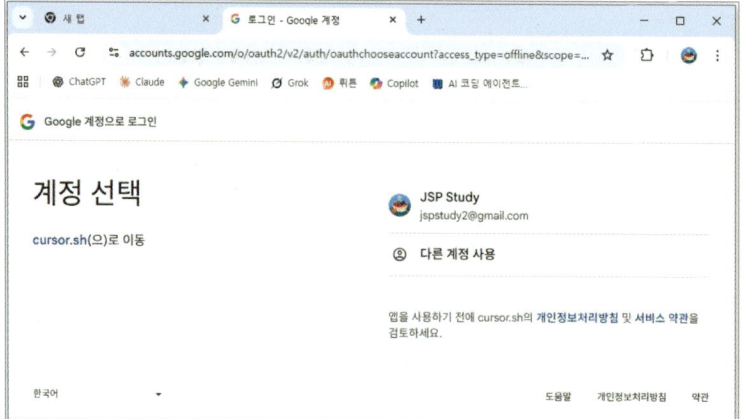

05 회원가입이 완료되면 Cursor 로그인 화면에서 다시 구글 계정으로 로그인합니다.

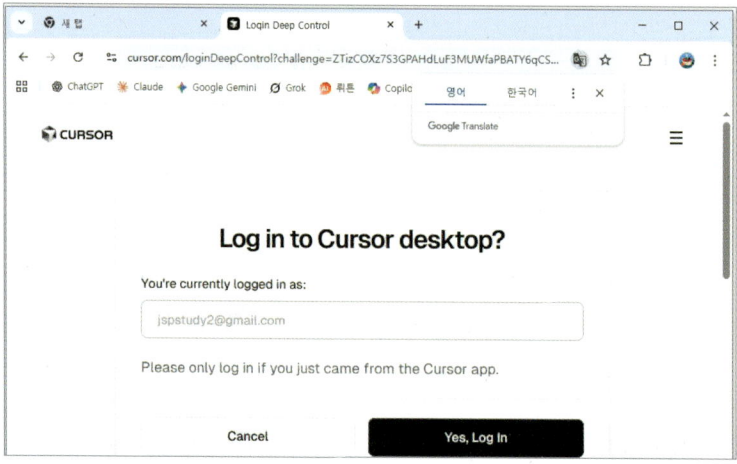

06 바탕화면의 Cursor 아이콘을 클릭하면 로그인 화면이 표시됩니다.

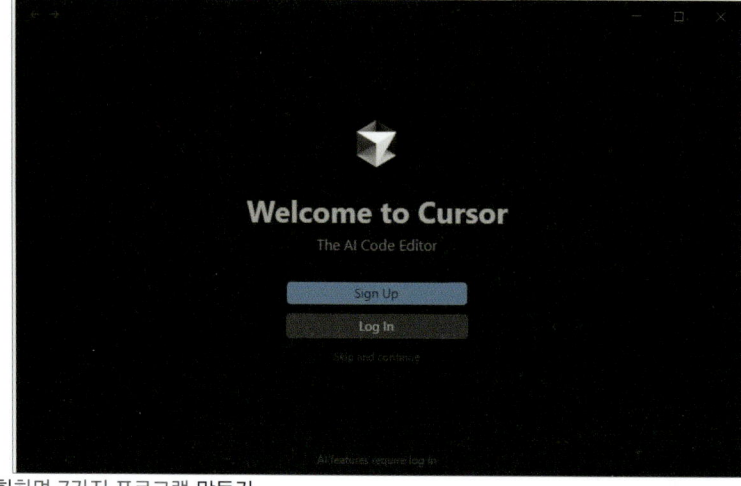

07 로그인 후에는 본인의 취향에 맞는 Theme(테마)를 선택합니다. 테마는 이후에도 언제든 변경 가능합니다.

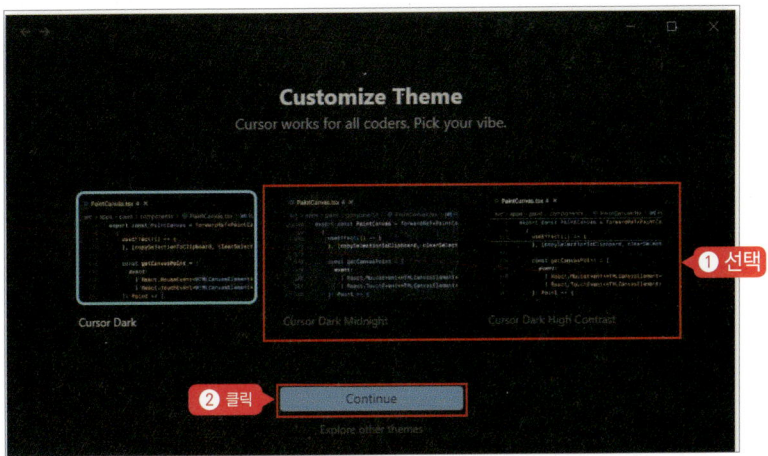

08 이어서 Cursor의 AI 기능과 단축키에 대한 안내가 표시됩니다. 지금은 Continue 버튼을 눌러 넘어가면 됩니다.

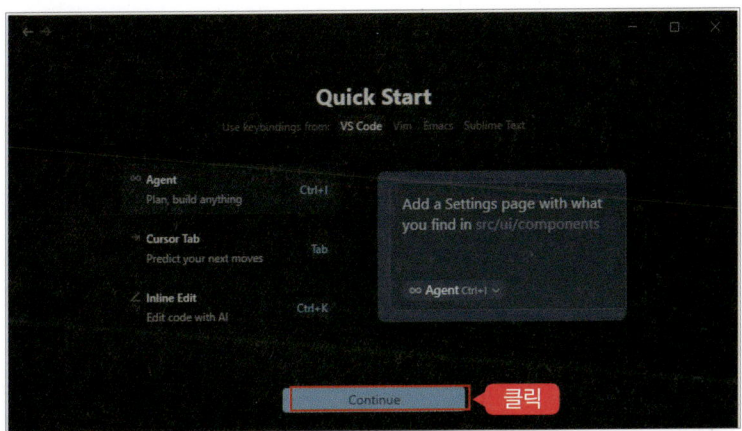

09 Cursor는 사용자 코드 학습을 통한 더 나은 경험 제공을 위해 동의를 요청합니다. 원한다면 동의 후 진행합니다.

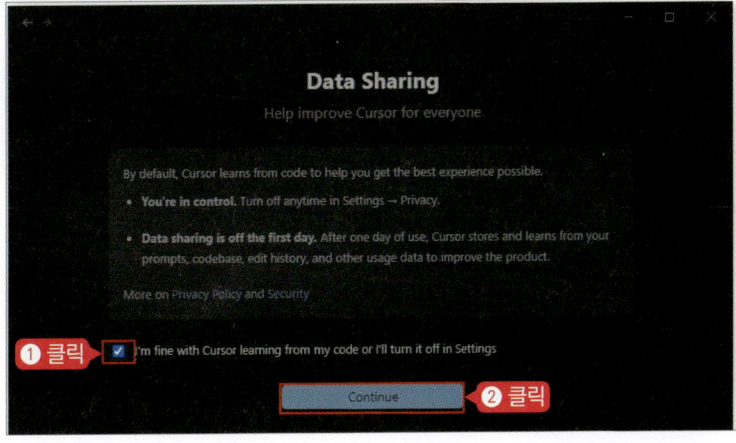

10 언어 설정 화면에서는 'Korean'을 선택합니다. 'Open from Terminal'은 필수 설정이 아니므로 건너뛸 수 있습니다.

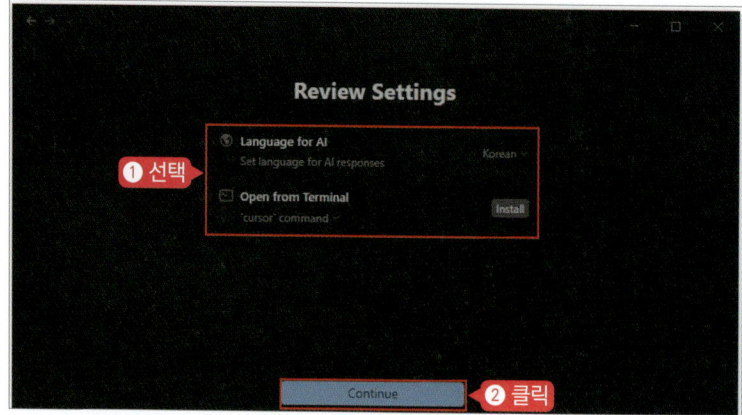

11 모든 설정을 마치면 Cursor의 첫 화면이 나타납니다.

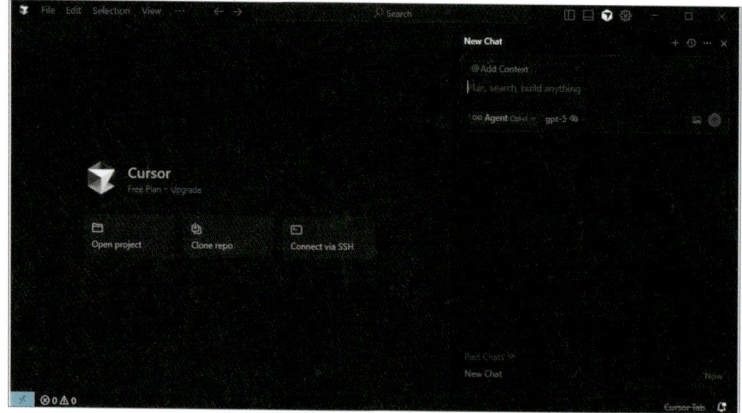

12 'Open Projects'를 클릭하고, 미리 생성한 C:\Cursor\projects\ch01 폴더를 선택합니다.

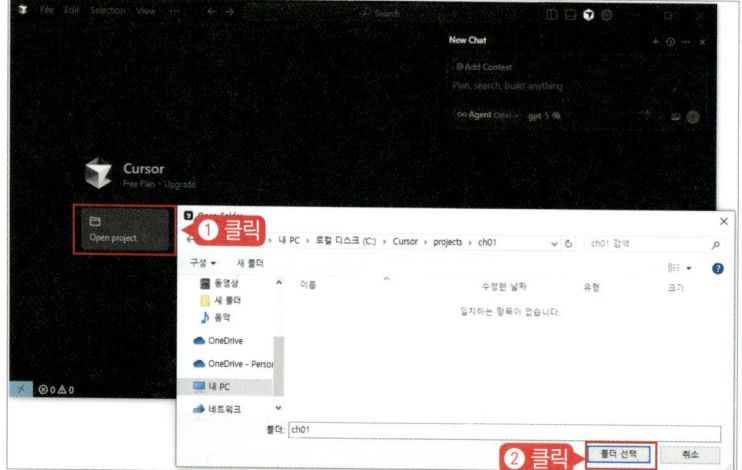

13 상단 오른쪽의 톱니바퀴 아이콘을 눌러 Theme를 다시 변경할 수 있습니다. (선택 사항)

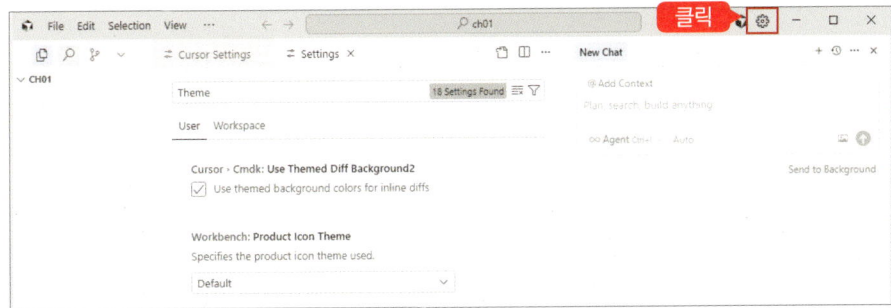

14 좌측의 퍼즐 모양 아이콘(Extensions)을 선택한 뒤 검색창에 python을 입력하고 'Install'을 클릭합니다.

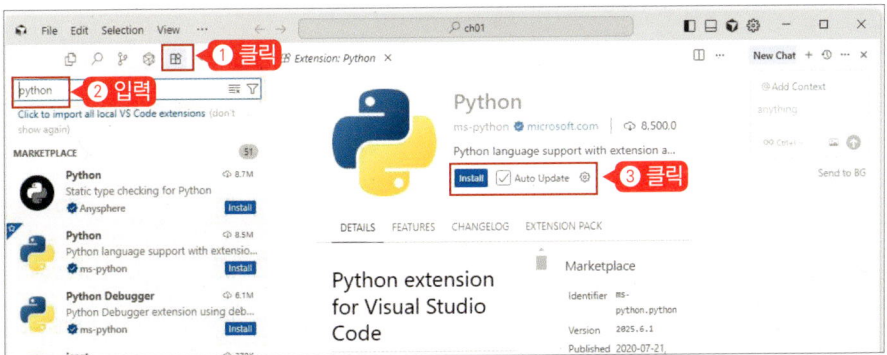

15 ms-python 게시자가 배포한 Python 확장 프로그램을 설치하려 하면, 신뢰 여부를 확인하는 메시지가 표시됩니다. Install을 눌러 설치를 완료합니다.

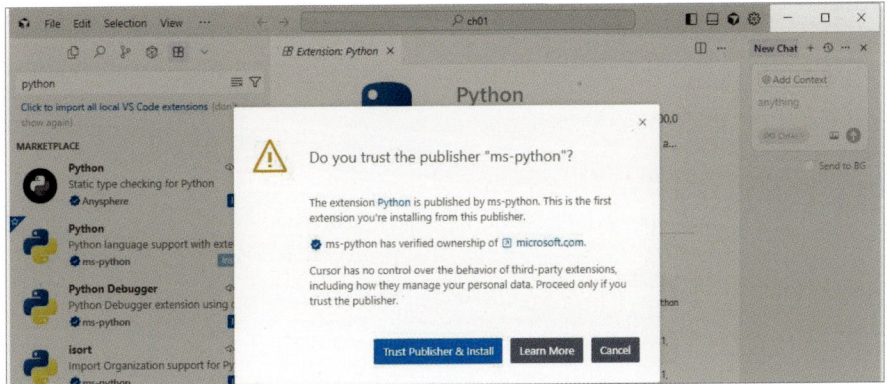

파이썬과 Cursor의 설치가 모두 완료되었습니다. 이제 본격적인 AI 개발에 들어가기에 앞서, 이번 장에서는 워밍업 겸 파이썬으로 간단한 이미지 뷰어 프로그램을 만들어 보겠습니다.

5 | 파이썬 간단한 예제 만들기 (이미지 뷰어)

01 Cursor를 실행한 후 Open Projects를 선택하고, 새 폴더 ch01을 생성하여 프로젝트 폴더로 지정합니다.

02 파이썬으로 이미지 뷰어를 구현하기 위해, AI Pane의 Add Context 입력란에 아래 프롬프트를 입력합니다.

> **프롬프트1**: 파이썬의 GUI 프로그램으로 간단한 이미지 뷰어를 만들어줘.

프롬프트1을 실행하면, AI Pane 화면에 프로젝트 구현 방법에 대한 안내와 설명이 그림과 함께 표시됩니다. 내용을 확인한 뒤 ❶ Keep all 버튼을 클릭하면, image_viewer.py와 requirements.txt 파일이 자동 생성되어 ch01 프로젝트 폴더에 적용됩니다.

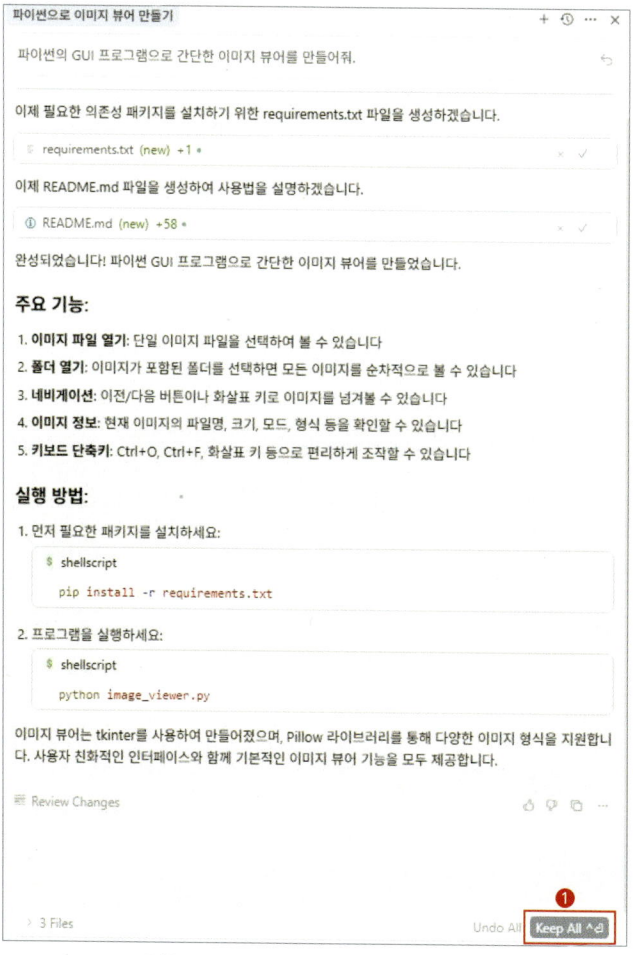

▲ 프롬프트1의 입력 후에 커서의 AI Pane 화면

Keep All 실행 후에는 생성된 파일들이 프로젝트 폴더에 표시됩니다. 이때 보이는 test_image.JPG 파일은 AI가 생성한 것이 아니라, 저자가 기능 확인을 위해 별도로 저장한 테스트용 이미지입니다. 해당 파일은 학습 편의를 위해 제공되는 소스에 포함되어 있습니다.

> **TIP** Cursor 특징
>
> Cursor는 생성형 AI 기반 도구이므로, 동일한 프롬프트를 입력하더라도 결과 내용이나 파일명이 매번 다를 수 있습니다. 이는 AI의 확률적 특성과 맥락 의존성에 따른 정상적인 현상입니다. 따라서 출력된 결과가 달라지더라도 기능상의 문제는 아니며, 필요 시 학습 목적에 맞게 수정하여 사용하면 됩니다.

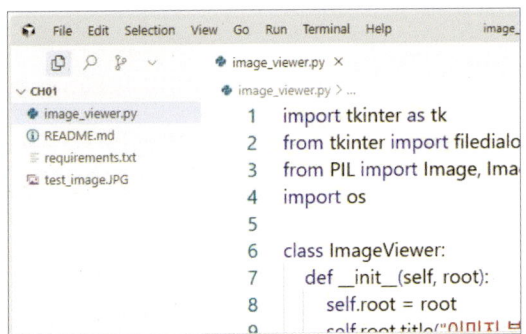

▲ 프롬프트1 실행 후 만들어진 파일 리스트

이미지 뷰어를 구현하기 위해서는 추가 라이브러리가 필요합니다. 필요한 라이브러리는 requirements.txt 파일에 명시되어 있으므로, Terminal에서 그림과 같은 명령어를 실행하면 Pillow 라이브러리가 자동으로 설치됩니다.

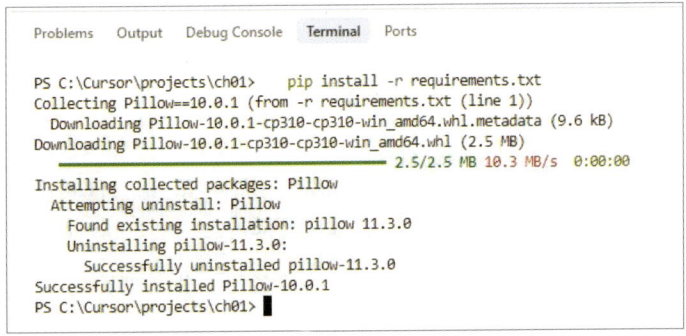

▲ requirements.txt 실행 후 Terminal 화면

image_viewer.py를 선택한 후, 커서 IDE 오른쪽 상단의 ❶ Play 아이콘(Run Python File)을 클릭해 실행하면 됩니다.

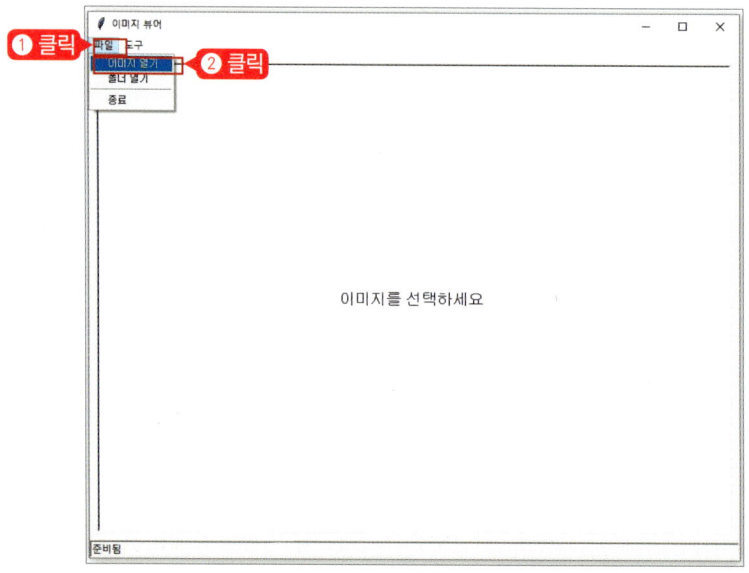

```python
import tkinter as tk
from tkinter import filedialog, messagebox
from PIL import Image, ImageTk
import os

class ImageViewer:
    def __init__(self, root):
        self.root = root
        self.root.title("이미지 뷰어")
        self.root.geometry("800x600")

        # 현재 이미지 정보
        self.current_image = None
        self.current_image_path = None
        self.image_list = []
        self.current_index = 0

        self.setup_ui()

    def setup_ui(self):
        # 메뉴바 생성
        menubar = tk.Menu(self.root)
        self.root.config(menu=menubar)
```

▲ image_viewer.py 소스화면

❶ 파일 메뉴에서 ❷ [이미지 열기]를 선택하면 이미지 선택 창이 나타납니다. 여기에서 준비해 둔 이미지를 클릭하여 불러올 수 있습니다.

▲ image_viewer.py 실행화면1

이미지 뷰어는 선택한 이미지를 화면 중앙에 표시하는 아주 간단한 기능의 프로그램입니다.

▲ image_viewer.py 실행화면2

Cursor에서 프롬프트를 실행하면, 생성된 파일과 함께 사용 방법이 정리된 readme.txt 파일이 제공됩니다. 프로그램을 처음 실행할 때는 반드시 readme.txt의 내용을 확인 후 실행해야 합니다.

▲ readme.txt 화면

1장에서는 파이썬과 Cursor를 설치하고, 정상적으로 동작하는지 확인하기 위해 간단한 예제를 완성해 보았습니다. 2장부터는 본격적으로 AI 기능 구현을 시작합니다.

6 | 모든 예제에 필요한 lib 전체 설치

2장부터 8장까지 각 장에서 필요한 라이브러리가 다르게 사용됩니다. 따라서 모든 예제 실행에 필요한 라이브러리를 한 번에 미리 설치하도록 하겠습니다. 제공되는 소스에 Allrequirements.txt를 ch01 폴더에 복사하고 그림과 같이 실행하면 됩니다. 이 과정은 여러 개의 라이브러리를 한꺼번에 설치하는 작업이므로, 설치가 완료되기까지 다소 시간이 소요될 수 있습니다. (pip install -r Allrequirements.txt)

```
⊗ PS C:\Cursor\projects\ch01>  pip install -r Allrequirements.txt
Collecting Flask==2.3.3
   Downloading flask-2.3.3-py3-none-any.whl (96 kB)
                                          | 96 kB 1.9 MB/s
Collecting Werkzeug==2.3.7
   Downloading werkzeug-2.3.7-py3-none-any.whl (242 kB)
                                          | 242 kB 6.8 MB/s
Collecting Jinja2==3.1.2
   Downloading Jinja2-3.1.2-py3-none-any.whl (133 kB)
                                          | 133 kB ...
Collecting MarkupSafe==2.1.3
   Downloading MarkupSafe-2.1.3-cp310-cp310-win_amd64.whl (17 kB)
Collecting itsdangerous==2.1.2
   Downloading itsdangerous-2.1.2-py3-none-any.whl (15 kB)
Collecting click==8.1.7
   Downloading click-8.1.7-py3-none-any.whl (97 kB)
                                          | 97 kB 3.9 MB/s
Collecting blinker==1.6.3
   Downloading blinker-1.6.3-py3-none-any.whl (13 kB)
Collecting requests==2.31.0
```

▲ Allrequirements.txt 설치화면

TIP | Cursor 사용량 한도 안내

현재 Cursor 무료 계정에서는 하루에 사용할 수 있는 AI 모델 호출(요청) 횟수에 제한이 있습니다. 만약 아래 그림처럼 "You've hit your usage limit" 메시지가 나타난다면, 오늘 사용 가능한 무료 횟수를 모두 소진한 상태이므로, 다음 날이 되면 다시 무료로 이용할 수 있으며, 더 많은 사용량이 필요하다면 유료(Pro) 플랜으로 업그레이드해야 합니다.

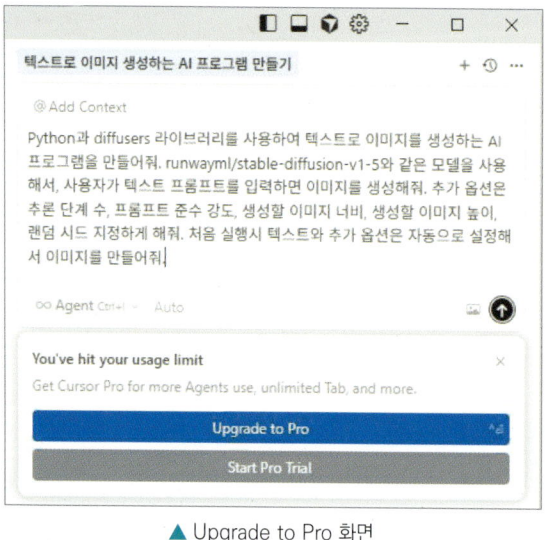

▲ Upgrade to Pro 화면

이 장에서는 AI 개발 환경 구축의 출발점으로 Python과 Cursor의 설치 과정을 직접 따라 해 보았습니다. 또한 설치가 정상적으로 완료되었는지 확인하기 위해 간단한 이미지 뷰어 프로그램을 구현하며 Cursor의 기본 동작 방식도 체험했습니다.

이를 통해 단순한 코드 작성 연습을 넘어, AI 도구와 IDE 환경을 연동하여 활용하는 첫 경험을 쌓을 수 있었고, 향후 AI 프로젝트를 진행하기 위한 준비 과정을 체계적으로 이해할 수 있었습니다.

다음 장에서는 한 단계 더 나아가, 손글씨 숫자를 인식하는 Doodle 인식기(AI 그림 그리기 프로젝트)를 직접 구현합니다. 이를 통해 데이터 입력 → 학습 → 예측으로 이어지는 AI의 기본 원리를 체험하고, 나아가 파이썬 GUI와 Flask 웹 환경에서 실제로 동작하는 AI 애플리케이션을 만들어 보게 될 것입니다.

AI 그림 그리기: Doodle 인식기

학습 개요

이 과정은 AI(인공지능)와 딥러닝 기초를 쉽게 이해할 수 있도록, 직접 손글씨로 숫자를 그려 인식하는 'Doodle 인식기'(손글씨 숫자 인식 AI)를 만드는 실습 중심의 커리큘럼입니다.

학습생은 Cursor 개발환경에서 파이썬을 사용하여 손글씨 숫자 데이터 전처리, 딥러닝 모델(MNIST)을 이용한 학습과 예측, 그리고 데스크탑(파이썬 GUI)과 웹(Flask) 환경에서 직접 동작하는 AI 앱을 만들어보게 됩니다.

기본적인 AI 모델 구조와 학습, 추론의 과정을 실제로 구현하면서, AI의 원리와 응용을 체험할 수 있습니다.

학습 목표

1 AI의 기본 동작 원리(데이터 입력 → 처리 → 예측)의 흐름을 이해한다.

2 손글씨 숫자 인식 AI가 어떻게 이미지를 분석하고 숫자를 예측하는지 과정을 직접 체험한다.

3 커서 환경에서 제공하는 기능(실행, 예제 불러오기, 결과 확인 등)을 활용해 AI 프로젝트를 실습할 수 있다.

4 직접 코딩하지 않아도 커서를 이용해 AI의 결과를 시각적으로 확인하고, 다양한 실험을 할 수 있다.

5 AI가 예측한 결과와 신뢰도(확률)의 의미를 이해한다.

6 AI 활용의 기본 프로세스(데이터 준비 → 모델 활용 → 결과 확인)를 익히고, 실제 생활 속 적용 사례를 생각해 본다.

프로젝트 시스템 구조도

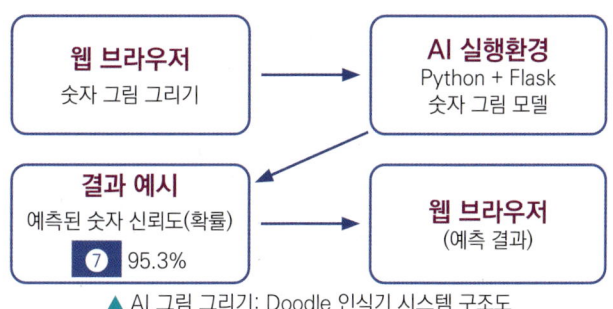

▲ AI 그림 그리기: Doodle 인식기 시스템 구조도

01 커서를 실행하고 그림과 같은 Open projects를 선택하고 ch02 폴더를 생성 및 선택을 합니다.

AI 그림 그리기 프로젝트의 구현을 위해, 먼저 ch02 폴더를 생성한 뒤 Open projects에서 해당 폴더를 프로젝트 경로로 지정합니다. 이후 진행되는 모든 작업 파일과 코드, 자료들은 이 폴더

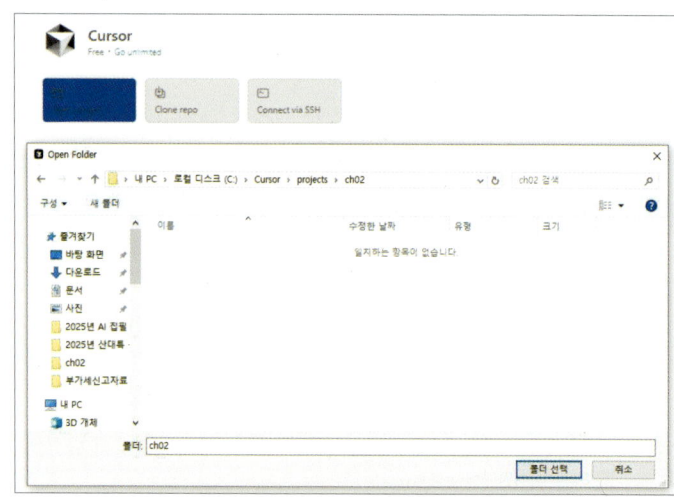

▲ Open projects에서 C:\Cursor\projects\ch02를 선택

내에 체계적으로 저장되어 프로젝트 관리와 접근이 한층 효율적으로 이루어집니다.

<table>
<tr><td colspan="2">TIP 서의 Toggle Primary Side Bar, Panel, AI Pane 활성화</td></tr>
</table>

왼쪽 위에 Toggle Primary Side Bar, Panel, AI Pane 클릭하여 세 개 모두 활성화합니다.

아이콘	설명
Primary Side Bar	왼쪽(기본) 측면에 위치하는 주요 메뉴 바(사이드바)를 의미합니다. 기능은 파일 탐색기, 검색, 소스 컨트롤, 확장 기능 등 주요 기능 아이콘이 배치된 부분을 보이거나 숨깁니다. 개발에 집중할 때 사이드바를 숨기고, 필요할 때 다시 표시해서 공간을 넓게 쓰거나 빠른 접근을 가능하게 합니다.
Panel	하단(아래쪽)에 위치한 보조 창을 의미합니다. 기능은 터미널, 출력, 디버그 콘솔, 문제(에러/경고) 목록 등을 보이거나 숨깁니다. 터미널 명령어 실행, 빌드 로그, 에러 메시지 확인 등 작업 중 하단 패널이 방해될 때 숨기거나, 필요할 때 다시 보입니다.
AI Pane	AI 도우미가 위치한 패널입니다. 기능은 우측(보통 오른쪽)에 위치하며, AI와의 대화, 코드 추천, 문서 요약, 질문 등 AI 관련 기능을 보이거나 숨깁니다. 개발 중 궁금한 점을 AI에게 묻거나, 코드 도움을 받을 때 AI 패널을 활성화하고, 필요 없을 때 숨길 수 있습니다.

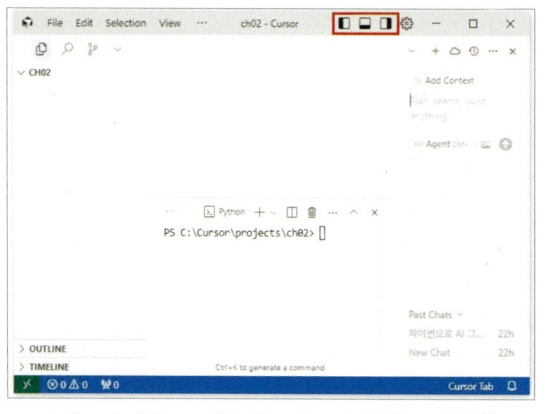

▲ Toggle Primary Side Bar, Panel, AI Pane 활성화

02 AI 그림 그리기 기능을 파이썬으로 만들기 위해 다음과 같은 프롬프트를 AI Pane에 있는 Add Context 입력란에 입력합니다.

> **프롬프트1**: 파이썬으로 사용자가 마우스로 0에서 9까지 그림을 그리면 AI가 무엇을 그렸는지 맞히는 간단한 예제를 만들어줘.

AI 그림 그리기 기능을 구현하려면, 먼저 프롬프트1 입력 화면에 원하는 기능을 간단한 문장으로 입력합니다. 입력한 프롬프트를 기반으로 Cursor가 관련 파일을 자동으로 생성하며, 구현 과정에서 필요한 다양한 기능과 설명은 AI Pane에서 쉽게 확인할 수 있습니다.

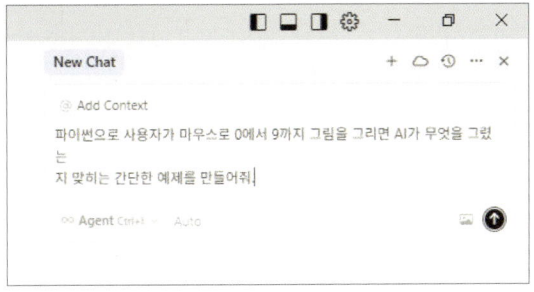

▲ New Chat에서 프롬프트1의 입력

프롬프트1을 입력하여 실행하면, AI Pane 화면에 프로젝트 구현에 대한 안내와 설명이 그림과 함께 제공됩니다. 내용을 확인한 뒤, ❶ Accept all 버튼을 클릭하면 main.py와 requirements.txt 파일이 자동으로 생성되어 ch02 프로젝트 폴더에 적용됩니다.

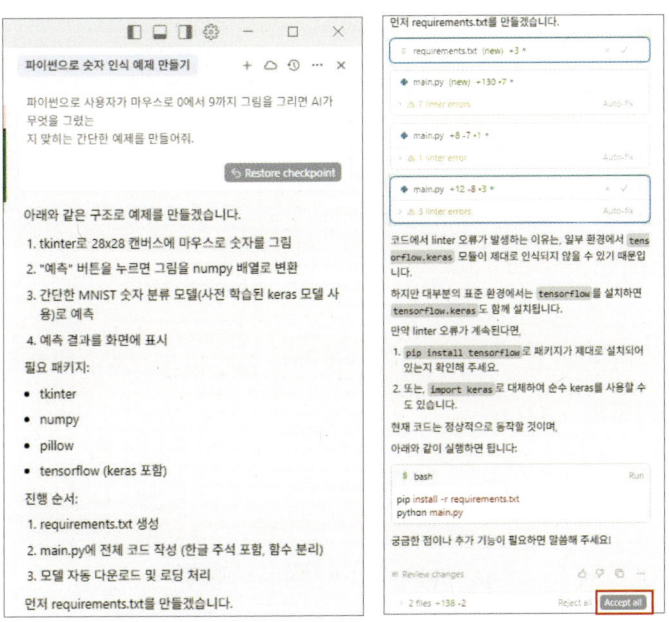

▲ 프롬프트1의 입력 후에 커서의 AI Pane 화면

Doodle 인식기 Python 실행하기

requirements.txt에는 main.py 실행에 필요한 외부 라이브러리 목록이 들어있지만, 이 교재에서는 1장에서 모든 챕터에 필요한 외부 라이브러리를 한 번에 설치했으므로 따로 설치할 필요가 없습니다. 따라서 ❶ main.py를 선택한 후, 커서 IDE 왼쪽 상단의 ❷ Play 아이콘(Run Python File)을 클릭해 실행하면 됩니다.

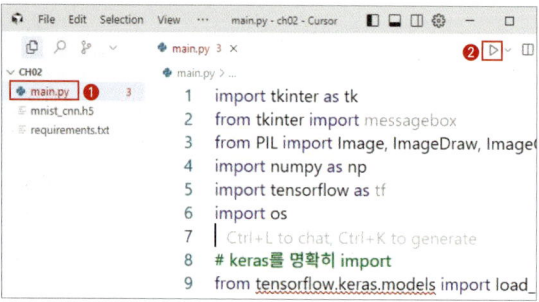

▲ 프롬프트1 실행 후 만들어진 파일 리스트

TIP main.py에 빨간색 밑줄이 표시되어도 신경 쓰지 않으셔도 됩니다. 이는 일부 외부 라이브러리를 인식하지 못해 나타나는 표시일 뿐, 실제 실행 시에는 이미 라이브러리가 설치되어 있어 문제없이 실행됩니다.

```
# keras를 명확히 import
from tensorflow.keras.models import load_model, Sequential
from tensorflow.keras.layers import Flatten, Dense, Dropout
from tensorflow.keras.datasets import mnist
```

▲ from, import 빨간색 밑줄

이 교재에서는 별도의 파이썬 가상환경을 사용하지 않으므로, 해당 알림창에서는 ❶ Don't show again을 클릭하면 됩니다.

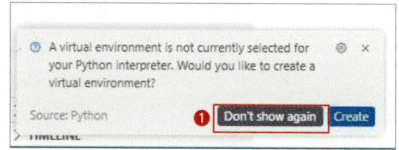

▲ 커서 왼쪽 밑에 Python 인터프리터에 선택된 가상환경 만들기 팝업

main.py를 실행하면 14라인 코드에 지정된 경로('mnist_cnn.h5')에 모델 파일이 생성됩니다. 이 파일은 AI 기능을 위해 만들어진 학습된 모델 파일입니다.

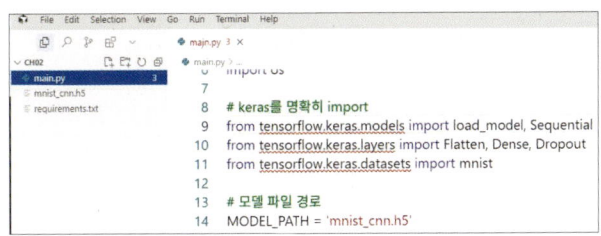

▲ main.py 실행 후에 mnist_cnn.h5 만들어진 파일리스트

캔버스에 예측하고 싶은 숫자를 그리고, ❶ 예측 버튼을 클릭하면 AI가 어떤 숫자인지 결과를 보여줍니다. 정확하게 숫자를 그리면 신뢰도가 1에 가깝지만, 숫자를 정확하게 그리지 않으면 신뢰도가 낮아질 수도 있습니다.

▲ 프롬프트1 실행 후에 main.py 실행

03 파이썬으로 완성된 AI 그림 그리기를 만들고 실행화면을 브라우저로 보기 위해서 커서에게 다음과 같은 프롬프트를 Add Context 입력란에 입력합니다.

> 프롬프트 2: web으로 실행하기 위해 flask 기능의 파일을 만들어줘. 파일은 app.py를 flask 실행을 위해 파일로 만들고 templates 폴더 안에 index.html을 만들고 static 폴더 안에 필요한 css, js 파일을 만들어줘.

프롬프트2 입력 화면에서는 사용자가 원하는 그림의 스타일이나 구성 요소를 더욱 세밀하게 지정할 수 있습니다. 예를 들어, Flask 기반 웹 프로젝트를 만들고자 할 때, app.py 파일 생성부터 시작해 templates 폴더 안에 index.html을 만들고, static 폴더에는 직접 필요한 CSS와 JS 파일을 추가하는 방식으로 명령을 입력할 수 있습니다.

이렇게 구체적인 지시를 프롬프트2에 담으면, AI가 각 파일과 폴더를 자동으로 생성해 주어 복잡한 코딩 작업 없이도 전체 구조를 손쉽게 갖출 수 있습니다. 색상이나 배경, 화면 구성 등도 세부적으로 지정할 수 있어, 누구나 자신만의 개성 있는 AI 그림 그리기 웹 환경을 자연스럽게 완성할 수 있습니다.

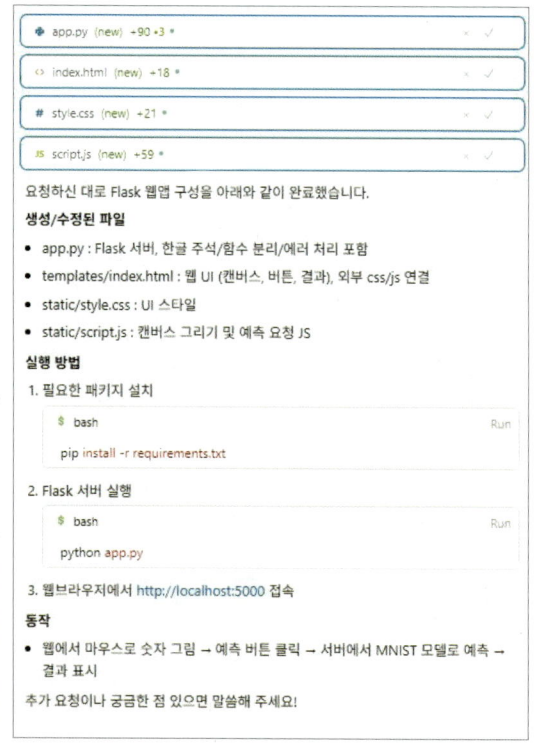

▲ 프롬프트2의 입력　　　　　▲ 프롬프트2의 입력 후에 커서의 AI Pane 화면

프롬프트2 실행이 끝나면, 프로젝트 폴더에는 Cursor가 자동으로 생성한 다양한 텍스트 결과물과 설정 파일들이 차곡차곡 정리되어 나타납니다. 각 파일은 이름과 형식에 따라 보기 좋게 정렬되어 있어, 필요한 정보를 한눈에 쉽게 찾을 수 있습니다.

이렇게 잘 정돈된 파일 리스트를 통해 AI 작업의 흐름을 자연스럽게 관리할 수 있고, 각 파일을 언제든 편하게 열어보고 수정하며 나만의 프로젝트를 완성해 갈 수 있습니다.

아래 표에서는 각 파일의 이름과 그 용도에 대해 구체적으로 설명하였습니다.

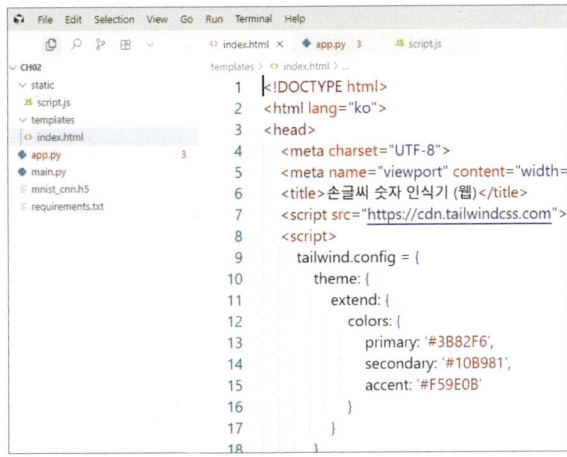

▲ 프롬프트2 실행 후 만들어진 파일 리스트

TIP | Cursor 특징

Cursor는 생성형 AI 기반 도구이므로, 동일한 **프롬프트**를 입력하더라도 결과 내용이나 파일명이 매번 다를 수 있습니다. 이는 AI의 확률적 특성과 맥락 의존성에 따른 정상적인 현상입니다. 따라서 출력된 결과가 달라지더라도 기능상의 문제는 아니며, 필요 시 학습 목적에 맞게 수정하여 사용하면 됩니다.

파일명	용도
main.py	손글씨 숫자를 직접 그리면, AI가 인식해서 예측 결과(숫자와 신뢰도)를 보여주는 파이썬 파일입니다.
app.py	웹에서 숫자를 그림으로 입력하면, AI가 숫자를 인식해서 결과를 반환하는 Flask 웹페이지입니다.
mnist_cnn.h5	AI 학습이 끝난 후 저장된 딥러닝 모델 파일입니다.
requirements.txt	프로젝트에 필요한 모든 파이썬 라이브러리 목록과 버전이 적힌 파일입니다
static/script.js	자바스크립트 파일로, 웹 프론트엔드에서 동적 기능(그림 그리기, AJAX 통신 등)을 담당합니다.
templates/index.html	HTML 템플릿 파일로, 웹에서 보여지는 메인 페이지입니다.

▲ 생성된 전체 파일의 용도에 대한 설명

Doodle 인식기 Flask Web 실행하기

만약 'Accept all'이 있다면 클릭한 후, app.py 파일을 선택하고 ❶ Play 아이콘을 누르면 아래와 같이 터미널(Terminal)에 Flask 웹서버의 실행 화면이 나타납니다.

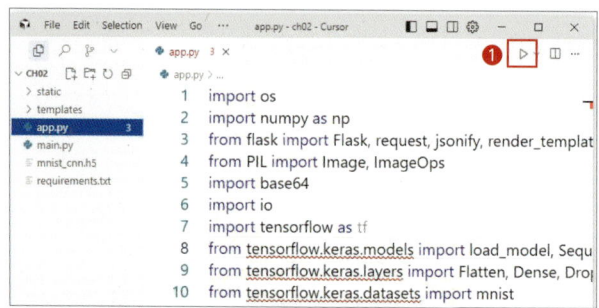

▲ app.py 선택하고 Play 클릭 화면

app.py를 실행하면 파이썬의 Flask 웹서버가 구동되어 터미널 화면에 실행 과정이 출력됩니다. 이 화면에서는 서버가 정상적으로 실행 되는지 여부와 함께 각종 로그 메시지, 접속 주소 등이 표시되어, 사용자가 웹서버의 동작 상태를 한눈에 확인할 수 있습니다. 이를 통해 개발자는 코드의 오류 발생 여부나 서버의 구동 상황을 손쉽게 점검하고, 필요에 따라 추가적인 설정이나 디버깅 작업을 진행할 수 있습니다. 터미널(Terminal) 화면에 표시된 ❶ http://127.0.0.1:5000 주소를 Ctrl 키를 누른 채 클릭하면 웹브라우저가 열립니다.

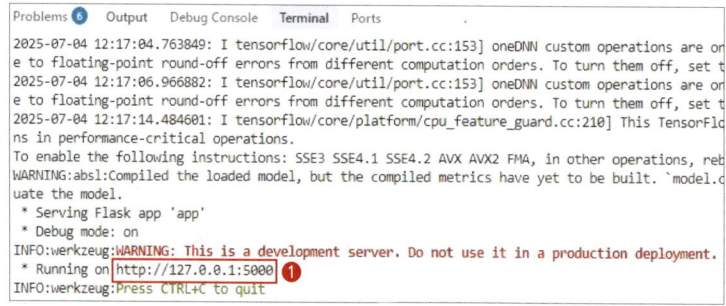

▲ app.py 실행 후에 Terminal 화면

app.py를 실행하고 웹브라우저에서 접속하면, 이제 Flask 웹서버가 준비한 화면이 여러분을 맞이합니다. 이곳에서는 직접 숫자를 그려보며, 프로젝트에 구현된 기능과 UI를 자연스럽게 체험할 수 있습니다. 입력 칸에 원하는 숫자를 그리고 ❶ 예측 버튼을 누르면, AI가 이를 인식해 결과를 바로 보여줍니다. 입력값을 여러 번 바꿔가며 실시간으로 예측 결과를 확인할 수 있어, AI가 어떻게 동작하는지 손쉽게 경험해 볼 수 있습니다.

이런 과정을 통해 개발자는 실제 사용 환경에서 서비스가 어떻게 보이고 작동하는지 직접 점검할 수 있고, 사용자는 누구나 재미있게 AI의 예측 과정을 살펴볼 수 있습니다.

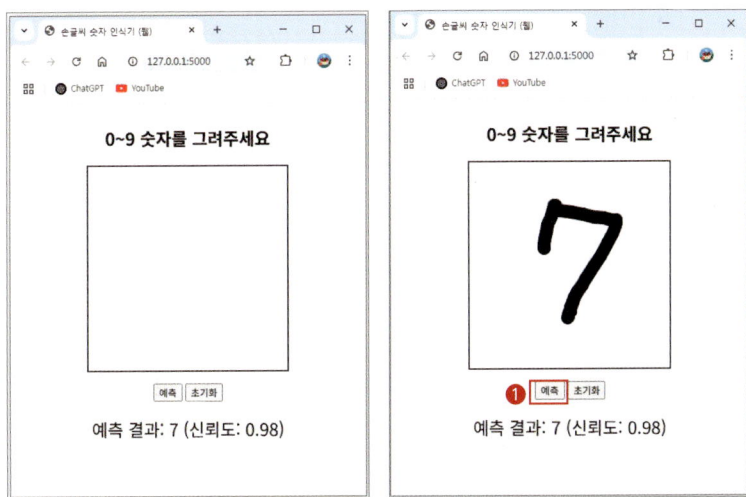

▲ app.py 실행 후에 웹브라우저 화면

04 웹 화면을 더욱 세련되게 꾸미기 위해 커서에 다음 프롬프트를 Add Context 입력란에 입력합니다.

> 프롬프트 3: Tailwind CSS를 적용해서 예쁘게 만들어줘.

main.py에 Tailwind CSS를 적용하면, CSS의 다양한 기능을 활용해 화면의 레이아웃과 디자인을 손쉽게 꾸밀 수 있습니다. Tailwind CSS는 클래스 이름만으로 색상, 여백, 정렬 등 다양한 스타일을 빠르게 적용할 수 있어, 코드가 깔끔해지고 원하는 화면을 간편하게 만들 수 있습니다.

▲ 프롬프트3의 입력

TIP | Tailwind CSS

Tailwind CSS는 최신 웹 개발에서 많이 사용하는 CSS 프레임워크입니다. 미리 정의된 다양한 유틸리티 클래스를 조합하여, 원하는 디자인을 빠르고 쉽게 만들 수 있습니다. 별도의 CSS 파일을 직접 작성하지 않아도 되고, HTML 요소에 클래스를 붙이기만 하면 색상, 여백, 정렬, 글꼴 등 다양한 스타일을 한눈에 적용할 수 있다는 점이 큰 장점입니다. 이렇게 개발자는 코드를 더 간결하게 작성하고, 반복되는 스타일 작업을 줄일 수 있습니다.

프롬프트3를 입력하면, 커서의 AI Pane 화면에서는 디자인과 사용자 경험을 더 좋게 만들 수 있는 여러 실행방법도 함께 안내해 줍니다.

이곳에서 사용자는 자신이 입력한 프롬프트가 결과물에 어떻게 반영되는지 자연스럽게 확인할 수 있고, 더 멋진 화면과 편리한 사용성을 위한 다양한 팁도 함께 얻을 수 있습니다. Cursor 기능 덕분에 원하는 결과도 한층 더 손쉽고 즐겁게 완성해 갈 수 있습니다.

▲ 프롬프트3의 입력 후에 커서의 AI Pane 화면

Tailwind CSS를 적용한 뒤 웹브라우저를 열면, 화면 전체가 한결 현대적이고 세련된 분위기로 바뀐 모습을 확인할 수 있습니다. 버튼과 입력창, 그리고 아이콘 등 다양한 요소들이 조화롭게 배치되어, 화면이 더욱 깔끔하고 보기 좋아집니다. 정돈된 레이아웃 덕분에 각 기능의 위치와 역할도 한눈에 들어옵니다.

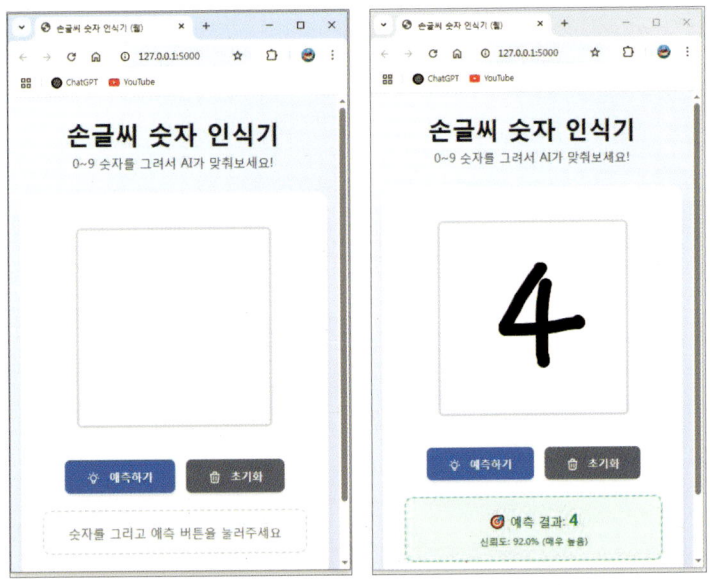

▲ Tailwind CSS 적용 후에 웹브라우저 실행 화면

이 장을 마치며

이 장에서는 AI와 딥러닝의 기본 원리를 직접 체험하며, 손글씨 숫자 인식기를 단계별로 구현해 보았습니다. 프롬프트를 활용해 Cursor에게 다양한 요구를 전달하고, 그 결과가 어떻게 시각적으로 반영되는지 확인하는 과정을 통해 AI와의 상호작용 방식을 익혔습니다. 또한 Python, Flask와 Tailwind CSS를 활용해 웹 인터페이스를 구성하고, 실제 웹서버를 실행하여 결과를 확인하는 실습을 진행하였습니다.

이런 과정을 통해 단순히 이론에 머무르지 않고 AI가 데이터를 어떻게 받아들이고 예측하는지 그 흐름을 구체적으로 이해할 수 있었습니다. 각 단계마다 결과를 확인하고 입력을 바꿔가며 반복적으로 실험해 보는 경험이 AI 학습의 핵심을 자연스럽게 익힐 수 있도록 도와주었습니다.

이번 장을 통해 독자 여러분은 AI 프로젝트를 실습하며 실질적인 경험을 쌓고 스스로 다양한 시도를 해볼 수 있는 역량을 아직은 미약하지만 조금은 갖추게 되었을 것입니다. 앞으로 이어질 장에서는 이런 경험을 바탕으로 더욱 흥미롭고 깊이 있는 AI 응용 사례를 통해 여러분의 경험을 한층 더 넓혀가실 수 있도록 안내하겠습니다.

AI 챗봇 만들기

학습 개요

이 과정은 AI(인공지능)의 기본 구조와 작동 원리를 이해할 수 있도록, 사용자의 입력에 반응하는 간단한 챗봇(Chatbot)을 직접 구현해보는 실습 중심의 커리큘럼입니다.

학습자는 Cursor 개발환경에서 Python을 활용하여 챗봇의 동작 규칙을 정의하고, 이를 웹(Flask) 환경과 연동하여 실시간 대화를 구현하는 텍스트 기반 AI 응용 예제를 만들어보게 됩니다.

이 과정을 통해 사용자는 챗봇이 입력된 문장을 어떻게 해석하고, 어떤 기준으로 응답을 생성하는지 단계별로 경험하면서, AI 응답 처리 흐름(입력 → 규칙 처리 → 출력)을 체계적으로 이해할 수 있습니다.

학습 목표

1 AI 챗봇의 기본 작동 원리(텍스트 입력 → 규칙 처리 → 응답 출력)의 흐름을 이해한다.

2 챗봇이 사용자의 문장을 어떻게 분석하고 적절한 응답을 생성하는지 규칙 기반 예제를 통해 직접 체험한다.

3 Cursor 환경에서 제공하는 AI 코드 생성 기능을 활용해 챗봇 코드를 생성하고 실행해본다.

4 Flask 웹 서버를 이용하여 제작한 챗봇을 웹 화면에서 실시간으로 동작시키는 과정을 익힌다.

5 코딩 방식으로 챗봇을 제작하면서 AI의 응용 원리와 사용자 입력 처리 방식을 시각적으로 학습한다.

6 텍스트 기반 AI의 구조와 작동 방식을 이해하고, 다양한 실생활 활용 사례(상담, 안내, 자동응답 등)를 떠올려 본다.

프로젝트 시스템 구조도

사용자가 웹브라우저나 데스크탑 앱에서 문장을 입력하면, 이 문장은 Flask 기반 AI 서버에 전달되어 규칙에 따라 예측 결과를 생성합니다. 이 결과는 다시 결과 표시 화면(챗봇 UI)으로 출력됩니다. 즉, 입력 → 처리(Flask) → 응답 표시라는 구조로 동작하며, 이 단순한 흐름을 통해 AI 응답 처리의 핵심 프로세스를 직관적으로 이해할 수 있습니다.

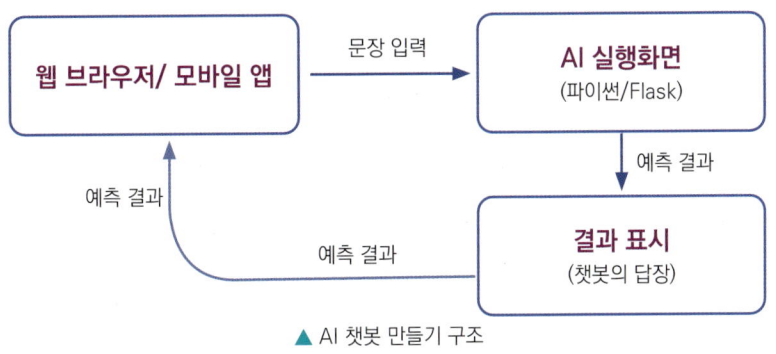

▲ AI 챗봇 만들기 구조

AI 챗봇 만들기 프롬프트 실습 따라하기

이번 장에서는 이해하기 쉽도록 룰 기반 챗봇을 직접 만들어 볼 거예요.

01 커서를 실행하고 그림과 같은 Open projects를 선택하고 ch03 폴더를 생성 및 선택을 합니다. 이는 이후 챗봇 코드 생성을 위한 작업 공간 설정 단계입니다. 개발자나 학습자는 이 폴더 내에서 AI 프롬프트로 생성된 코드 파일들을 체계적으로 관리할 수 있습니다.

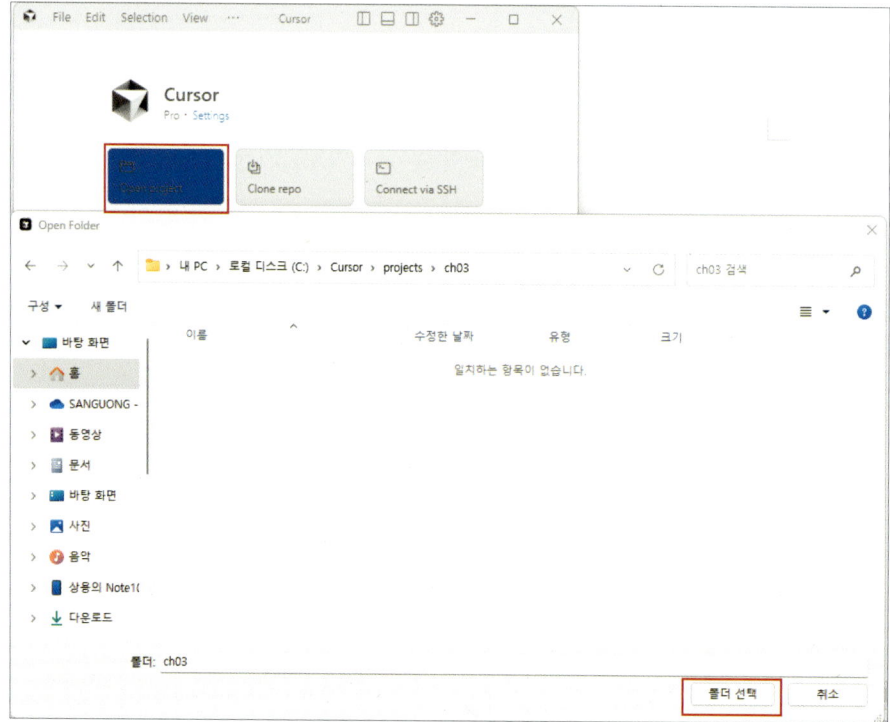

▲ Open projects에서 C:\Cursor\projects\ch03를 선택

02 이제 Cursor의 AI 도움을 받아 챗봇 코드를 만들어보겠습니다. Cursor 프로그램의 AI Pane에 있는 Add Context 입력란에 입력합니다.

> 프롬프트 1: 간단한 룰 기반 챗봇 파이썬 코드 생성해줘

AI 챗봇 만들기 기능을 구현하려면, 먼저 프롬프트1 입력 화면에 원하는 기능을 간단한 문장으로 입력합니다. 입력한 프롬프트를 기반으로 Cursor가 관련 파일을 자동으로 생성하며, 구현 과정에서 필요한 다양한 기능과 설명은 AI Pane에서 쉽게 확인할 수 있습니다.

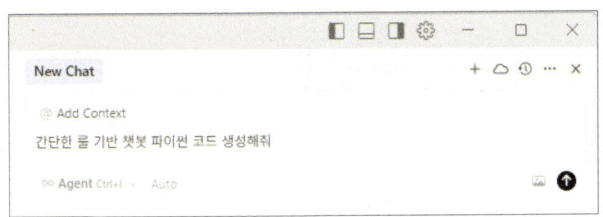

▲ New Chat에서 프롬프트1의 입력

프롬프트1을 입력하여 실행하면, AI Pane 화면에 프로젝트 구현에 대한 안내와 설명이 그림과 함께 제공됩니다. 내용을 확인한 뒤, ❶ Run 버튼을 클릭하면 파일이 자동으로 생성되어 ch03 프로젝트 폴더에 적용됩니다.

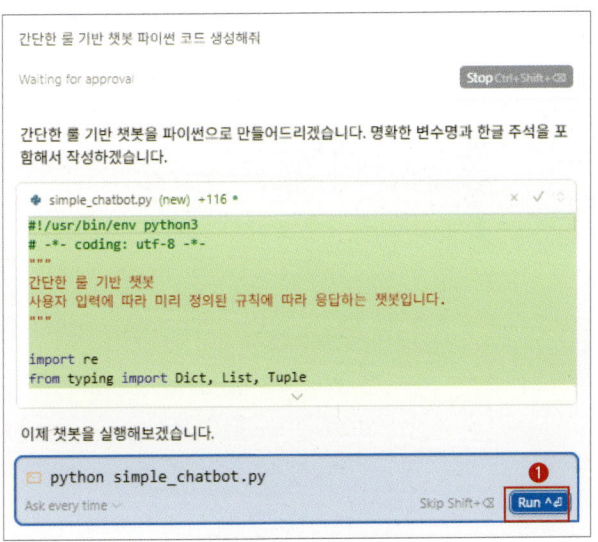

▲ 완성된 코드 1차 실행

프롬프트1을 통해 생성된 ❶ simple_chatbot.py 파일은 정규표현식을 이용해 사용자의 입력 문장에 대응하는 규칙 기반 답변을 반환하는 구조입니다. 커서가 자동으로 작업을 하면서, 필요한 파일을 작성합니다.

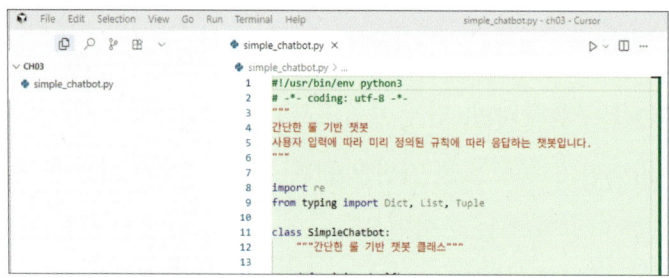

▲ 프롬프트1 실행 후 자동으로 만들어진 파일 리스트

어디에 쓰이나요?

챗봇에서 "안녕", "안녕하세요" 같은 비슷한 인삿말을 모두 감지

로그인 화면에서 이메일 형식 확인

검색 기능에서 비슷한 키워드 패턴 찾아주기

데이터 정제에서 원하는 값만 추출하기

요약

정규표현식은 문자 중에서 특정 규칙을 가진 것만 콕 집어 찾아내는 강력한 필터 도구입니다! 문자와 기호를 조합해 원하는 정보를 정확하게 찾아낼 수 있어요. 퍼즐 맞추듯 규칙을 만들어가며, 텍스트 속 숨은 정보를 탐색하죠!

웹 서버에 적용하기 전에, 먼저 콘솔 화면에서 확인하는 장면입니다.

파일명 및 코드 작성 영역

• **상단 탭 이름**: simple_chatbot.py

  → 현재 열려 있는 파이썬 파일로, 간단한 규칙 기반 챗봇을 구현한 코드입니다

• **re 모듈**: 정규표현식을 사용하기 위한 파이썬 내장 모듈

• **typing 모듈의 Dict, List, Tuple**: 타입 힌트를 위한 구성으로, 챗봇의 규칙 저장이나 입출력 데이터 구조에 사용될 예정

---

❶ 사용자 : 라고 나온 부분에 마우스 커서를 클릭 하여, 간단한 대화를 시작 할 준비 단계입니다.

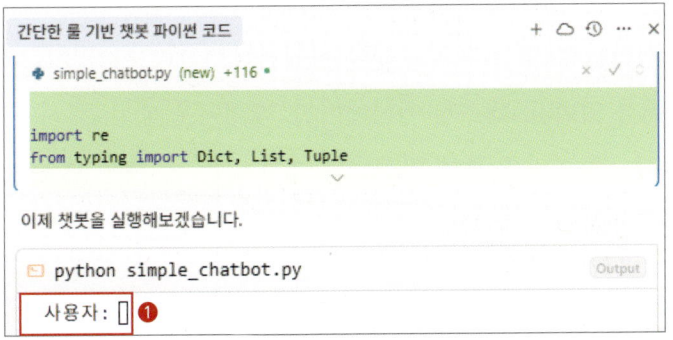

▲ 프롬프트1 실행 후 콘솔로 확인1

❶ 콘솔 출력창에서는 실제로 사용자 입력에 대해 챗봇이 응답하는 예시(날씨 질문 등)를 보여주며, 실행 결과가 어떻게 출력되는지 체험할 수 있는 중요한 장면입니다.

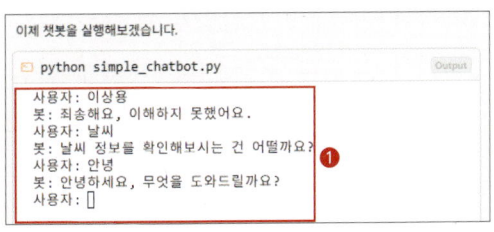

▲ 프롬프트1 실행 후 콘솔로 확인2

프롬프트2 입력 화면에서는 사용자가 만들고자 하는 웹 프로젝트의 구조와 디자인 요소를 구체적으로 지시할 수 있습니다. 예를 들어, Flask를 기반으로 한 웹 애플리케이션을 구현하고 싶을 때 다음과 같은 방식으로 입력합니다:

Flask 기반의 웹 프로젝트를 만들고 싶어요.

app.py 파일을 생성해 Flask 실행용 서버로 설정해줘.

templates/index.html 안에는 간단한 챗봇 UI를 만들어줘.

static/css/style.css 파일에는 배경색을 연한 회색(#f2f2f2)으로 설정해줘.

static/js/app.js 파일에는 사용자의 입력을 처리하고 결과를 표시하는 JavaScript 코드를 넣어줘. 전체 페이지는 중앙 정렬하고, 입력창은 부드럽게 애니메이션 효과가 있으면 좋겠어.

이처럼 세부적인 디렉터리 구조부터 UI 색상, 정렬 방식, 기능 코드까지 사용자가 명령문에 담기만 하면, AI는 이를 분석해 자동으로 각 파일을 생성하고 연결된 웹 프로젝트 형태로 완성해줍니다.

이 과정을 통해 사용자는 복잡한 코딩 없이도 Flask 서버 구축부터 HTML/CSS/JS 구성까지 직관적으로 웹 앱을 만들 수 있는 환경을 갖추게 됩니다.

또한, 버튼 모양, 배경 이미지, 텍스트 애니메이션, 레이아웃 배치 등 시각적인 요소 역시 프롬프트2에서 구체적으로 지시 가능해 자신만의 개성 있는 웹 기반 AI 환경을 손쉽게 제작할 수 있습니다.

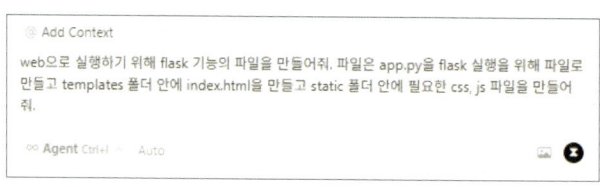

▲ 프롬프트2의 입력

❶ 버튼을 클릭하면 Flask 웹 프레임워크 기반의 챗봇 웹 애플리케이션을 실행하기 위한 프로젝트 구조가 자동으로 생성됩니다.이 과정에서는 templates, static 폴더와 함께 app.py 파

일이 생성되며, HTML, CSS, JavaScript 디렉터리 및 초기 코드도 함께 작성됩니다.이를 시각적으로 단계별로 보여줌으로써, 실제 웹 애플리케이션의 기본 구성 과정을 직관적으로 이해하고 따라갈 수 있도록 돕습니다.

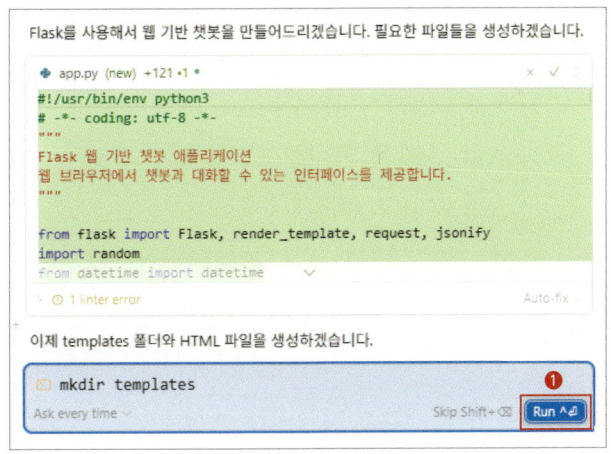

▲ 프롬프트2 입력 후 결과 1

❶ 버튼을 클릭하면 Flask 프로젝트의 뼈대를 구성하는 과정 중, 웹 페이지의 틀을 담당하는 index.html 파일을 작성하고, 그에 필요한 정적 자원 디렉터리인 static 폴더를 생성하는 모습을 보여줍니다.

코드 상단에는 HTML5 문서 선언과 함께 〈html lang="ko"〉 태그를 통해 문서의 언어가 한국어임을 지정하고 있습니다. 〈head〉 영역에는 웹 페이지의 문자 인코딩 방식(UTF-8)과 모바일 환경 대응을 위한 뷰포트 설정이 포함되어 있으며, 페이지 제목은 WebBot - 웹 챗봇으로 명시되어 있습니다.

특히 주목할 부분은 〈link〉 태그를 통해 외부 스타일시트와 폰트를 불러오고 있다는 점입니다. url_for('static', filename='css/style.css')는 Flask에서 정적 파일을 불러오는 대표적인 방식으로, 이후 생성할 static/css/style.css 파일을 HTML 페이지에 적용하기 위한 준비입니다.

그 아래에는 구글 웹폰트(Noto Sans)와 jQuery를 포함한 외부 라이브러리들이 함께 로딩되고 있습니다. 이들은 챗봇 UI의 시각적 완성도를 높이는 데 중요한 역할을 합니다.

코드 입력창 하단에는 "mkdir static" 명령어가 입력된 모습이 보입니다. 이는 터미널에서 정적 파일을 저장할 static 디렉터리를 생성하는 명령어로, CSS와 JS 파일 등이 이 폴더 안에 배치됩니다.

이처럼 Flask 웹 프로젝트에서는 templates 폴더에 HTML 파일을, static 폴더에는 CSS 및 JavaScript와 같은 정적 자원을 저장함으로써 구조적으로 명확한 웹 애플리케이션을 구성할 수 있습니다.

▲ 프롬프트2 입력 후 결과 2

❶ 버튼을 클릭하면 사용자는 "이제 static 폴더와 CSS 파일을 생성하겠습니다."라는 안내에 따라, 먼저 mkdir static 명령어를 입력하여 정적 파일을 저장할 폴더를 생성하고자 하였습니다. 그러나 출력창에서는 다음과 같은 오류 메시지가 나타나고 있습니다:

'q'은(는) 내부 또는 외부 명령, 실행할 수 있는 프로그램, 또는 배치 파일이 아닙니다. 이는 mkdir 명령어 앞에 잘못된 문자나 키(q)가 의도치 않게 포함되었거나, 명령 프롬프트가 인식할 수 없는 상태에서 입력이 실행되었음을 의미합니다. 하단에는 그 다음 명령어로 mkdir static\css가 정상적으로 입력되고 있으며, 이는 static 폴더 내부에 css 하위 디렉터리를 생성하기 위한 단계입니다. 이렇게 생성된 static/css 경로는 이후 HTML 파일에서 style.css와 같은 정적 스타일 시트를 연결할 때 사용됩니다.

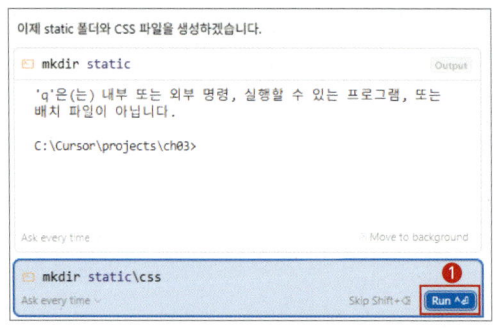

▲ 프롬프트2 입력 후 결과 3

❶ 버튼을 클릭하면 style.css 파일이 새롭게 생성된 모습이 나타나 있습니다.주석을 통해 이 파일이 "웹 챗봇 CSS 스타일"을 위한 것임을 명확히 하고 있으며,스타일 코드 상단에는 웹 페이지의 기본 리셋 및 박스 모델 설정이 포함되어 있습니다.

```
* {
  margin: 0;
  padding: 0;
  box-sizing: border-box;
}
```

이 스타일은 모든 HTML 요소의 여백(margin)과 안쪽 여백(padding)을 0으로 초기화하고,box-sizing: border-box를 통해 박스 모델 계산을 간단하게 만들어주는 CSS 초기화 규칙입니다.이는 일관된 스타일 적용을 위한 필수적인 설정으로, 다양한 브라우저 환경에서도 동일한 UI가 유지되도록 돕습니다.

화면 하단에는 "이제 JavaScript 파일을 생성하겠습니다."라는 안내문과 함께명령어 mkdir static\js가 입력되어 있습니다.이 명령은 static/js 디렉터리를 생성하여, 이후 사용자 입력 처리나 동적인 DOM 조작 기능을 담은 JS 파일을 저장하기 위한 준비 단계입니다.

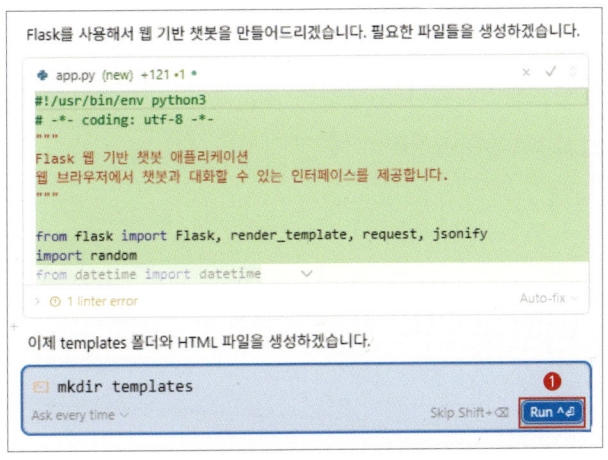

▲ 프롬프트2 입력 후 결과 2

커서 환경에서 Flask 웹 서버 모듈을 설치합니다. 프로젝트 설명을 담은 README.md 파일이 새로 생성됩니다. README.md 파일은 프로젝트의 개요와 핵심 기능을 문서화하는 역할을 하며, GitHub와 같은 코드 공유 플랫폼에 업로드할 때 매우 중요한 자료로 활용됩니다.

README.md의 주요 구성

 # WebBot - 웹 기반 챗봇:

마크다운 문법을 활용해 프로젝트 제목을 선언하고 있으며, 이 프로젝트가 웹 브라우저에서 동작하는 챗봇임을 명확히 알려줍니다.

Flask를 사용하여 만든 간단한 룰 기반 웹 챗봇입니다.→ 사용된 기술 스택과 개발 목적을 간결하게 설명합니다.

기능:챗봇이 제공하는 주요 기능을 나열하며, 강조를 위해 굵은 글씨, 색상, 이모지 등을 적절히 활용하고 있습니다.

예시 기능 항목:

웹 기반 인터페이스: 브라우저에서 바로 사용 가능

실시간 처리: AJAX를 통한 비동기 메시지 전송

반응형 디자인: PC와 모바일 환경 모두 대응 가능

이처럼 README.md에는 핵심 기능을 명확하게 정리하여,프로젝트의 특징과 활용성을 누구나 쉽게 이해할 수 있도록 구성되어 있습니다.

하단 명령어: pip install flask

❶ 버튼을 클릭하면 화면 하단에 입력된 명령어 pip install flask는 Flask 프레임워크를 설치하기 위한 파이썬 패키지 매니저 명령어가 자동 실행됩니다.웹 애플리케이션을 실행하기 전에 Flask가 로컬 개발 환경에 설치되어 있어야 하며,이 명령어는 본격적인 서버 실행 및 개발을 위한 필수 사전 작업입니다.

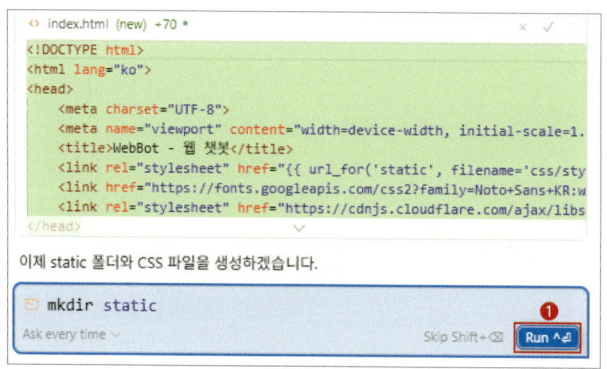

▲ 프롬프트2 입력 후 결과 5

프롬프트2 실행이 완료되면, 프로젝트 폴더에는 Cursor가 자동으로 생성한 다양한 텍스트 결과물과 실행 파일들이 체계적으로 정리된 형태로 나타납니다.각 파일과 폴더는 기능별로 구분되어 있으며, 이름과 확장자에 따라 보기 좋게 정렬되어 있어 사용자는 원하는 파일을 쉽게 찾고 열 수 있습니다.

이처럼 정돈된 구조는 개발 흐름을 자연스럽게 따라가며 필요한 내용을 바로 확인하거나 수정할 수 있도록 돕습니다.또한, 프로젝트를 확장하거나 배포할 때도 구조적인 혼란 없이 명확한 기준을 유지할 수 있게 해 줍니다.

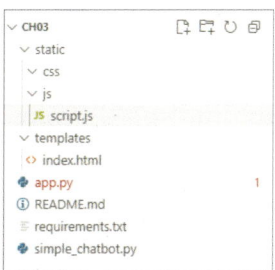

▲ 프롬프트2 입력 후 만들어진 파일 리스트

파일/폴더명	용도 설명
app.py	Flask 웹 서버의 메인 실행 파일로, 웹 라우팅과 챗봇 로직을 연결함
simple_chatbot.py	정규표현식을 이용해 챗봇의 룰 기반 응답을 처리하는 핵심 로직 파일
README.md	프로젝트 소개 및 기능 설명을 담은 문서로, 프로젝트 개요를 한눈에 파악 가능
requirements.txt	Flask 등 이 프로젝트에 필요한 파이썬 패키지를 명시한 설치 목록 파일
templates/index.html	사용자에게 보이는 웹 페이지 UI의 HTML 구조를 담당함 (템플릿 파일)
static/css/style.css	웹 페이지의 시각적 디자인을 담당하는 스타일시트 파일
static/js/script.js	사용자 입력 처리 및 동적 요소 구현을 위한 JavaScript 코드 파일
static/ 폴더	CSS, JS 등 정적 자원을 담는 디렉터리로, 웹에서 직접 참조되는 파일들이 위치
templates/ 폴더	Flask에서 사용하는 HTML 템플릿 파일을 저장하는 디렉터리

▲ 생성된 전체 파일의 용도에 대한 설명

❶ 버튼을 클릭하면 커서가 flask 모듈을 설치 후, 웹 프로젝트 구조를 완성하여 실행합니다.

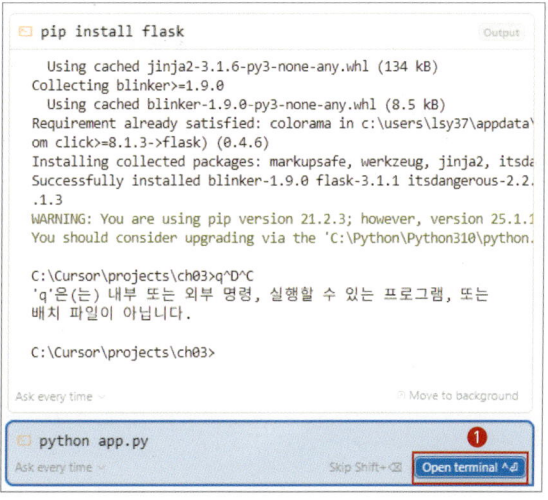

▲ 프롬프트2 입력 후 결과

생성된 파일 설명, 주요 기능, 작동 방식 등이 정리되어 있으며, 초보자도 챗봇 구조를 한눈에 파악할 수 있는 안내서 역할을 합니다.

특히 입력 키워드에 따라 챗봇이 반응하는 규칙 기반 로직을 어떻게 구성할 수 있는지 명시되어 있어 실무 응용 시 유용합니다.

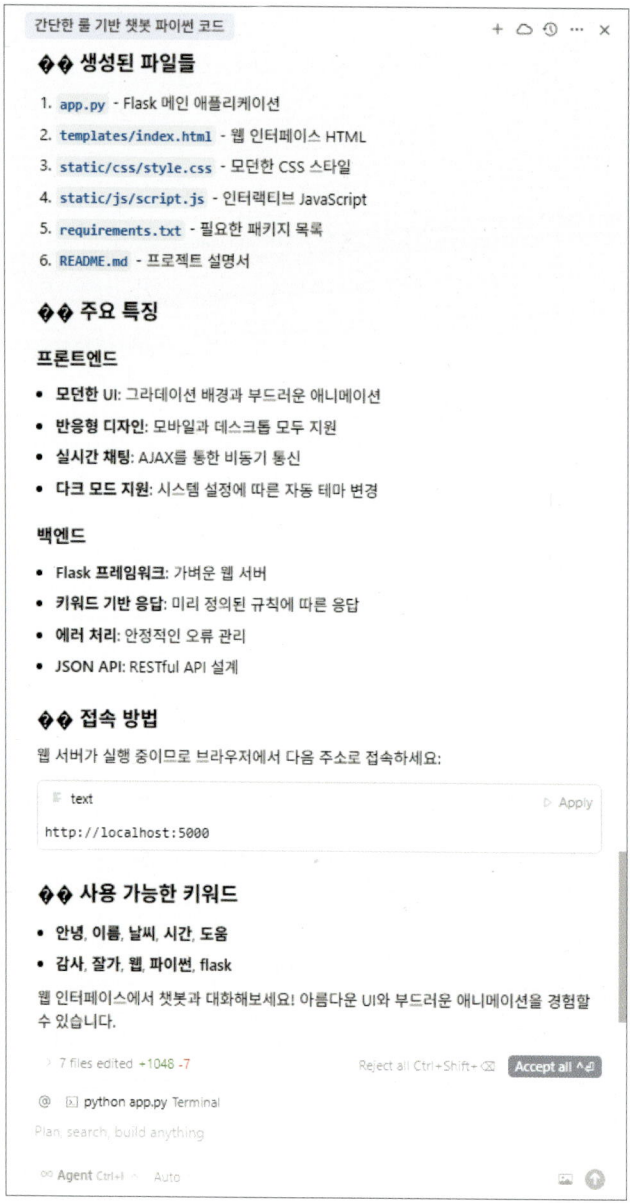

▲ 프롬프트2 입력 후 결과

실제 브라우저에서 챗봇(WebBot)이 실행되는 모습을 보여주는 화면입니다. 사용자 메시지를 입력하면, Flask 서버를 통해 응답이 출력되는 프론트-백엔드 연동 결과입니다.

이후 Tailwind CSS 적용을 통해 UI 디자인이 향상된 모습도 비교 확인할 수 있습니다. 깔끔한 채팅 인터페이스는 사용자 경험 측면에서 매우 직관적입니다.

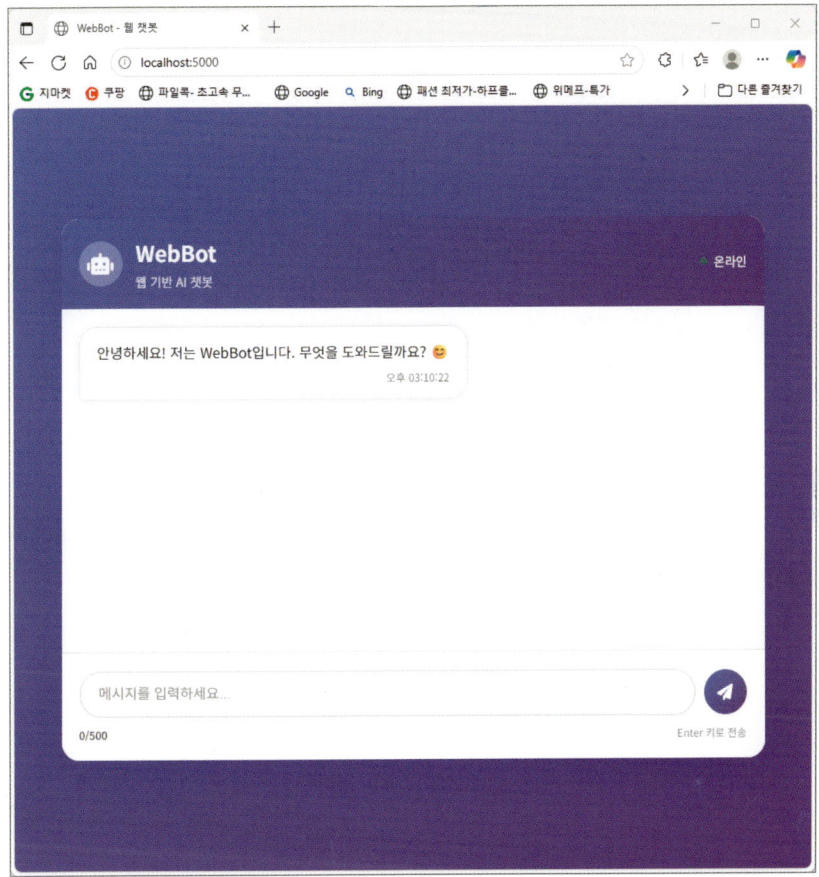

▲ 프롬프트2 입력 후 웹브라우저 1차 확인

❶ 버튼을 클릭하면 index.html에 Tailwind CSS를 적용하고, CSS의 다양한 기능을 활용해 화면의 레이아웃과 디자인을 손쉽게 꾸밀 수 있습니다. Tailwind CSS는 클래스 이름만으로 색상, 여백, 정렬 등 다양한 스타일을 빠르게 적용할 수 있어, 코드가 깔끔해지고 원하는 화면을 간편하게 만들 수 있습니다.

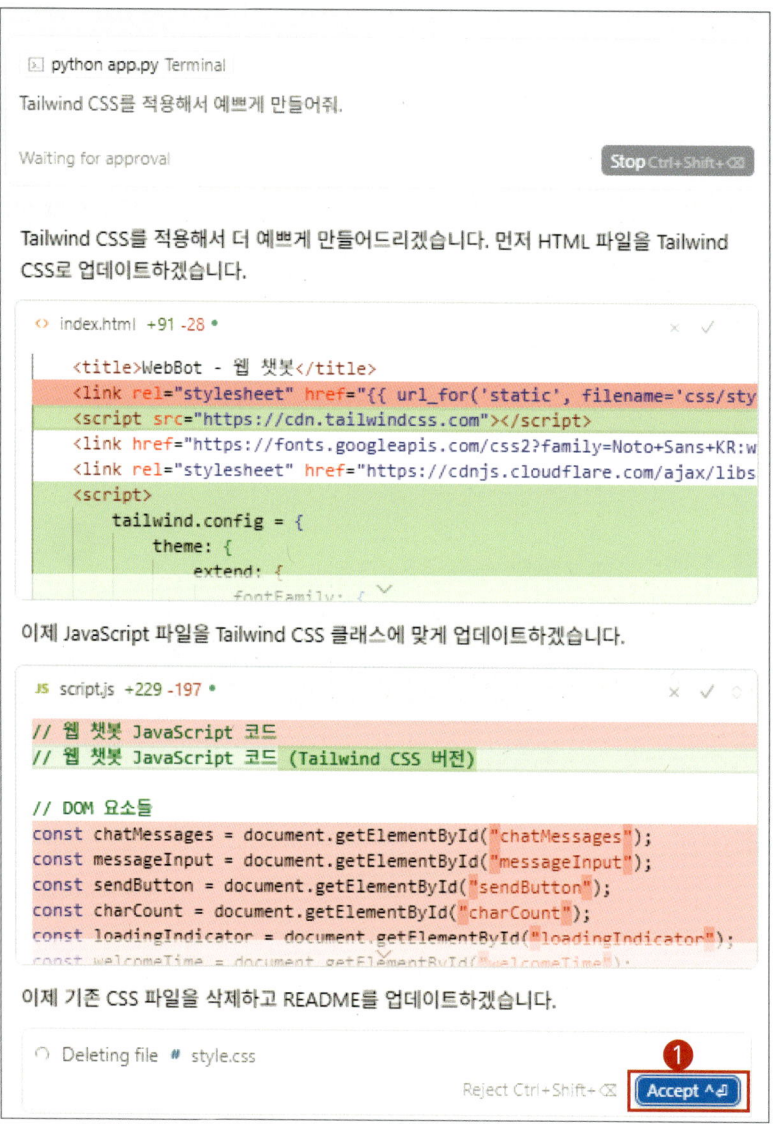

▲ 프롬프트3 입력

AI 챗봇 만들기 Flask Web 실행하기

❶ 버튼을 클릭하면 python app.py 명령어를 실행하여, 서버를 실행합니다.
script.js 파일과, README.md 파일을 자동으로 내용을 수정합니다.

▲ 프롬프트3 입력 후 실행

터미널에서 python app.py 코드를 실행 한 후, 터미널의 정상적인 결과 화면입니다.
터미널(Terminal) 화면에 표시된 ❶ http://127.0.0.1:5000 주소를 Ctrl 키를 누른 채 클릭하면 웹브라우저가 열립니다.

http://localhost:5000 주소를 입력해도 , 같은 화면이 나타납니다.

TIP 여기서 127.0.0.1과 localhost는 모두 현재 사용 중인 내 컴퓨터(로컬 서버)를 의미하는 주소입니다.

▲ 프롬프트3 입력 후 터미널 결과 화면

flask 웹 서버가 동작하고, 사용자가 웹 브라우저에서 웹 서버로(http://localhost:5000) 처
음 접근한 화면입니다.

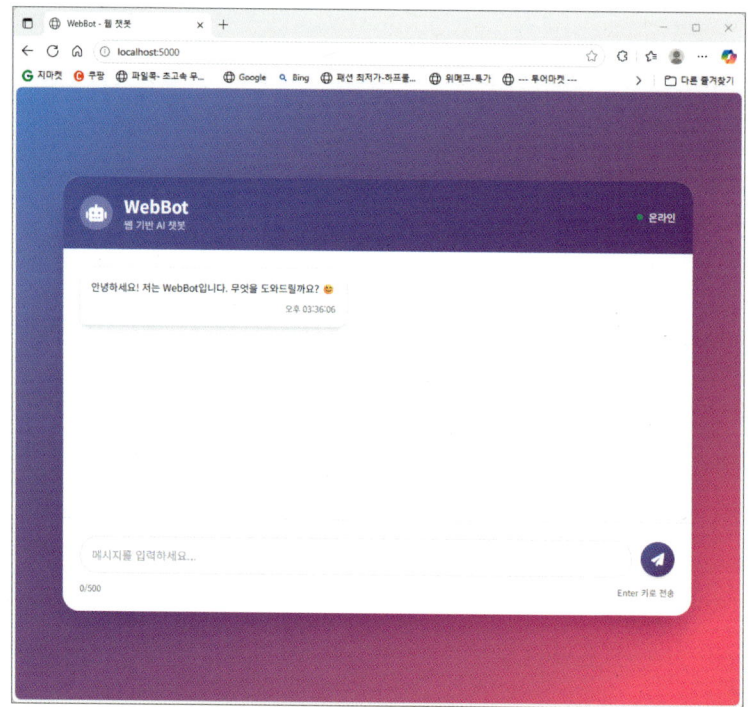

▲ 프롬프트3 입력 후 2차 웹브라우저 화면

"날씨"와 같은 키워드를 입력하자 챗봇이 사전 정의된 문장으로 응답하는 모습이 보이며, 규칙 기반 챗봇의 실제 동작을 검증하는 화면입니다.

이 페이지는 전체 과정을 마무리하는 역할로, 사용자가 배운 기술을 종합적으로 확인하고 점검하는 시점입니다.

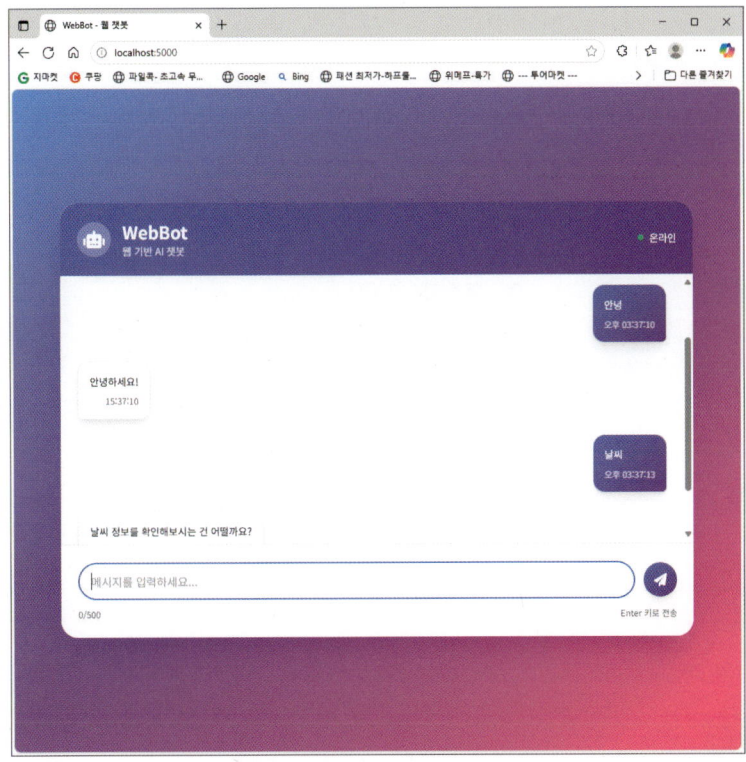

▲ 프롬프트3 입력 후 챗봇 테스트 대화 장면

이 장을 마치며

이번 장에서는 간단한 규칙 기반 챗봇을 Cursor 환경과 Flask 웹 서버를 이용해 직접 구현해 보았습니다. 단순한 룰을 적용한 챗봇이지만, 사용자의 입력에 따라 자동으로 응답하는 원리를 체험함으로써 AI의 기본 구조를 이해할 수 있는 중요한 기초가 되었습니다. 앞으로 머신 러닝 기반 챗봇으로 확장할 수 있는 기반을 다진 것이며, 이 챕터의 실습을 통해 사용자 입력 분석 → 응답 생성 → 웹 연동이라는 AI 응용 서비스 개발의 핵심 흐름을 실전처럼 경험할 수 있습니다. 또한 UI 개선 및 사용자 경험 향상을 위한 프론트 기술 적용 예(Tailwind CSS)도 접목하여 실제 프로젝트에 한걸음 더 가까이 다가설 수 있었습니다.

CHAPTER

04

AI 이미지 분석기

학습 개요

이 과정은 AI(인공지능)와 컴퓨터 비전의 기초를 쉽게 이해할 수 있도록, 사용자가 직접 이미지를 업로드하거나 촬영한 후 AI가 자동으로 분석하고 설명하는 '이미지 분석기'를 만드는 실습 중심의 커리큘럼입니다.

학습생은 Cursor 개발환경에서 파이썬을 사용하여 이미지 전처리, 사전 학습된 딥러닝 모델을 이용한 분석과 예측, 그리고 웹(Flask) 환경에서 동작하는 AI 앱을 직접 구현합니다.

실습을 통해 AI 모델의 입력 처리, 특징 추출, 분류·설명 생성 과정까지 경험하며, AI 이미지 분석의 원리와 다양한 응용 방법을 체험할 수 있습니다.

학습 목표

1 I의 기본 동작 원리(데이터 입력 → 처리 → 예측)의 흐름을 이해한다.

2 AI 이미지 분석기가 어떻게 이미지를 분석하고 사물을 예측하는지 과정을 직접 체험한다.

3 커서 환경에서 제공하는 기능(실행, 예제 불러오기, 결과 확인 등)을 활용해 AI 프로젝트를 실습할 수 있다.

4 직접 코딩하지 않아도 커서를 이용해 AI의 결과를 시각적으로 확인하고, 다양한 실험을 할 수 있다.

5 AI가 예측한 결과와 신뢰도(확률)의 의미를 이해한다.

6 AI 활용의 기본 프로세스(데이터 준비 → 모델 활용 → 결과 확인)를 익히고, 실제 생활 속 적용 사례를 생각해 본다.

프로젝트 시스템 구조도

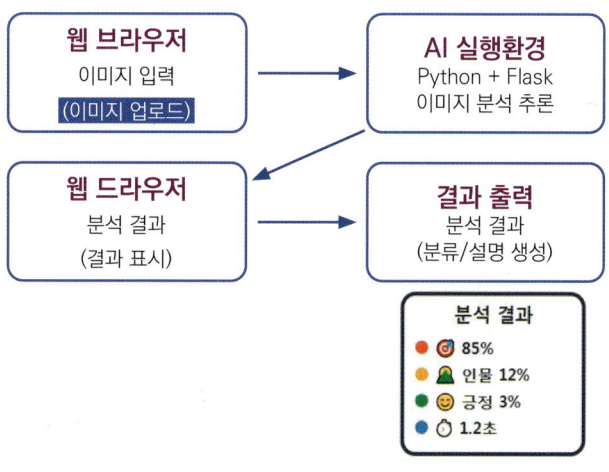

▲ AI 이미지 분석기 시스템 구조도

01 커서를 실행하고 그림과 같은 Open projects를 선택하고 ch04 폴더를 생성 및 선택을 합니다.

AI 그림 그리기 프로젝트의 구현을 위해, 먼저 ch04 폴더를 생성한 뒤 Open projects에서 해당 폴더를 프로젝트 경로로 지정합니다. 이후 진행되는 모든 작업 파일과 코드, 자료들은 이 폴더 내에 체계적으로 저장되어 프로젝트 관리와 접근이 한층 효율적으로 이루어집니다.

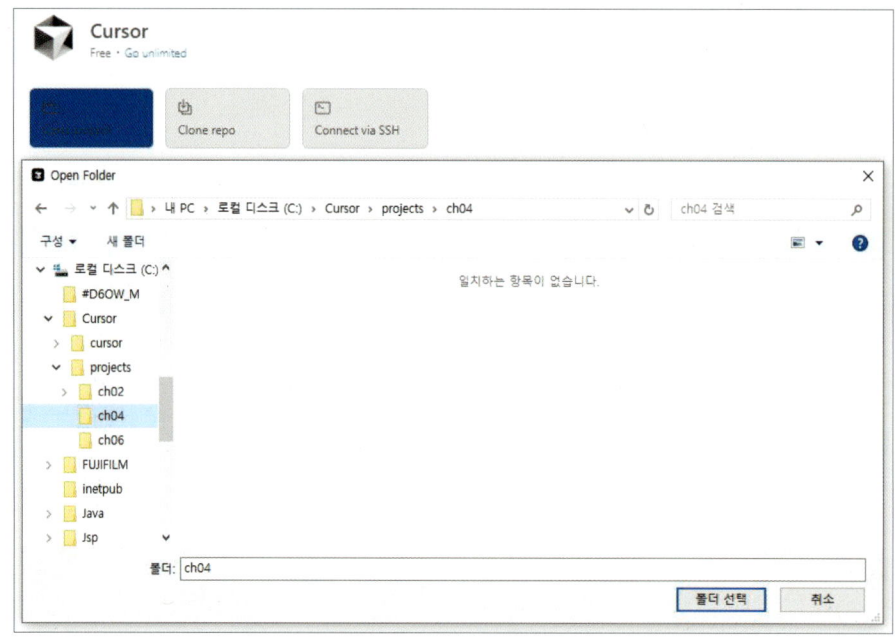

▲ Open projects에서 C:\Cursor\projects\ch04를 선택

02 AI 그림 그리기 기능을 파이썬으로 만들기 위해 다음과 같은 프롬프트를 AI Pane에 있는 Add Context 입력란에 입력합니다.

> 프롬프트 1: 파이썬으로 사용자가 업로드한 이미지를 Hugging Face API의 vit-base-patch16-224 모델을 사용해 분석하고, '이 사진에 뭐가 있는지 설명해줘'라는 질문에 답할 수 있는 기능을 콘솔에서 확인 할수 있게 만들어줘.

TIP　Hugging Face API의 vit-base-patch16-224 모델

모델 파일은 AI에서 학습(Training)이 끝난 후, 학습 결과를 저장해 놓은 파일입니다. AI는 데이터를 넣고 학습(Train)을 시켜야 실제로 뭔가를 예측하거나 분류할 수 있습니다. 학습이 끝난 후, 그 결과(모델)를 파일로 저장해 두었다가, 다음번에 데이터를 넣으면 곧바로 예측(Predict) 할 수 있게 됩니다.
여기서 Hugging Face API의 vit-base-patch16-224 모델은 구글이 개발한 ViT(Vision Transformer) 모델의 한 종류입니다. 이 모델은 이미지를 분석하고 분류하는 데 사용되는 딥러닝 모델로, 이미지를 효과적으로 이해하는 데 뛰어난 성능을 보입니다.

AI 그림 그리기 기능을 구현하려면, 먼저 프롬프트1 입력 화면에 원하는 기능을 간단한 문장으로 입력합니다. 입력한 프롬프트를 기반으로 Cursor가 관련 파일을 자동으로 생성하며, 구현 과정에서 필요한 다양한 기능과 설명은 AI Pane에서 쉽게 확인할 수 있습니다.

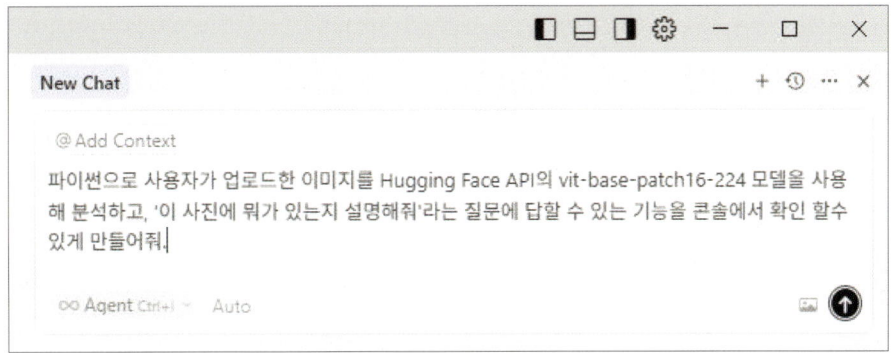

▲ New Chat에서 프롬프트1의 입력

프롬프트1을 입력하여 실행하면, AI Pane 화면에 프로젝트 구현에 대한 안내와 설명이 그림과 함께 제공됩니다. 내용을 확인한 뒤, ❶ Keep All 버튼을 클릭하면 download_test_image.py, image_analyzer.py, README.md 그리고 requirements.txt 파일이 자동으로 생성되어 ch04 프로젝트 폴더에 적용됩니다.

> **TIP**   'Accept All' vs 'Keep All'
>
> 초창기 Cursor 버전에서는 'Accept All'로 표시되던 기능이, 이후 버전 업데이트에서 'Keep All'로 변경되었습니다. 두 명칭은 동일한 기능을 의미하므로, 어떤 표현이 사용되더라도 기능상의 차이는 없습니다. "Accept"가 "이미 변경된 사항을 수락한다"는 의미에서 혼란을 줄 수 있었기 때문에, "변경 사항을 그대로 유지한다"는 의미의 "Keep"으로 변경하여 혼동을 줄이려 했습니다.

사용 방법:

1. **패키지 설치:**

```bash
$ bash
```
```
pip install -r requirements.txt
```

2. **테스트 이미지 다운로드 (선택사항):**

```bash
$ bash
```
```
python download_test_image.py
```

3. **프로그램 실행:**

```bash
$ bash
```
```
python image_analyzer.py
```

4. **메뉴에서 선택:**
   - 1: 로컬 파일 경로 입력
   - 2: URL 입력
   - 3: 종료

프로그램 특징:

- **에러 처리:** 파일 없음, 잘못된 형식, 네트워크 오류 등 처리
- **명확한 변수명:** `image_analyzer`, `load_model`, `analyze_image` 등
- **한글 주석:** 모든 함수와 클래스에 한글 설명 추가
- **모듈화:** 기능별로 작은 함수들로 분리
- **GPU 지원:** CUDA가 있으면 자동으로 GPU 사용

이제 프로그램을 실행해서 이미지를 분석해보세요!

≡ Review Changes   ○ 5% ▢ ⋯

＞ 4 Files   Undo All Keep All ^⏎ **❶**

▲ 프롬프트1의 입력 후에 커서의 AI Pane 화면

샘플 사진 다운로드

requirements.txt에는 파이썬 파일 실행에 필요한 외부 라이브러리 목록이 들어있지만, 이 교재에서는 1장에서 모든 챕터에 필요한 외부 라이브러리를 한 번에 설치했으므로 따로 설치할 필요가 없습니다. 따라서 ❶ download_test_image.py를 선택한 후, 커서 IDE 왼쪽 상단의 ❷ Play 아이콘(Run Python File)을 클릭해 실행하면 됩니다.

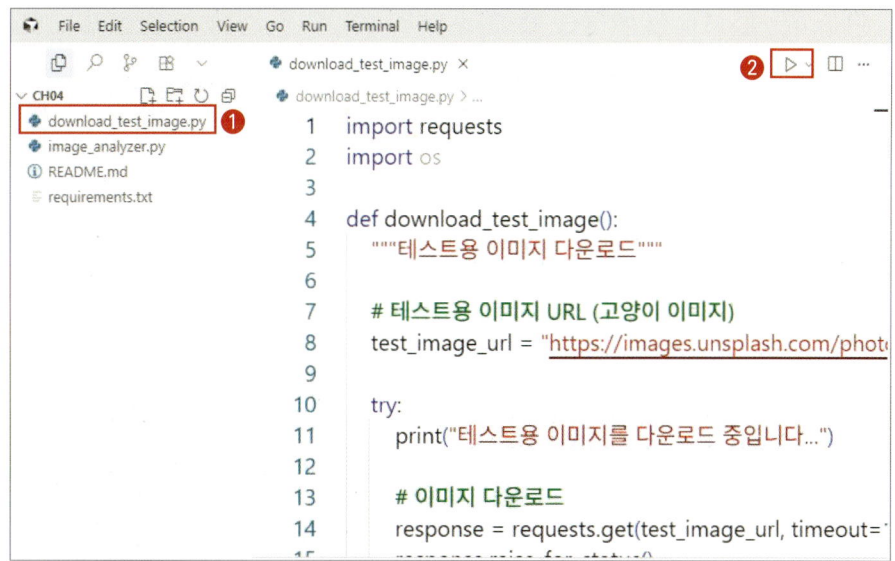
▲ 프롬프트1 실행 후 만들어진 파일 리스트

download_test_image.py를 실행하면 예제용 고양이 이미지(sample_cat.jpg)가 자동으로 다운로드됩니다.

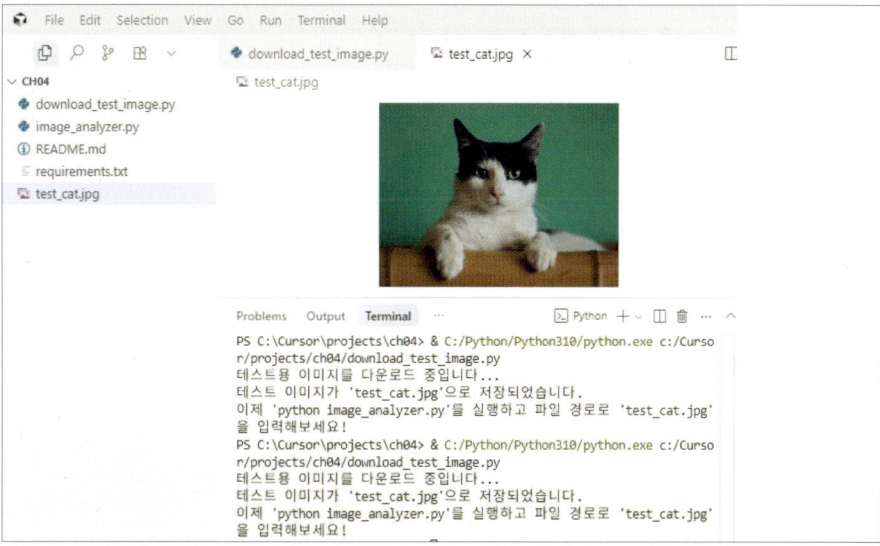
▲ download_test_image.py 실행 후에 test_cat.jpg 다운로드

download_test_image.py를 실행하여 테스트 이미지를 다운로드한 후, image_analyzer. py를 실행하여 이미지를 분석합니다. image_analyzer.py는 필요한 모델 파일이 없을 경우

자동으로 다운로드합니다. 이 과정은 한 번만 수행되며, 이후 실행 시에는 이미 다운로드된 모델을 사용하므로 별도의 다운로드가 필요하지 않습니다.

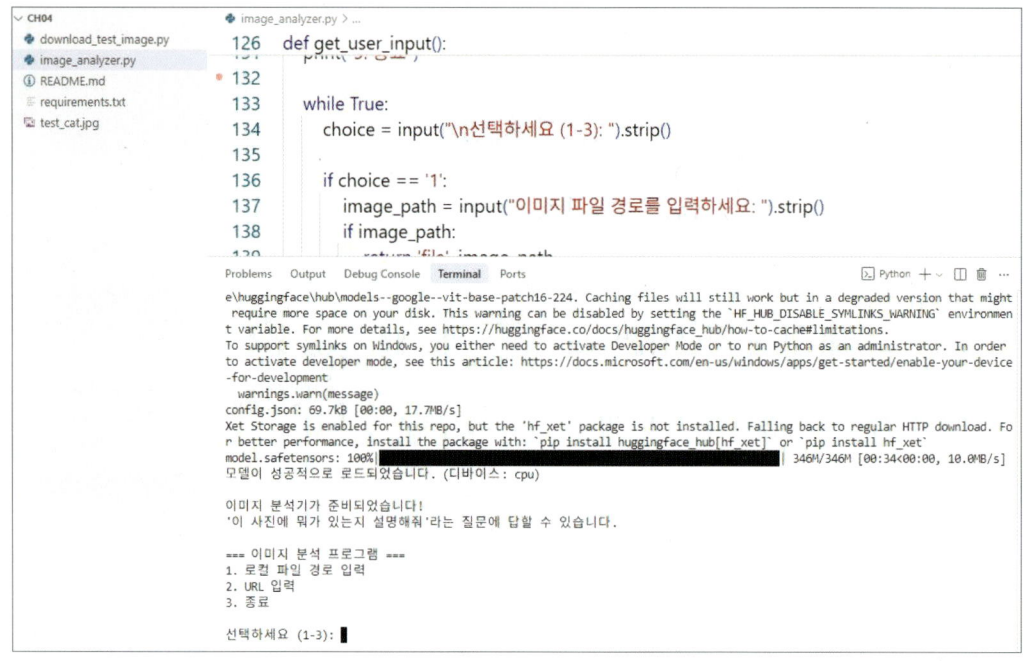

▲ image_analyzer.py 실행 후에 필요한 모델 다운로드

이미지 분석에 필요한 'models—google—vit-base-patch16-224' 모델은 사용자 디렉터리 내의 다음 경로에 저장됩니다. 사용자 이름에 따라 저장 경로는 달라질 수 있습니다.

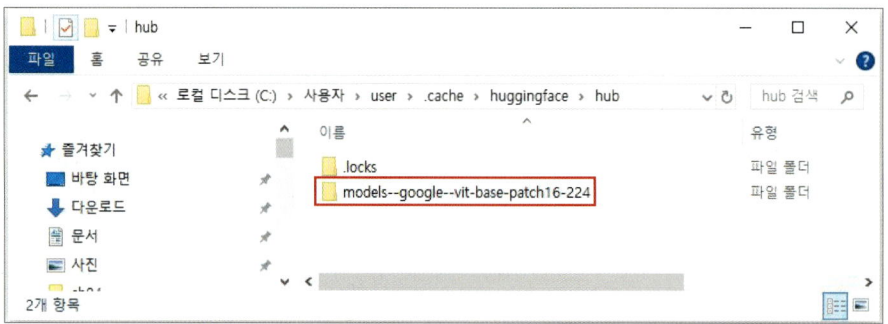

▲ models—google—vit-base-patch16-224 모델이 저장된 위치

이미지 분석 방법

❶ 터미널(Terminal) 창에서 '1. 로컬 파일 경로입력' 옵션을 선택하세요.

❷ 분석할 파일의 절대 경로를 입력합니다. C:\Cursor\projects\ch04\test_cat.jpg와 같이 입력하면 됩니다.

❸ 경로 입력 후 엔터를 누르면, 즉시 이미지 분석 결과가 화면에 표시됩니다.

```
이미지 분석기가 준비되었습니다!
'이 사진에 뭐가 있는지 설명해줘'라는 질문에 답할 수 있습니다.

=== 이미지 분석 프로그램 ===
1. 로컬 파일 경로 입력
2. URL 입력
3. 종료

선택하세요 (1-3): 1
이미지 파일 경로를 입력하세요: C:\Cursor\projects\ch04\test_cat.jpg

이미지 크기: (400, 300)
이미지를 분석 중입니다...

=== 분석 결과 ===
이 사진에는 'Egyptian cat'이(가) 있는 것으로 보입니다. 확신도는 36.94%입니다.

추가로 발견된 객체들:
1. tabby, tabby cat (확신도: 24.30%)
2. tiger cat (확신도: 21.97%)
3. Siamese cat, Siamese (확신도: 0.99%)
4. lynx, catamount (확신도: 0.98%)
```

▲ 이미지 분석 프로그램 Terminal 실행화면

02 파이썬으로 완성된 AI 이미지 분석기를 만들고 실행화면을 브라우저로 보기 위해서 커서에게 다음과 같은 프롬프트를 Add Context 입력란에 입력합니다.

> 프롬프트 2: web으로 실행하기 위해 flask 기능의 파일을 만들어줘. 파일은 app.py을 flask 실행을 위해 파일로 만들고 templates 폴더 안에 index.html을 만들고 static 폴더 안에 필요한 css, js 파일을 만들어줘.

프롬프트2 입력 화면에서는 사용자가 원하는 그림의 스타일이나 구성 요소를 더욱 세밀하게 지정할 수 있습니다. 예를 들어, Flask 기반 웹 프로젝트를 만들고자 할 때, app.py 파일 생성부터 시작해 templates 폴더 안에 index.html을 만들고, static 폴더에는 직접 필요한 CSS와 JS 파일을 추가하는 방식으로 명령을 입력할 수 있습니다.

이렇게 구체적인 지시를 프롬프트2에 담으면, AI가 각 파일과 폴더를 자동으로 생성해 주어 복잡한 코딩 작업 없이도 전체 구조를 손쉽게 갖출 수 있습니다. 색상이나 배경, 화면 구성 등도 세부적으로 지정할 수 있어, 누구나 자신만의 개성 있는 AI 그림 그리기 웹 환경을 자연스럽게 완성할 수 있습니다.

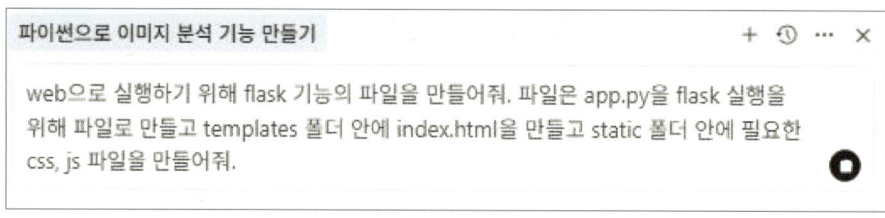

▲ 프롬프트2의 입력

Flask 라이브러리가 이미 설치되어 있으므로, 이 화면은 'Skip' 하셔도 됩니다. 'Run'을 선택해도 문제없지만, 별도로 설치할 필요는 없습니다.

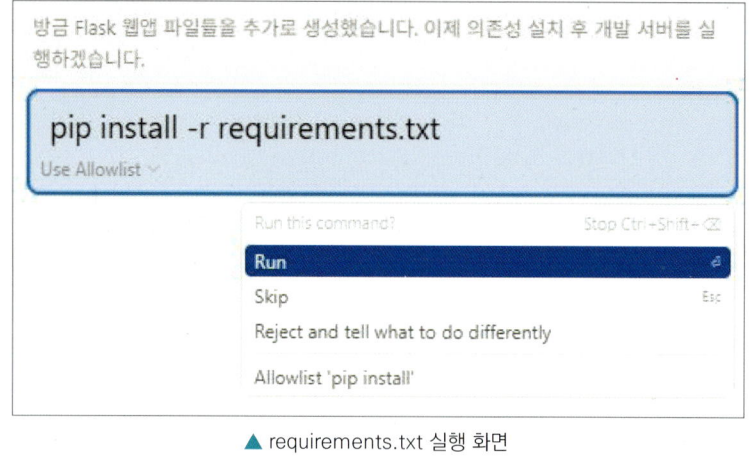

▲ requirements.txt 실행 화면

방금 웹 실행을 위한 Flask 앱을 추가로 구성할게요. `app.py`, `templates/index.html`, `static/css/style.css`, `static/js/app.js` 파일을 생성하고, `requirements.txt` 에 Flask 의존성을 추가하겠습니다.

♣ app.py (new) +127 •		× ✓
◇ index.html (new) +59 •		× ✓
# style.css (new) +69 •		× ✓
js app.js (new) +116 •		× ✓
☲ requirements.txt +1 •		× ✓

Thought for 1m 28s

▲ 프롬프트2의 입력 후에 커서의 AI Pane 화면1

프롬프트2 실행 후에 모든 파일의 생성이 끝나면 ❶ Keep All 버튼을 클릭하면 적용이 됩니다.

- 브라우저에서 접속: `http://localhost:5000`

생성/수정된 파일

- `app.py`: Flask 서버. 파일 업로드/URL 입력을 받아 분석 후 JSON 반환
- `templates/index.html`: 업로드/URL 입력 폼, 미리보기, 결과 표시 UI
- `static/css/style.css`: 간단한 다크 테마 스타일
- `static/js/app.js`: 폼 제출, 미리보기, 서버 호출, 결과 렌더링
- `requirements.txt`: Flask 의존성 추가

사용 방법

1) 페이지에서 이미지 파일을 업로드하거나, 이미지 URL을 입력
2) [분석하기] 클릭
3) 우측에 미리보기와 분석 결과(상위 5개 라벨, 확률/확신도, 설명)가 표시

참고

- 최초 1회 요청 시 모델 다운로드/초기화로 시간이 걸릴 수 있습니다.
- 업로드 최대 크기는 16MB입니다.
- 모델: `google/vit-base-patch16-224`
- 에러 처리: 파일 형식 점검, URL 로딩 실패, 모델 미초기화 등 서버/클라이언트 모두에서 안내 메시지를 표시합니다.
- 변수명과 함수명은 의미가 명확하도록 작성했고, 코드에는 한글 주석을 추가했습니다.
- 계속 진행 예정: 원하시면 `README.md` 에 웹 실행 섹션을 추가해드리겠습니다.
- 주요 변경 요약
  - `app.py` 에서 `ImageAnalyzer` 초기화, `/analyze` API 구현
  - `templates/index.html` 에 업로드/URL 입력 폼, 미리보기, 결과 영역 추가
  - `static/js/app.js` 로 폼 제출/요청/결과 렌더링 구현
  - `static/css/style.css` 로 기본 스타일 적용
  - `requirements.txt` 에 Flask 추가

> 5 Files   Undo All   Keep All ❶

▲ 프롬프트2의 입력 후에 커서의 AI Pane 화면2

프롬프트2 실행이 끝나면, 프로젝트 폴더에는 Cursor가 자동으로 생성한 다양한 텍스트 결과물과 설정 파일들이 차곡차곡 정리되어 나타납니다. 각 파일은 이름과 형식에 따라 보기 좋게 정렬되어 있어, 필요한 정보를 한눈에 쉽게 찾을 수 있습니다.

이렇게 잘 정돈된 파일 리스트를 통해 AI 작업의 흐름을 자연스럽게 관리할 수 있고, 각 파일을 언제든 편하게 열어보고 수정하며 나만의 프로젝트를 완성해 갈 수 있습니다.

아래 표에서는 각 파일의 이름과 그 용도에 대해 구체적으로 설명하였습니다.

▲ 프롬프트2 실행 후 만들어진 파일 리스트

파일명	용도
app.py	이미지 분석의 기능을 Flask 서버 실행, 파일 업로드/URL 입력을 받아 분석 후 JSON 반환 반환하는 Flask 웹페이지입니다.
download_test_image.py	테스트용 이미지 다운로드 스크립트 파이썬 파일입니다.
image_analyzer.py	이미지 분석기 메인 프로그램 파이썬 파일입니다.
requirements.txt	프로젝트에 필요한 모든 파이썬 라이브러리 목록과 버전이 적힌 파일입니다
static/css/style.css/js/app.js	웹 화면에 필요한 자바스크립트(app.js)와 스타일 시트(style.css) 파일입니다.
templates/index.html	HTML 템플릿 파일로, 웹에서 보여지는 메인 페이지입니다.

▲ 생성된 전체 파일의 용도에 대한 설명

AI 이미지 분석기 Flask Web 실행하기

'Keep All'이 있다면 클릭한 후, app.py 파일을 선택하고 ❶ Play 아이콘을 누르면 아래와 같이 터미널(Terminal)에 Flask 웹서버의 실행 화면이 나타납니다.

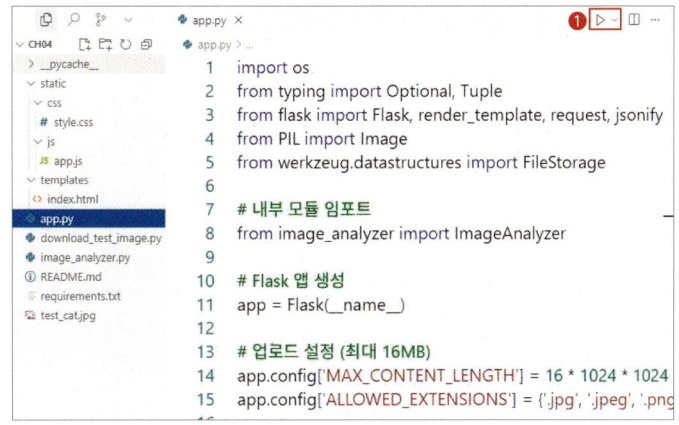

▲ app.py 선택하고 Play 클릭 화면

app.py를 실행하면 파이썬의 Flask 웹서버가 구동되어 터미널 화면에 실행 과정이 출력됩니다. 이 화면에서는 서버가 정상적으로 실행 되는지 여부와 함께 각종 로그 메시지, 접속 주소 등이 표시되어, 사용자가 웹서버의 동작 상태를 한눈에 확인할 수 있습니다. 이를 통해 개발자는 코드의 오류 발생 여부나 서버의 구동 상황을 손쉽게 점검하고, 필요에 따라 추가적인 설정이나 디버깅 작업을 진행할 수 있습니다. 터미널(Terminal) 화면에 표시된 ❶ http://127.0.0.1:5000 주소를 Ctrl 키를 누른 채 클릭하면 웹브라우저가 열립니다.

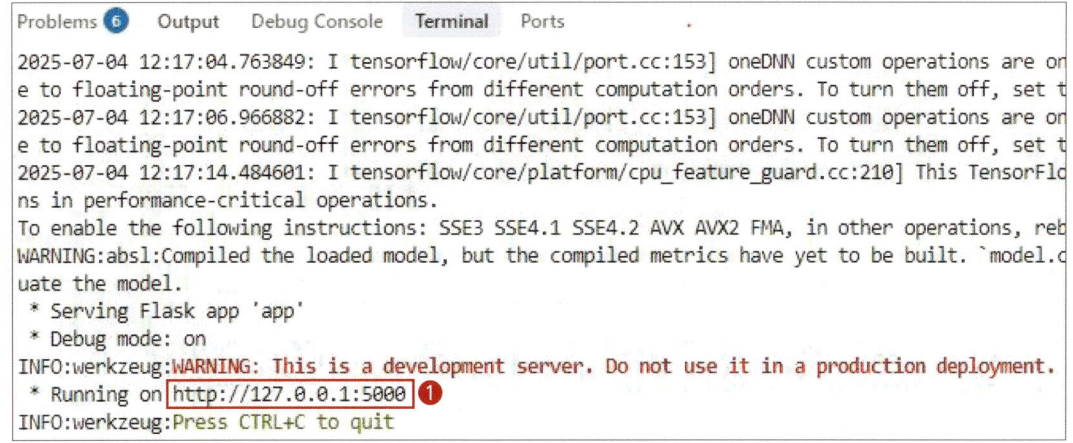

▲ app.py 실행 후에 Terminal 화면

화면 예시처럼, 배경색이 마음에 들지 않을 경우에는 다음과 같이 간단하고 직관적인 프롬프트를 통해서 수정하여 원하는 색상으로 변경할 수 있습니다. 수정된 코드는 'Keep All' 버튼을 클릭하여 모든 변경사항을 한 번에 저장하고 즉시 적용됩니다.

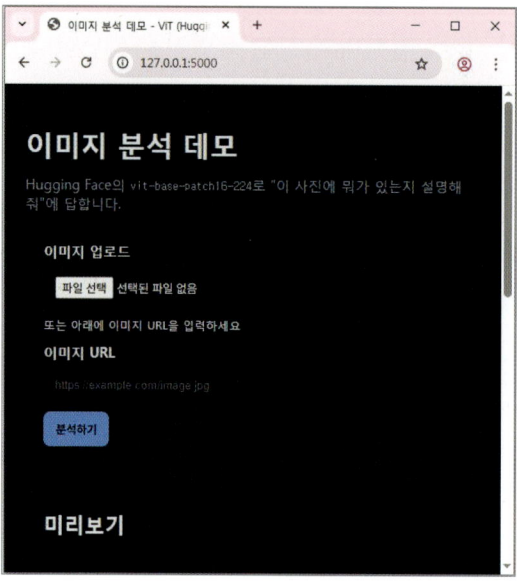

▲ 배경색이 어두운 index.html 화면

프롬프트 2-1: index.html의 배경색을 밝은색으로 변경해줘.

index.html의 배경색을 밝은색으로 변경해줘.

`index.html` 의 배경색을 밝은색으로 변경하기 위해 CSS 파일을 수정하겠습니다.

\# style.css +8 -8 •

\# style.css +1 -1 •

\# style.css +1 -1 •

\# style.css +1 -1 •

\# style.css +2 -2 •

완료되었습니다! `index.html` 의 배경색을 밝은색으로 변경했습니다.

변경된 내용:

색상 테마 변경 (다크 → 라이트):

- **배경색**: `#0f172a` (어두운 파랑) → `#f8fafc` (밝은 회색)
- **카드 배경**: `#111827` (어두운 회색) → `#ffffff` (흰색)
- **텍스트**: `#e5e7eb` (밝은 회색) → `#1e293b` (어두운 회색)
- **보조 텍스트**: `#9ca3af` → `#64748b` (더 진한 회색)
- **테두리**: `#1f2937` → `#e2e8f0` (밝은 회색)
- **입력 필드**: `#0b1220` → `#ffffff` (흰색)
- **버튼 텍스트**: `#0b1020` → `#ffffff` (흰색)
- **배지 배경**: `#0b1a2c` → `#f1f5f9` (밝은 회색)

▲ index.html 배경색 수정 프롬프트 및 AI Pane 화면

app.py를 실행한 뒤 웹브라우저로 접속하면, Flask 웹서버가 준비한 화면이 표시됩니다. 여기서 파일 선택 버튼을 통해 이미지를 업로드하거나, URL 주소를 입력한 뒤 ❶ 분석하기 버튼을 누르면 AI가 즉시 이미지를 인식하고 결과를 보여줍니다.

이미지를 여러 번 바꿔가며 예측 결과를 확인할 수 있어 AI의 동작 방식을 직관적으로 체험할 수 있으며, 이를 통해 개발자는 실제 서비스 환경에서의 화면 구성과 작동 여부를 점검할 수 있고, 사용자는 누구나 흥미롭게 AI의 예측 과정을 살펴볼 수 있습니다.

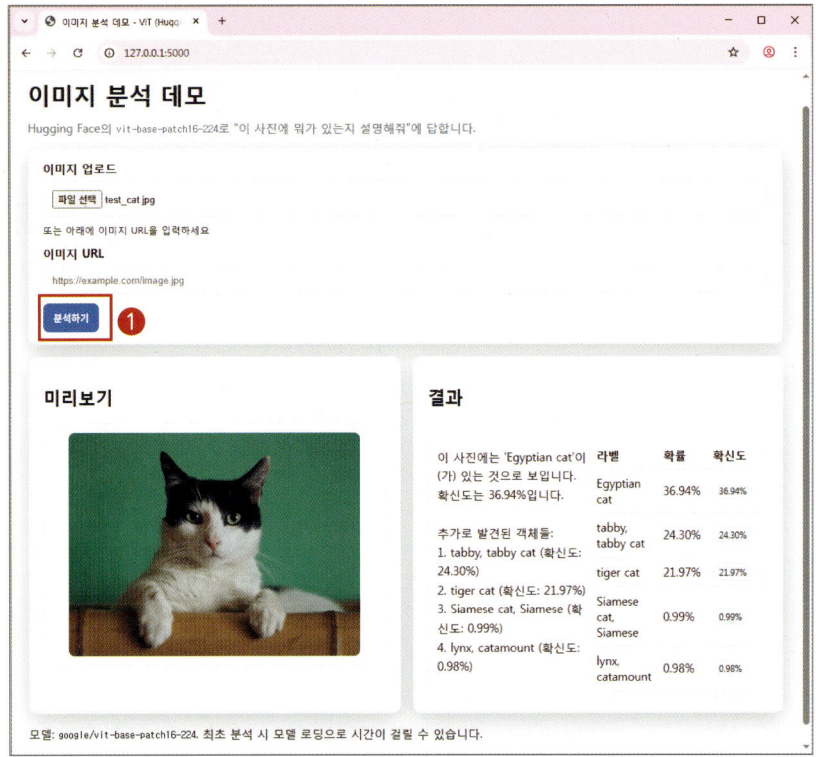

▲ app.py 실행 후에 웹브라우저 화면

04 웹 화면을 더욱 세련되게 꾸미기 위해 커서에 다음 프롬프트를 Add Context 입력란에 입력합니다.

프롬프트 3: Tailwind CSS를 적용해서 예쁘게 만들어줘.

Tailwind CSS를 적용하면, CSS의 다양한 기능을 활용해 화면의 레이아웃과 디자인을 손쉽게 꾸밀 수 있습니다. Tailwind CSS는 클래스 이름만으로 색상, 여백, 정렬 등 다양한 스타일을 빠르게 적용할 수 있어, 코드가 깔끔해지고 원하는 화면을 간편하게 만들 수 있습니다. 수정된 코드는 'Keep All'를 하면 모두 저장 적용이 됩니다.

▲ 프롬프트3의 입력과 수정된 코드 리스트

프롬프트 3을 입력하면 Cursor의 AI Pane 화면에서 디자인과 사용자 경험을 향상시킬 수 있는 다양한 구현 방법이 함께 제안됩니다. 이곳에서 사용자는 입력한 프롬프트가 결과물에 어떻게 반영되는지 직관적으로 확인할 수 있으며, 더 세련된 화면과 편리한 사용성을 위한 유용한 팁도 얻을 수 있습니다.

덕분에 Cursor를 활용하면 원하는 결과를 더욱 쉽고 즐겁게 완성해 나갈 수 있습니다.

🎨 **주요 개선사항:**

디자인 개선:

- **그라데이션 배경**: 파란색에서 인디고로 이어지는 아름다운 그라데이션
- **카드 디자인**: 둥근 모서리와 그림자가 있는 현대적인 카드 레이아웃
- **아이콘 추가**: 각 섹션에 의미있는 SVG 아이콘들 추가
- **호버 효과**: 버튼에 스케일 애니메이션과 색상 변화 효과

사용자 경험 개선:

- **시각적 피드백**: 확신도에 따른 색상 구분 (초록/노랑/회색)
- **반응형 디자인**: 모바일과 데스크톱에서 모두 최적화
- **로딩 상태**: 버튼 텍스트가 "분석 중..."으로 변경
- **에러 표시**: 빨간색 배경의 명확한 에러 메시지

기술적 개선:

- **Tailwind CSS**: CDN을 통한 빠른 로딩
- **모던 CSS**: Flexbox, Grid, Transform 등 최신 CSS 기능 활용
- **접근성**: 적절한 색상 대비와 시맨틱 HTML 구조

새로운 기능:

- **확신도 색상 코딩:**
  - 50% 이상: 초록색 (높은 확신)
  - 20-50%: 노란색 (중간 확신)
  - 20% 미만: 회색 (낮은 확신)
- **아이콘 기반 UI**: 각 기능별로 직관적인 아이콘 사용
- **그라데이션 버튼**: 파란색에서 보라색으로 이어지는 매력적인 버튼

이제 웹페이지가 훨씬 더 전문적이고 사용자 친화적으로 보입니다! Flask 서버를 실행하면 새로운 디자인을 확인할 수 있습니다.

▲ 프롬프트3의 입력 후에 커서의 AI Pane 화면

Tailwind CSS를 적용한 뒤 웹브라우저를 열면, 화면 전체가 한층 현대적이고 세련된 분위기로 변한 것을 확인할 수 있습니다.

버튼, 입력창, 아이콘 등 각 요소가 조화롭게 배치되어 화면이 더욱 깔끔하고 시각적으로 쾌적해지며, 정돈된 레이아웃 덕분에 각 기능의 위치와 역할이 한눈에 들어옵니다. 그리고 이미지는 로컬에 있는 이미지 뿐만 아니라 인터넷에 있는 이미지 선택도 가능합니다.

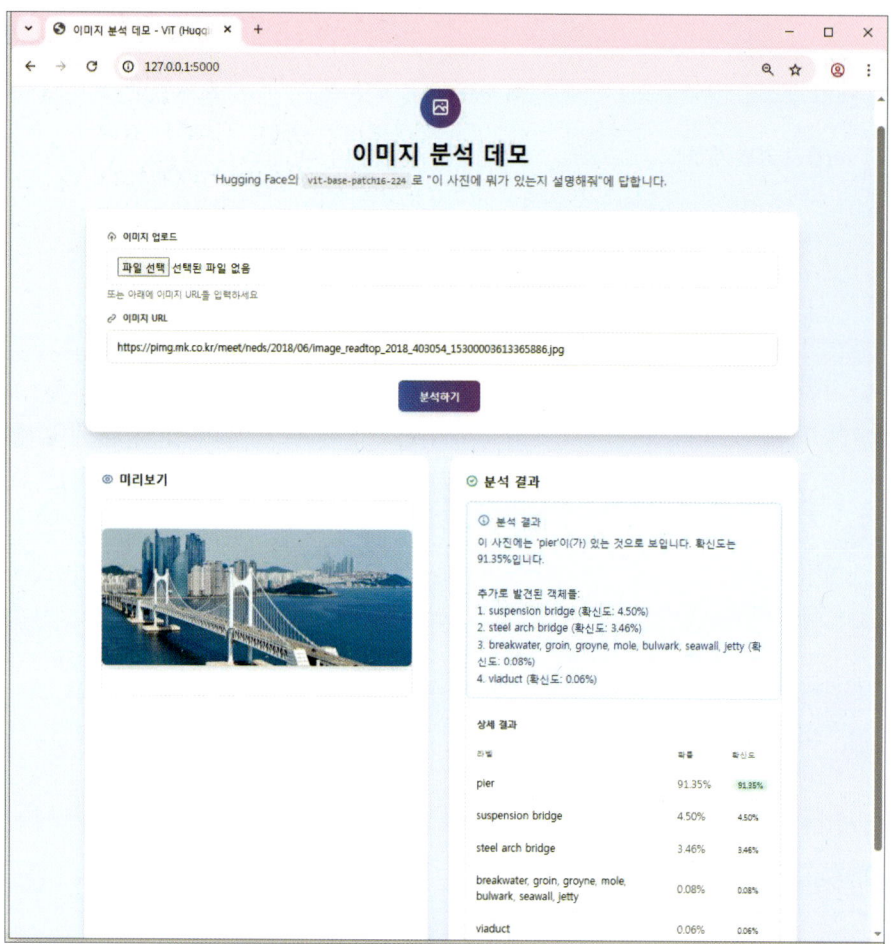

▲ Tailwind CSS 적용 후에 웹브라우저 실행 화면

이 장에서는 AI와 딥러닝의 기본 원리를 직접 체험하며, 이미지 분석기를 단계별로 구현해 보았습니다. 프롬프트를 활용해 Cursor에게 다양한 요구를 전달하고, 그 결과가 어떻게 시각적으로 반영되는지 확인하는 과정을 통해 AI와의 상호작용 방식을 익혔습니다. 또한 Python, Flask와 Tailwind CSS를 활용해 웹 인터페이스를 구성하고, 실제 웹서버를 실행하여 결과를 확인하는 실습을 진행하였습니다.

이런 과정을 통해 단순히 이론에 머무르지 않고 AI가 이미지를 어떻게 해석하고 분석하는지 그 흐름을 구체적으로 이해할 수 있었습니다. 각 단계마다 결과를 확인하고 다른 이미지를 업로드하며 반복적으로 실험해 보는 경험이 AI 학습의 핵심을 자연스럽게 익힐 수 있도록 도와주었습니다.

이번 장을 통해 독자 여러분은 AI 프로젝트를 실습하며 실질적인 경험을 쌓고 스스로 다양한 시도를 해볼 수 있는 역량을 아직은 미약하지만 조금은 갖추게 되었을 것입니다. 앞으로 이어질 장에서는 이런 경험을 바탕으로 더욱 흥미롭고 깊이 있는 AI 응용 사례를 통해 여러분의 경험을 한층 더 넓혀가실 수 있도록 안내하겠습니다.

CHAPTER
05

AI로 뉴스 자동 요약

학습 개요

이 장에서는 초보자도 쉽게 따라할 수 있는 실습을 통해 긴 뉴스 기사 본문을 한 줄로 요약하는 AI를 만들어봅니다. 거대한 AI 언어 모델을 직접 학습시키지 않고도, 이미 사전학습된 요약 모델(예: T5, BART 등)의 힘을 빌려 긴 글을 자동으로 압축하는 방법을 체험해볼 것입니다. Cursor의 AI 코드 생성 기능을 활용해 복잡한 코드를 직접 작성하지 않고도 요약 프로그램과 웹 서비스를 완성해보면서, AI가 텍스트를 요약하는 기본 원리와 흐름을 이해하는 것이 목표입니다.

학습 목표

1 AI 텍스트 요약의 흐름(긴 텍스트 입력 → 요약 처리 → 요약문 출력)을 이해한다.

2 뉴스 요약을 통해 긴 글에서 핵심만 뽑아내는 AI의 동작을 직접 체험한다.

3 Cursor 환경의 AI 코드 자동 생성 기능을 활용하여 요약 모델 코드를 생성하고 실행해본다.

4 Flask 웹 서버를 이용하여 제작한 요약 프로그램을 웹 화면에서 실시간으로 동작시키는 과정을 익힌다.

5 코딩 실습을 통해 텍스트 요약 AI의 구조와 동작 방식을 시각적으로 학습하고, 사용자 입력 처리 흐름을 이해한다.

6 텍스트 요약 기술의 실생활 활용 사례(뉴스 요약, 보고서 요약 등)를 생각해보고, 향후 다양한 개선과 확장 아이디어를 모색한다.

TIP | 뉴스 요약이란?

텍스트 요약이란 긴 문서나 기사에서 핵심 정보만 추려서 짧게 압축하는 것을 말합니다. 예를 들어, 수천 자에 달하는 긴 뉴스 기사를 한 줄짜리 헤드라인으로 요약하면 독자가 중요한 내용만 빠르게 파악할 수 있겠지요. 좋은 요약은 원문의 중요하지 않은 부분은 과감히 덜어내고, 핵심 정보는 최대한 남기는 것입니다.

TIP | 추출 요약과 생성 요약

텍스트 요약에는 두 가지 접근 방식이 있습니다:

• 추출적 요약: 원문에서 중요 문장이나 구절을 그대로 발췌하여 이어붙이는 방식입니다. 구현이 비교적 쉽지만, 선택된 문장들의 자연스러운 연결이 어려울 수 있습니다.

• 추상적 요약: 원문 내용을 바탕으로 새로운 문장을 생성하여 요약하는 방식입니다. 사람의 말처럼 유창하고 자연스럽게 요약문이 만들어지지만, 원문에 없던 표현도 만들어내므로 고도의 자연어 생성(NLG) 기술이 필요합니다.

▶ **예시:** 한 문단으로 된 긴 뉴스를 요약한다고 생각해봅시다. 추출적 요약이라면 원문에서 핵심 문장 한두 개를 그대로 골라서 보여줄 것입니다. 반면 추상적 요약은 원문의 핵심 정보를 토대로 새로운 문장을 만들어냅니다. 예를 들어 "정부가 전국 농산물 할인 행사를 시작했다…"라는 긴 기사 원문이 있다면, 추출적 요약 결과는 원문 내 중요한 문장을 그대로 사용하여 "정부가 농산물 할인 행사를 시작했다."처럼 보일 수 있습니다. 추상적 요약은 같은 내용을 "정부, 전국적 농산물 할인 행사 실시"처럼 새로운 표현으로 한 줄 요약문을 생성해낼 수 있습니다. 이 장에서 실습하게 될 T5나 BART 모델은 이러한 추상적 요약을 능숙하게 수행하는 대표적인 모델들입니다.

오늘날에는 GPT 계열, BART, T5 등 방대한 데이터로 사전학습된 거대 언어 모델들을 활용하여 뛰어난 성능의 요약 AI를 비교적 쉽게 구현할 수 있습니다. 예를 들어 BART는 페이스북 AI 연구팀이 개발한 모델로 텍스트 생성 작업(추상적 요약 등)에서 우수한 결과를 보여줍니다. T5는 구글이 만든 범용 언어 모델로 번역, 질의응답, 요약 등 다양한 NLP 작업을 하나의 통일된 방식으로 처리하도록 설계되었습니다. 이러한 모델들은 이미 대용량 텍스트로 학습이 완료되어 있기 때문에, 우리가 일일이 복잡한 알고리즘을 짜거나 처음부터 학습시키지 않아도 간단한 호출만으로 긴 글의 핵심을 뽑아주는 요약 기능을 얻어낼 수 있습니다.

예시: 사전학습된 요약 모델의 능력을 느껴볼까요? BART나 T5 모델에 다음과 같은 긴 뉴스를 입력한다고 가정해봅시다. "정부는 농수산물 소비 촉진을 위해 전국적 할인 행사를 시작한다고 밝혔다. 이번 행사에서는 전국 마트와 시장에서 주요 농산물을 최대 50% 할인된 가격에 판매할 예정이다…" 이러한 본문을 요약 모델에 넣으면, 모델은 자동으로 핵심을 파악하여 "정부, 전국 마트서 농산물 최대 50% 할인 판매" 와 같이 한 줄 요약문을 생성해줄 수 있습니다. 이처럼 사전학습된 모델을 활용하면 복잡한 코드 작성 없이도 손쉽게 고품질 요약 결과를 얻을 수 있습니다.

프로젝트 시스템 구조

이제 우리가 만들 뉴스 자동 요약 AI 프로그램의 전체 구조를 살펴보겠습니다. "사용자 입력 → AI 요약 처리(Flask 서버) → 요약 결과 출력"의 흐름으로 요약 시스템을 구성할 것입니다. 사용자가 웹 브라우저 화면의 입력 창에 긴 뉴스 기사 본문을 넣으면, Flask로 구현된 서버에 탑재된 사전학습 요약 모델이 해당 텍스트를 한 줄 요약문으로 변환합니다. 생성된 요약 결과는 다시 웹 페이지를 통해 사용자에게 표시됩니다.

뉴스 요약 AI 시스템의 입력-처리-출력 구조를 나타낸 그림입니다. 왼쪽 사용자가 웹 페이지 폼에 텍스트를 입력하면, 가운데 Flask 웹 서버에 있는 AI 요약 모델이 그 내용을 받아 한 줄로 요약합니다. 그리고 오른쪽 웹 페이지에 요약 결과를 띄워 사용자에게 보여줍니다. 예를 들어, 사용자가 어떤 정부 정책에 관한 긴 뉴스 본문을 입력했다면 AI 모델이 핵심을 뽑아 한 줄짜리 요약문을 생성하고, 원문 아래에 요약문을 함께 화면에 표시해주는 식입니다. 이 그림을 통해 사용자 입력, AI 요약 처리, 요약 결과 출력의 순차적인 흐름과 각 단계가 어떻게 연결되는지 한눈에 파악할 수 있습니다.

이제 실제 Cursor 환경에서 뉴스 요약 AI를 만들어보겠습니다. 앞서 개념을 이해했으니, Cursor의 AI 코드 자동 생성 도우미를 활용하면 비교적 간단하게 프로젝트를 완성할 수 있습니다. 차근차근 단계를 따라 진행해 볼까요?

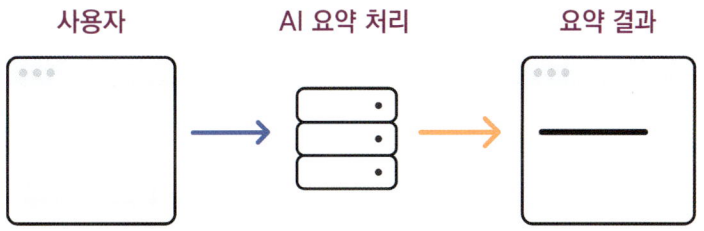

사용자	AI 요약 처리	요약 결과

▲ 뉴스 요약 AI 시스템의 입력-처리-출력 구조

이 절에서는 Cursor의 AI 어시스턴트를 이용해 요약 프로그램을 단계별로 구현해보겠습니다. 각 단계마다 AI에게 지시를 내리고, AI가 생성한 코드를 실행해보며 결과를 확인합니다. 중간중간 초보자가 놓치기 쉬운 부분이나 에러 발생 시 대처 방법도 함께 다루겠습니다.

AI로 뉴스 자동 요약 프롬프트 실습 따라하기

AI로 뉴스 요약 프로그램 만들기

01 프로젝트 폴더 생성 및 준비

먼저 Cursor 프로그램을 실행한 후, 새 프로젝트를 위한 폴더를 만들어 작업을 시작합니다. 예를 들어 Cursor 메뉴에서 Open Projects 기능을 사용하여 ch05라는 이름의 폴더를 생성하고 선택하세요. 이 폴더는 이후에 AI가 생성할 코드 파일들을 담아둘 작업 공간이 됩니다. Cursor 에디터에서 프로젝트 폴더를 생성 및 선택하는 모습입니다. 화면 왼쪽에 프로젝트 탐색기 패널이 보이고, C:\Cursor\projects\ch05 경로로 폴더가 생성되어 선택되었습니다. 빈 폴더 상태에서 시작하므로 현재는 파일 목록이 비어 있지만, 곧 AI가 생성할 코드 파일과 문서 파일들이 이 폴더 아래 추가될 것입니다. 실습을 진행하면서 생성되는 파일들이 모두 이 폴더에 모이므로, 폴더를 제대로 만들고 선택하는 것이 중요합니다. (만약 올바른 폴더를 선택하지 않으면 AI가 코드를 예상치 못한 위치에 만들 수 있으니 유의하세요!)

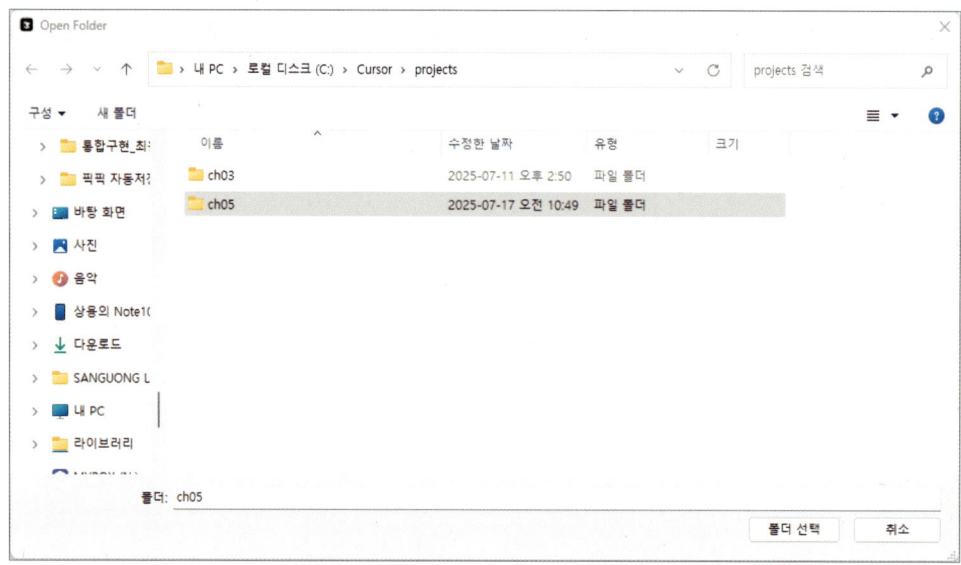

▲ Open projects에서 C:\Cursor\projects\ch05를 선택

02 첫 번째 프롬프트 – 뉴스 요약 코드 생성 지시

이제 본격적으로 AI 어시스턴트에게 코드 생성을 요청해보겠습니다. Cursor의 AI 보조 창(AI Assistant 패널)에서 새 채팅을 열고, 아래와 같은 프롬프트(명령문)를 입력한 뒤 실행합니다:

> **프롬프트 1:** 뉴스 기사 본문을 한 줄로 요약하는 파이썬 코드 생성해줘.

이 한 문장 프롬프트는 "긴 뉴스 기사 본문을 입력받아 한 줄로 요약해주는 파이썬 코드를 만들어줘"라는 의미입니다. AI 어시스턴트는 이 지시를 이해하고 자동으로 해당 기능을 하는 파이썬 코드를 생성하기 시작합니다. 초보자도 따라할 수 있도록, 어려운 프로그래밍 용어나 상세 구현 방법을 쓰지 않고 자연어로 요청했는데도 AI가 알아듣는 것을 관찰하세요.

Cursor의 AI Assistant 패널 (오른쪽)에서 첫 번째 프롬프트를 입력한 화면입니다. 사용자가 입력란에 프롬프트 1의 문장을 그대로 입력하고 있는 모습입니다. 이렇게 명령어 한 줄만 입력하면 AI 모델이 그 뜻을 파악하여 코드를 생성하기 시작합니다. 이 단계는 프로젝트의 핵심 기능(뉴스 본문 요약)을 처음으로 AI에게 지시하는 과정으로, 초보자도 한 줄 명령으로 코드 생성을 시작할 수 있음을 보여줍니다. 프롬프트를 입력한 후 Enter를 치거나 실행 버튼을 누르면 AI가 곧바로 코딩을 해줄 것입니다.

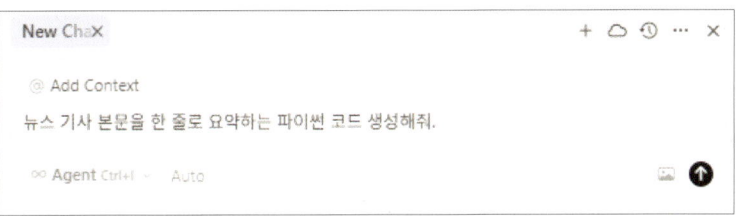

▲ Cursor AI 패널의 New Chat 창에서 첫 번째 프롬프트 입력 화면

03 첫 번째 결과 확인 – 요약 코드 파일 생성

첫 번째 프롬프트를 실행하고 잠시 기다리면, AI가 자동으로 파이썬 코드를 생성하여 news_summarizer.py라는 파일을 프로젝트 폴더에 추가합니다. Cursor가 방금 입력한 프롬프트를 바탕으로 뉴스 요약 기능을 수행하는 파이썬 코드를 작성해낸 것이죠. 이 파일에는 뉴스 기사 본문을 입력받아 한 줄 요약문을 생성하는 기본 코드 구조가 담겨 있습니다.

첫 번째 프롬프트 실행 직후 프로젝트에 생성된 news_summarizer.py 파일의 내용 일부입니다. AI가 작성한 코드를 에디터에서 열어본 화면으로, 상단에는 필요한 모듈 임포트와 메인 함수 등이 보입니다. 여기서는 AI 모델을 활용해 입력 텍스트를 요약하는 로직의 뼈대가 자동으로 코딩되었습니다. 주목할 점은, 우리가 직접 코드 한 줄 작성하지 않았는데도 AI가 요약 기능을 하는 프로그램 초안을 만들어줬다는 것입니다.

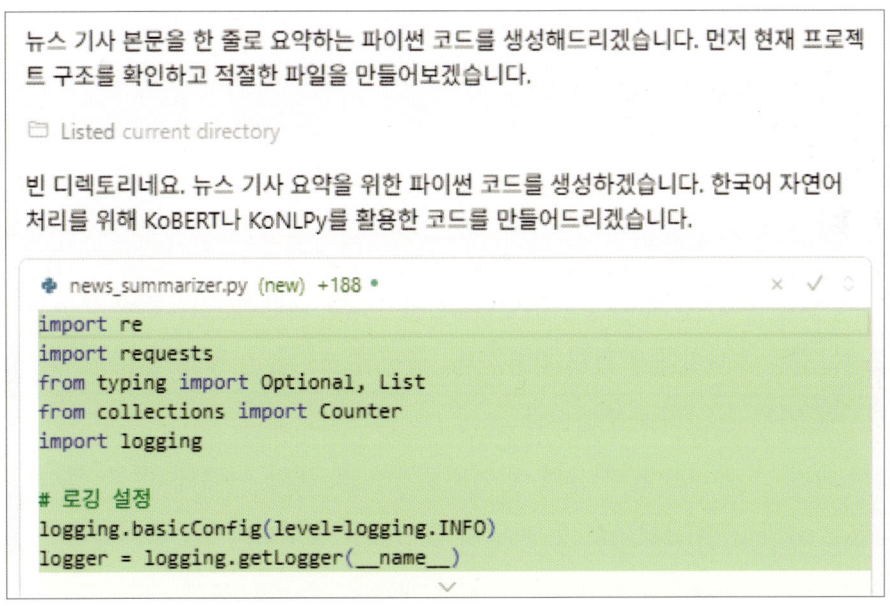

▲ 첫 번째 프롬프트 실행 후 생성된 news_summarizer.py 파일

첫 번째 프롬프트 실행 결과로 README.md 파일도 자동 생성된 모습입니다. AI가 코드와 함께 프로젝트 설명서를 생성하여, 프로젝트 폴더에 README 파일이 추가되었습니다. 생성된 README에는 프로젝트 개요나 생성된 코드의 사용 방법 등이 간략히 담겨 있어, AI가 코드뿐만 아니라 관련 문서도 함께 작성해 주었음을 보여줍니다.

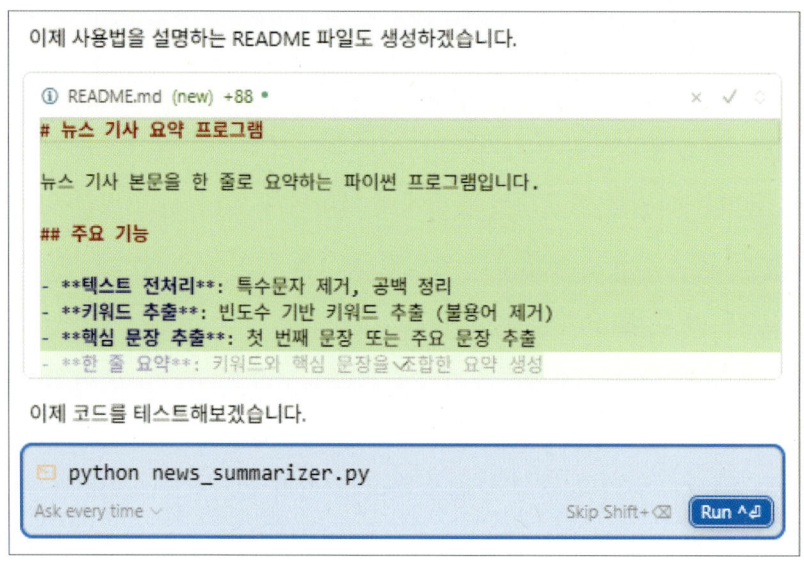

▲ 첫 번째 프롬프트 실행 후 생성된 README.md 파일

프롬프트 결과로 코드만 생성된 것이 아닙니다. AI는 프로젝트 설명서도 함께 마련해주었습니다. 첫 번째 프롬프트 실행 결과, 프로젝트 폴더에 README.md 파일이 자동으로 추가된 것을 확인할 수 있습니다. AI가 코드와 더불어 해당 프로젝트의 개요나 사용 방법 등을 간략히 정리한 문서를 생성한 것입니다. README.md를 열어보면 "이 프로그램은 뉴스 기사를 한 줄로 요약합니다..."처럼 프로젝트에 대한 간단한 설명과, 생성된 코드의 사용법(예: 필요한 패키지나 실행 방법)이 적혀 있을 것입니다. AI가 코드뿐만 아니라 관련 문서까지 작성해 준 셈이죠. 이것은 초보자에게 특히 유용한데, 생성된 코드를 어떻게 활용하거나 확장할 수 있는지 단서를 얻을 수 있기 때문입니다.

또한, 폴더 구조를 살펴보면 처음에 비어있던 ch05 폴더 아래에 방금 생성된 news_summarizer.py와 README.md 두 파일이 들어있을 것입니다. 빈 폴더에서 프롬프트 한 줄만으로 초기 코드와 설명 파일이 모두 갖춰진 모습은 AI 코드 생성 기능의 편리함을 잘 보여줍니다.

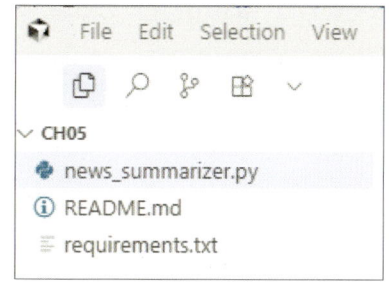

▲ 첫 번째 프롬프트 실행 후 업데이트된 프로젝트 폴더 구조

AI가 1차로 생성한 요약 프로그램 코드의 초안 결과를 보여주는 화면입니다. 첫 번째 프롬프트에 의해 출력된 초기 코드로, 기본적인 요약 기능의 뼈대가 포함되어 있으나 아직 완성도가 낮아 개선이 필요한 상태입니다. 이 단계에서는 AI가 생성한 초안 코드를 확인하며, 이후 수정 또는 추가 작업이 필요함을 알 수 있습니다.

> **TIP** **AI가 만들어준 초기 코드가 항상 완벽한 것은 아닙니다.**
>
> 지금 생성된 news_summarizer.py는 요약 프로그램의 뼈대를 제공합니다. 하지만 아직 요약의 핵심 로직이나 세부 동작이 완성도가 낮을 수 있습니다. 따라서 다음 단계로 넘어가기 전에, 생성된 코드를 간단히 살펴보는 것이 좋습니다. 코드 내부에 "TODO" 주석이 있다거나, 아직 구현되지 않은 부분이 표시될 수도 있습니다. 초보자라면 코드를 일일이 이해하기 어렵겠지만, 어떤 함수들이 만들어졌고 어떤 라이브러리를 쓰는지 정도를 파악해두면 다음 단계에서 AI에게 무엇을 개선해야 할지 힌트를 얻을 수 있습니다.

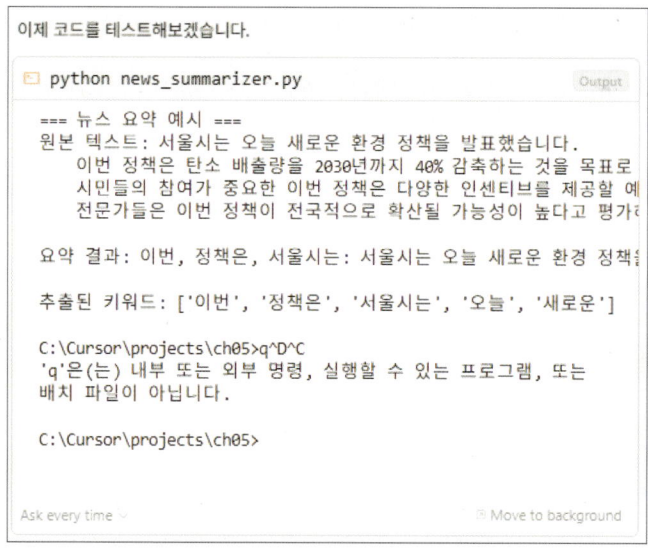

▲ 첫 번째 AI 코드 생성 결과물 (초기 버전)

첫 번째 생성 결과를 토대로 개선된 코드 내용입니다. AI가 만들어준 초안 코드에 대해 사용자 피드백이나 추가 프롬프트를 적용하여 기능을 향상시킨 버전의 코드가 화면에 표시되어 있습니다. 앞선 초기 코드에서 부족했던 부분들을 보완하여, 좀 더 완성도 있는 요약 프로그램 코드로 발전시킨 단계입니다.

04 첫 번째 생성 코드 실행 및 확인

AI가 작성해준 코드를 이제 한번 실행해보겠습니다. Cursor 에디터에서 news_summarizer.py 파일을 열고, 상단의 실행 버튼 (또는 Run 버튼 클릭)을 눌러 프로그램을 실행합니다. 프로그램이 잘 실행되면 콘솔 창(터미널)에 결과나 로그가 출력될 것입니다.

하지만 이 시점에서 프로그램이 완벽히 동작하지 않을 가능성이 높습니다. 예를 들어, 요약 결과가 빈 문자열로 나오거나, 아예 오류(Error)가 발생할 수도 있습니다. 왜냐하면 AI가 1차로 생성한 코드는 기본 뼈대일 뿐이고, 실제로 동작하는데 필요한 상세 로직(예: 실제 요약 모델 호출)이 빠져있을 수 있기 때문입니다. 실제로 현재 news_summarizer.py를 보면 "# 여기에 요약 코드 작성"과 같은 부분이 있을 수 있습니다. 또는 실행해보니 "Model not defined" 같은 에러 메시지가 나올 수도 있습니다. 이러한 경우 당황하지 말고 다음 단계를 진행하면 됩니다 (우리는 AI에게 추가 요청을 해가며 코드를 개선할 예정입니다).

실행 중 에러가 발생한다면? 만약 코드를 실행했을 때 에러가 발생하면, 우선 에러 메시지를 잘 읽어보세요. 예컨대, NameError: name 'summarize_text' is not defined와 같은 오류라면 코드에 summarize_text라는 함수가 정의되지 않은 채 사용되었을 수 있습니다. 이런 경우 다음 프롬프트를 통해 AI에게 오류를 해결하도록 요청할 것이므로, 에러 메시지를 복사해두면 좋습니다. Cursor에서는 터미널 창의 에러 텍스트를 드래그하여 복사할 수 있습니다. 초보자 Tip: 에러는 프로그래밍의 일상입니다. 겁먹지 말고 어떤 문제가 나왔는지만 파악해 둔 뒤, AI의 도움을 받아 해결해보겠다고 생각하세요.

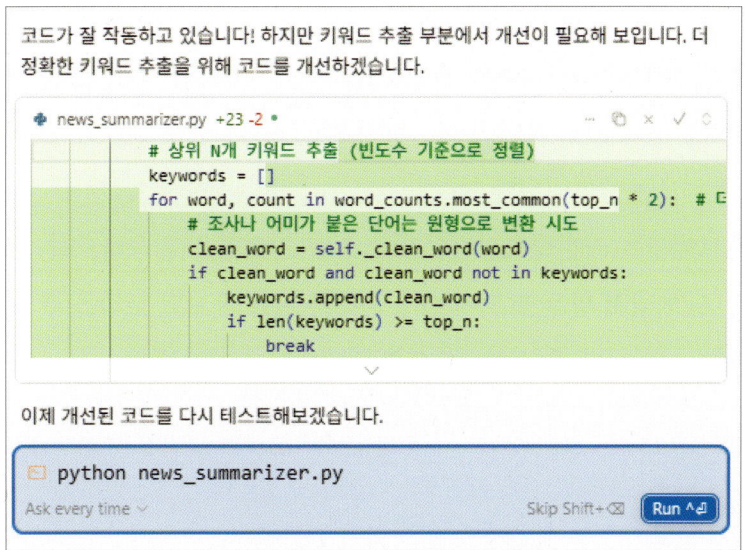

```
코드가 잘 작동하고 있습니다! 하지만 키워드 추출 부분에서 개선이 필요해 보입니다. 더
정확한 키워드 추출을 위해 코드를 개선하겠습니다.

news_summarizer.py +23 -2

        # 상위 N개 키워드 추출 (빈도수 기준으로 정렬)
        keywords = []
        for word, count in word_counts.most_common(top_n * 2):  # 더
            # 조사나 어미가 붙은 단어는 원형으로 변환 시도
            clean_word = self._clean_word(word)
            if clean_word and clean_word not in keywords:
                keywords.append(clean_word)
                if len(keywords) >= top_n:
                    break

이제 개선된 코드를 다시 테스트해보겠습니다.

python news_summarizer.py

Ask every time ∨                                Skip Shift+⌫    Run ^↵
```

▲ 첫 번째 결과를 개선한 요약 코드 버전

두 번째 프롬프트 실행으로 생성된 새로운 코드 결과입니다. 보다 구체적인 지시에 따라 AI가
이전 코드보다 향상된 두 번째 버전의 요약 프로그램 코드를 출력한 모습입니다. 이 결과물은
첫 번째 코드에서 발견된 문제를 해결하거나 추가 기능을 반영한 것으로, 프로젝트 코드의 완
성도를 한층 높여줍니다.

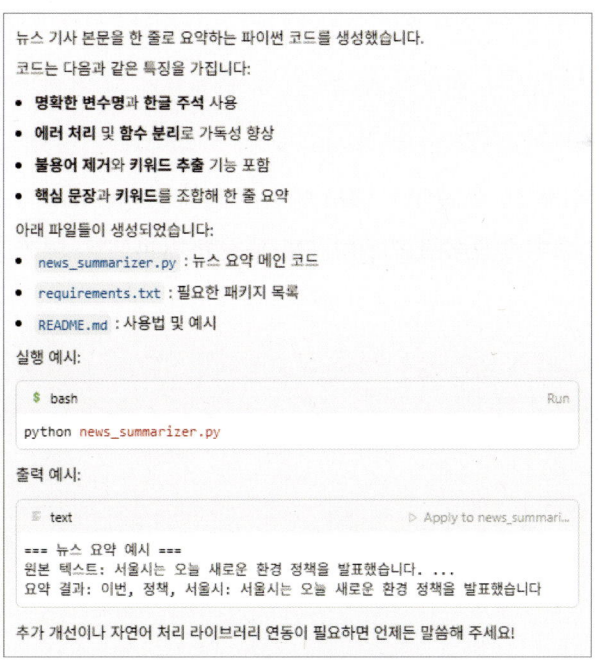

▲ 두 번째 AI 코드 생성 결과

05 두 번째 프롬프트 – 요약 코드 개선 요청

이제 첫 번째로 생성된 코드의 부족한 부분을 보완하기 위해, 두 번째 프롬프트를 AI에게 입력해보겠습니다. 첫 번째 코드가 아직 미완성이므로, 좀 더 구체적인 지시를 내려서 요약 기능을 제대로 구현해보는 단계입니다.

두 번째 프롬프트에서는 사전학습된 T5 또는 BART 모델을 활용하도록 요구해 보겠습니다. 이렇게 하면 AI가 앞서 만든 코드에 실제 동작하는 요약 모델 로직을 추가해줄 것입니다. Cursor의 AI Assistant 창에 다음 프롬프트를 입력하고 실행하세요:

> 프롬프트 2: 사전학습된 T5 또는 BART를 이용한 쉬운 버전으로 , 사용자가 뉴스 기사를 올리면 요약 해주는 코드를 작성해줘

이 프롬프트는 첫 번째보다 상세합니다. "이미 학습된 T5나 BART 모델을 쓰는 쉬운 방식으로, 사용자가 뉴스를 입력하면 요약해주는 코드 만들어줘"라는 뜻이죠. 즉, 구체적인 요약 모델(프레임워크)을 명시하여 AI가 그에 맞는 코드를 생성하도록 유도한 것입니다. 이렇게 하면 AI도 첫 코드의 부족했던 점(예를 들어 실제 요약 기능이 구현되지 않은 부분)을 인지하고, 더 완성도 높은 두 번째 버전 코드를 출력해줄 것으로 기대됩니다.

Cursor AI 패널에 두 번째 프롬프트를 입력합니다. 이번에는 프롬프트 내용이 보다 구체적인 것을 볼 수 있습니다 (T5, BART 등 모델 언급). 사용자가 두 번째 명령을 통해 첫 번째 코드의 부족한 점을 보완하고, 완성도를 높이고자 함을 AI에게 전달하는 단계입니다. 이처럼 프롬프트를 구체화하면 AI는 이전 코드에서 무엇을 개선해야 하는지 더 명확히 파악하게 됩니다. 이제 Enter를 눌러 실행하면, AI가 다시 한 번 코드 생성 작업을 진행할 것입니다.

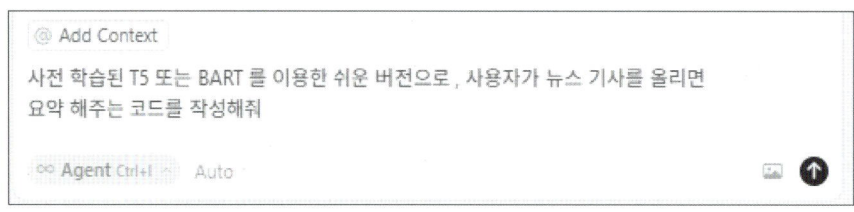

▲ 두 번째 프롬프트 입력 화면 (뉴스 요약 코드 개선 요청)

06 두 번째 결과 확인 – 코드 개선 및 완료

두 번째 프롬프트를 실행하면 AI는 첫 번째 코드에 대한 개선된 버전의 요약 프로그램 코드를 생성합니다. 보다 상세한 지시에 따라, AI가 이전 코드보다 향상된 두 번째 버전 코드를 출력하는 것이죠. 이 결과물은 첫 번째 코드에서 나타났던 문제점을 해결하거나 필요한 추가 기능(예 실제 T5/BART 모델 불러오기)을 반영하여, 프로젝트 코드의 완성도를 한층 높인 것입니다.

AI의 코드 생성은 한꺼번에 모든 것을 보여주는 대신, 여러 단계에 걸쳐 점진적으로 진행됩니다. Cursor AI 어시스턴트는 코드 생성 과정을 여러 단계의 출력으로 나눠서 보여주는데, 두 번째 프롬프트의 경우 대략 7단계에 걸쳐 코드가 완성되었습니다. 각 단계마다 AI가 새 코드를 조금씩 작성하거나 수정하고, 그 중간 결과를 화면에 표시합니다. 이를 통해 코드가 완성되어 가는 과정을 확인할 수 있습니다:

1단계 AI가 새로운 지시에 따라 코딩을 시작하고, 초기 코드 조각을 보여줌.

(예 import transformers나 요약 모델 로드 코드가 추가되기 시작)

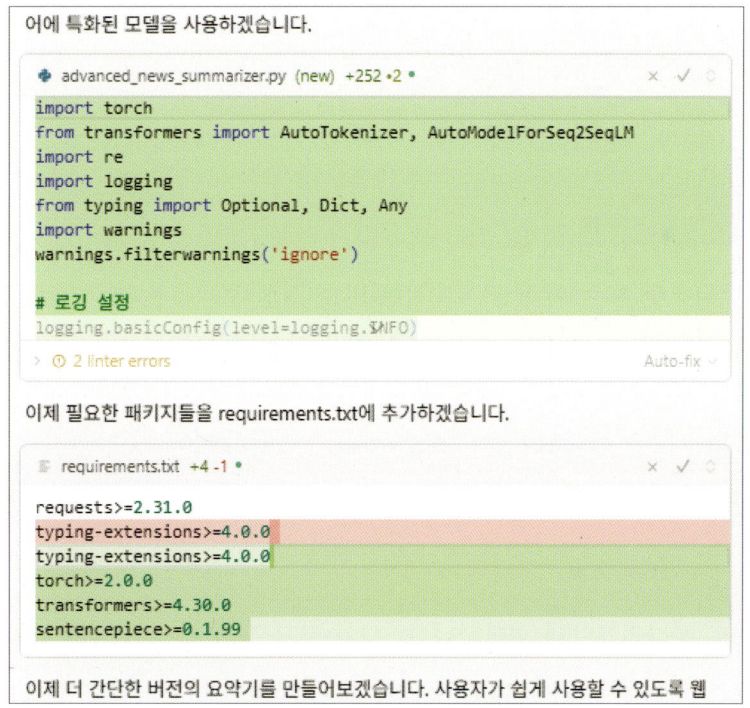

▲ 두 번째 프롬프트 처리 과정 – 1단계 결과

2단계 AI가 이어서 추가적인 코드 내용을 작성하거나 파일을 생성하며, 중간 결과를 출력. **(예)**summarizer 함수 구현이 진행됨)

두 번째 프롬프트에 대한 AI 코드 생성 2단계 결과 화면입니다. AI가 이어서 추가적인 코드 내용을 작성하거나 다른 파일을 생성하고 있으며, 그 중간 결과를 보여줍니다. 단계가 진행됨에 따라 코드 구조가 점차 채워지고 있어, 요약 프로그램이 완성도를 높여가는 과정을 확인할 수 있습니다.

▲ 두 번째 프롬프트 처리 과정 – 2단계 결과

3단계 AI가 이전 단계 이후 변경된 부분이나 추가된 코드를 계속 화면에 표시. (예: Flask 서버 초기 설정 코드가 첨가됨)

두 번째 프롬프트 처리의 3단계 결과입니다. AI가 코드 생성 작업을 계속 진행하여, 이전 단계 이후 추가로 변경된 부분이나 새로 생성된 코드를 화면에 표시하고 있습니다. 프로젝트 코드의 구조가 이 단계에서 더욱 구체화되며, AI가 점진적으로 프로그램 완성을 향해 나아가고 있음을 보여줍니다.

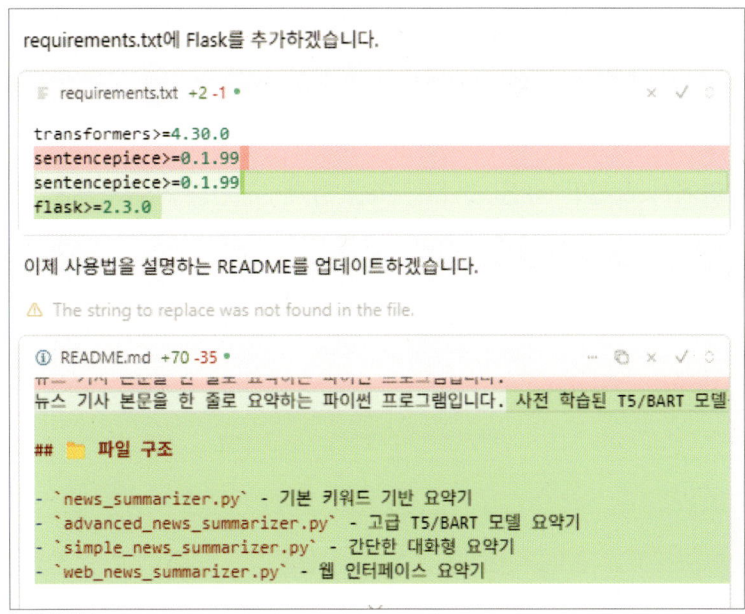

▲ 두 번째 프롬프트 처리 과정 – 3단계 결과

4단계 두 번째 프롬프트 처리의 4단계 결과 화면입니다. AI가 연속적인 코드 생성 과정에서 프로젝트의 남은 부분을 채워나가고 필요한 수정 사항을 반영하고 있습니다. 이 이미지에서는 앞 단계들에 이어 추가된 코드나 최종 수정 작업의 일부가 나타나며, 요약 프로그램 코드가 완성에 가까워지고 있음을 알 수 있습니다.

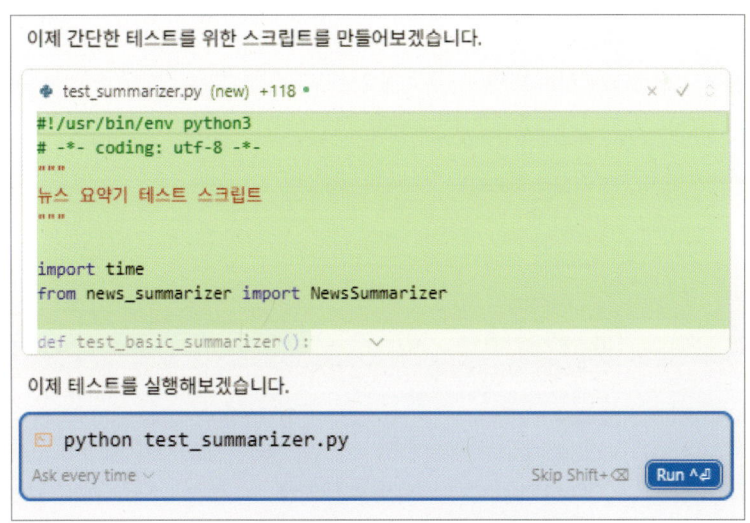

▲ 두 번째 프롬프트 처리 과정 – 4단계 결과

5단계 두 번째 프롬프트 실행 후 변경된 프로젝트 폴더 구조입니다. AI가 추가적인 코드 파일을 생성하거나 기존 파일을 수정함에 따라 프로젝트 디렉토리에 변화가 생겼습니다. 예를 들어, Flask 웹 서버를 위한 파일이나 구성 파일이 새로 추가되었거나 기존 파일의 크기가 달라진 것을 이 화면에서 확인할 수 있습니다. 이를 통해 두 번째 프롬프트로 프로젝트에 어떤 업데이트가 이루어졌는지 알 수 있습니다.

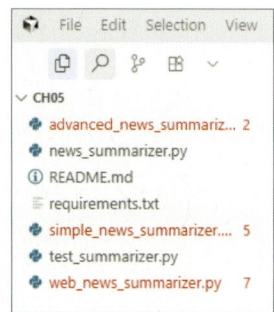

▲ 두 번째 프롬프트 실행 후의 프로젝트 폴더 구조 변화

6단계 두 번째 프롬프트 처리의 6단계 결과입니다. AI가 코드 생성을 마무리하는 단계로, 추가적인 안내 메시지를 출력하거나 최종 수정을 적용하는 모습을 보여줍니다. 이 단계에서는 프로그램 실행을 준비하기 위해 마지막으로 코드에 반영된 내용이나 AI가 제공하는 완료 신호가 화면에 표시되어, 프로젝트 구현이 거의 끝났음을 나타냅니다.

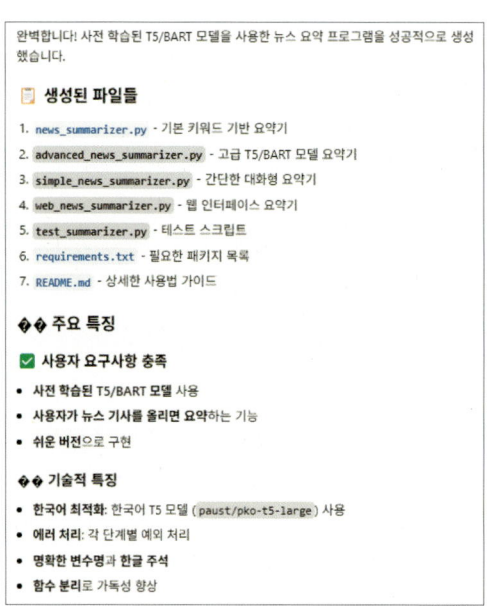

▲ 두 번째 프롬프트 처리 과정 – 6단계 결과

7단계 두 번째 프롬프트 처리의 7단계 결과입니다. AI가 모든 코드 생성 과정을 완료하여, 프로젝트 코드가 최종 형태에 도달한 모습을 보여줍니다. 필요한 코드와 파일들이 모두 준비되어 이제 프로그램을 실행할 수 있는 단계임을 알 수 있으며, AI 코드 생성 과정이 성공적으로 마무리되었음을 나타내는 화면입니다.

▲ ▶ 두 번째 프롬프트 처리 과정 – 7단계 결과

07 완성된 코드 실행하기

이제 개선된 두 번째 버전의 코드를 실행해볼 차례입니다. Cursor에서 새로 생성된 (또는 수정된) 메인 파이썬 파일을(app.py) 실행하면, 콘솔에 이번에는 다른 로그가 보일 것입니다. 만약 코드에 Flask 웹 서버가 포함되었고 바로 서버를 띄우도록 구현되었다면, 프로그램을 실행한 뒤 터미널에 Flask 서버 구동 메시지가 나타날 것입니다. 예를 들면 "Running on http://127.0.0.1:5000/ (Press CTRL+C to quit)" 같은 안내가 뜰 수 있습니다. 이 경우 프로그램이 즉시 종료되지 않고 계속 실행 중(무한 대기)인 상태로 있을 것입니다. 이는 정상적인 현상입니다! Flask로 웹 서버를 띄우면, 요청을 대기하면서 프로그램이 종료되지 않고 유지되기 때문입니다. 초보자들은 프로그램이 끝나지 않고 멈춘 것으로 오해할 수 있는데, 사실은 웹 서버가 백그라운드에서 돌아가고 있는 것이니 걱정하지 않아도 됩니다. (나중에 웹 브라우저로 해당 서버에 접속해볼 것이므로, 이 상태로 두세요.)

패키지 설치 로그: 프로그램을 실행하면 필요한 파이썬 패키지를 자동으로 설치하는 로그가 출력될 수도 있습니다. Cursor 환경에서는, 코드에서 flask나 transformers 등 미설치 패키지를 임포트하면 자동으로 pip install을 실행해주는 기능이 있습니다. 터미널 로그에 "Installing transformers… success" 등의 메시지가 나오면 Cursor가 알아서 라이브러리를 설치 중인 것이니, 설치가 완료될 때까지 기다리면 됩니다. 이 또한 초보자에게 친절한 기능이므로 적극 활용하세요.

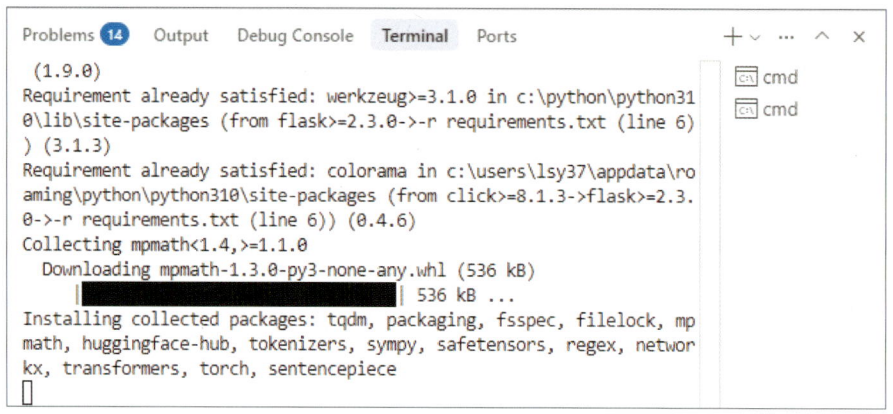
▲ 프로그램 실행 시 터미널의 자동 패키지 설치 과정

08 코드 실행 결과와 에러 처리

두 번째 버전의 코드를 실행한 후, 콘솔 로그를 자세히 살펴봅시다. 만약 모든 것이 순조롭게 동작했다면, 터미널에 Flask 서버 구동 메시지 외에도 요약 모델 관련 로그나 성공 메시지가 일부 나타날 수 있습니다. 예컨대 "Downloading tokenizer…", "Loading model…" 같은 메시지가 보였다면 요약 모델을 잘 불러왔다는 뜻입니다.

그러나 실제 실습에서는 여기서 추가 문제가 발견될 수도 있습니다. 예를 들어, Flask 서버가 뜨긴 했는데 프로그램이 완전히 끝나지 않고 계속 실행되는 바람에 Cursor가 다음 명령을 받지 못하는 상태가 될 수 있습니다. 앞서 설명한 대로 웹 서버는 계속 돌기 때문에 자연스러운 일이지만, Cursor의 AI 어시스턴트는 이를 프로그램이 끝나지 않고 무한 실행되는 현상으로 인식할 수 있습니다. 그래서 "프로그램이 종료되지 않고 계속 실행되고 있습니다"라는 상황을 오류로 판단할 수도 있습니다. 실제로 Cursor AI는 이러한 경우를 감지하여 "아직 프로그램이 안 끝났어요, 무한 루프가 있는 것 같아요"라는 식의 반응을 보이기도 합니다.

이번 실습 시에도, 두 번째 코드 실행 후 AI가 "프로그램이 예상대로 종료되지 않고 계속 실행되는 문제가 발견됐다"는 메시지를 출력했고, 자동으로 그 문제를 해결하려고 시도했을 수 있습니다. 이는 AI가 Flask 서버의 지속 실행을 하나의 문제로 인식했기 때문입니다. 사실 웹 서버는 계속 돌아야 하는 것이 맞지만, AI 입장에선 사용자 명령 하나에 대한 처리가 끝나지 않았다고 본 것이죠.

이럴 경우 우리는 AI의 오류 수정 기능을 활용해 볼 수 있습니다. Cursor에서는 실행 중 나온 오류 메시지나 문제 상황을 AI에게 알려주어 자동 수정 코드를 생성할 수 있습니다. 실제로 Cursor AI 패널에 이러한 상황이 감지되면 "오류를 수정할까요?" 하고 제안하거나, 우리가 수동으로 오류 메시지를 복사하여 AI에게 "이 오류를 해결하도록 코드를 수정해줘"라고 부탁할 수도 있습니다.

만약 두 번째 코드 실행 시 오류가 발생했거나 (혹은 AI가 오류로 간주한 상황이 생겼다면), 다음과 같이 해봅시다:

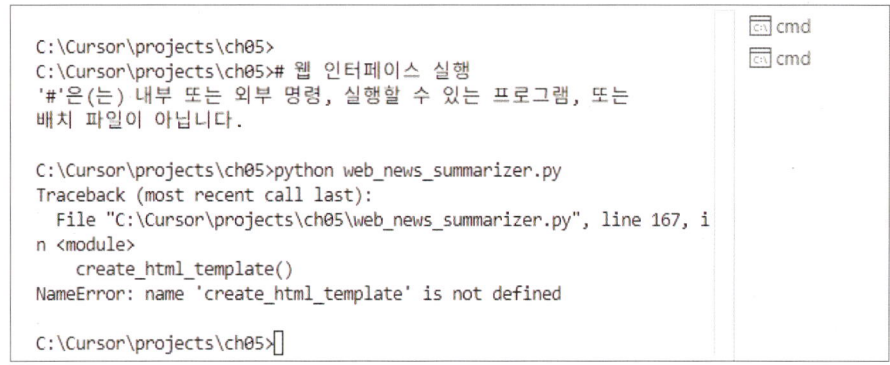

▲ 프로그램 실행 후 터미널에 표시된 오류 메시지

앞선 터미널 로그에 이어지는 추가 오류 메시지 내용입니다. 오류 정보가 길어서 출력이 여러 화면으로 나뉘었으며, 이 이미지는 이전 화면 이후 이어지는 에러 로그 세부 내용을 보여줍니다. 여기에는 에러 원인과 관련된 모듈이나 함수 이름 등이 더 포함되어 있어 문제의 구체적인 맥락을 파악할 수 있습니다.

```
C:\Cursor\projects\ch05>python web_news_summarizer.py
Traceback (most recent call last):
  File "C:\Cursor\projects\ch05\web_news_summarizer.py", line 167, i
n <module>
    create_html_template()
NameError: name 'create_html_template' is not defined
```

▲ 오류 로그 상세 내용 (계속되는 부분)

AI에게 수정 요청: Cursor AI Assistant 창에 새 프롬프트로 복사한 오류 내용을 붙여넣습니다. 그리고 한 줄 덧붙입니다: "이 오류를 해결할 수 있도록 코드를 수정해줘." 라고 입력하고 실행합니다.

▲ 오류 메시지를 복사해 AI 어시스턴트 창에 붙여넣는 과정

오류 메시지를 AI에게 전달하여 수정 요청을 하는 과정입니다. 사용자가 방금 복사한 에러 내용을 첨부하고, 그 밑에 "이 오류를 해결하도록 코드를 고쳐줘"라는 문장을 입력한 모습입니다. 이런 식으로 오류 상황을 설명하면, AI는 해당 오류를 분석하여 문제를 해결하는 새로운 코드를 제안합니다. 초보자는 에러 원인을 깊이 몰라도, AI에게 에러를 알려 수정하도록 할 수 있다는 것을 기억해두세요.

▲ 복사한 에러 정보를 포함해 AI에게 코드 수정 요청 보내기

이렇게 오류 수정 프롬프트를 실행하면, AI가 다시 코드를 생성/수정하는 단계를 거칩니다. 마치 이전에 코드를 만들 때처럼, 오류를 고치기 위한 코드를 단계별로 보여줄 것입니다.

오류 수정 1단계: AI가 전달받은 오류 정보를 분석한 뒤, 해결을 위한 코드 수정을 시작합니다. 이 단계에서 AI가 제시한 1차 수정안이나 변경된 코드 일부를 볼 수 있습니다. (CI 누락된 함수 정의 추가)

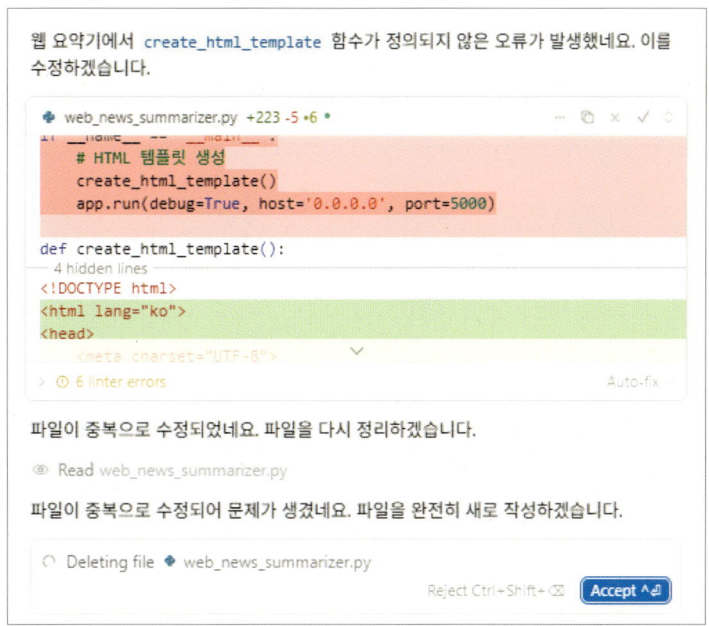

▲ 오류 수정 과정 - 1단계 결과

오류 수정 2단계: AI가 앞서 제시한 수정안에 이어 추가적인 코드를 변경하거나 보완합니다. 두 번째 수정 사항이나 추가된 로직이 나타나며, 문제 해결을 위해 코드가 점차 개선되고 있음을 알 수 있습니다.

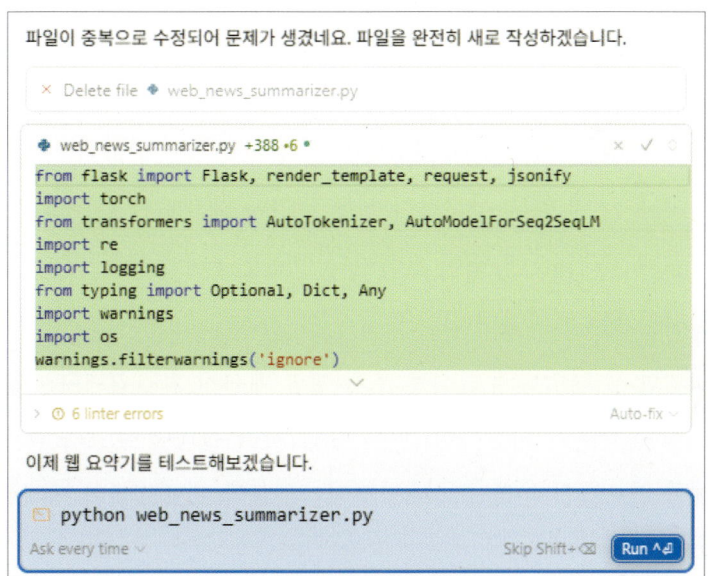

▲ 오류 수정 과정 - 2단계 결과

- **오류 수정 3단계:** AI가 수정한 코드를 테스트하는 과정에서 새로운 문제가 발견될 수도 있습니다. 예를 들어 이번 실습에서는 수정된 코드를 돌려보니 프로그램이 아직 종료되지 않는 현상이 계속되어, AI가 이를 추가로 인지했습니다. 이 단계에서는 이러한 무한 실행 문제까지 해결하기 위한 조치를 AI가 고려하고 있는 모습이 나타납니다.

이렇게 몇 단계의 수정 과정을 거친 끝에, AI는 오류를 해결한 최종 코드를 내놓았습니다. 이제 수정된 코드를 다시 실행해봅시다.

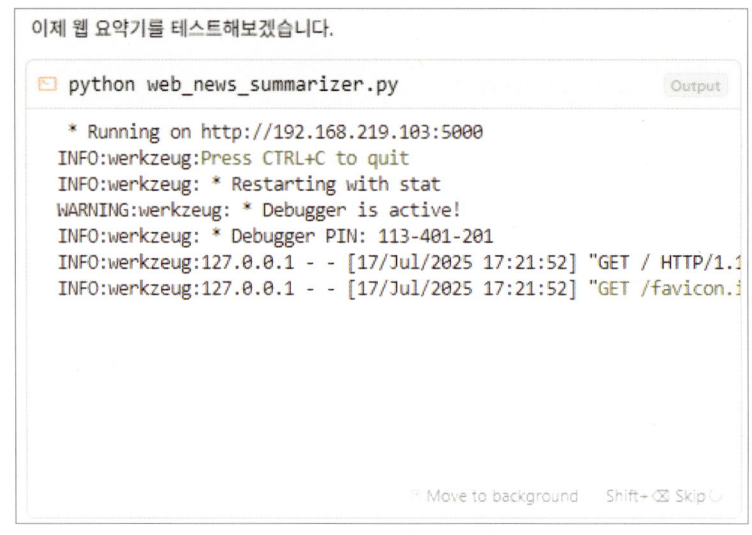

▲ 오류 수정 과정 – 3단계 결과 (테스트 무한 반복 문제 발생)

09 수정 후 프로그램 재실행 및 웹 서비스 동작 확인

오류를 고친 뒤 프로그램을 재실행하면, 이전과 달리 이번에는 정상적으로 동작하기 시작할 것입니다. 터미널 창을 보면 일부 성공적인 실행 로그나 메시지가 나타날 수 있습니다. 예를 들어 " … 완료되었습니다" 라는 출력이 보이거나, Flask 서버가 충돌 없이 잘 돌아가면, 앞서의 오류들이 해결되었다는 증거입니다.

수정된 코드를 실행한 후 터미널에 표시된 초기 성공 메시지 화면입니다. 여기서는 프로그램이 부분적으로 정상 동작하기 시작하여, 일부 요약 처리 결과나 로그가 출력되고 있습니다. 앞 단계에서 문제를 일으켰던 부분들이 해결되어, AI 요약 프로그램이 제대로 실행되고 있음을 시사합니다.

위에 이어지는 추가 로그 출력 화면입니다. 프로그램이 정상적으로 작동을 지속하고 있음을 보여주는 연속된 로그나 메시지가 나타납니다. 예를 들어 요약 모델이 실제 입력 텍스트에 대해 요약을 시도했거나, Flask 서버가 에러 없이 구동 중임을 알리는 내용이 포함되어 있을 수 있습니다. 이로써 백엔드 측 (코드 및 서버 부분)의 준비는 완료되었습니다. 이제 웹 브라우저를 통해 실제로 뉴스 요약 기능을 테스트해보겠습니다.

▲ 오류 수정 후 프로그램 재실행 결과 – 1

프로그램 재실행 결과의 이어지는 화면입니다. 앞선 이미지에 이어 추가로 출력된 로그나 메시지가 나타나 있어, 프로그램이 정상적으로 작동을 지속하고 있음을 확인시켜 줍니다. 이 단계에서는 요약 프로그램이 예시 입력에 대해 실제로 요약을 수행했거나 Flask 서버가 충돌 없이 구동 중임을 보여주는 내용이 포함되어 있을 수 있습니다.

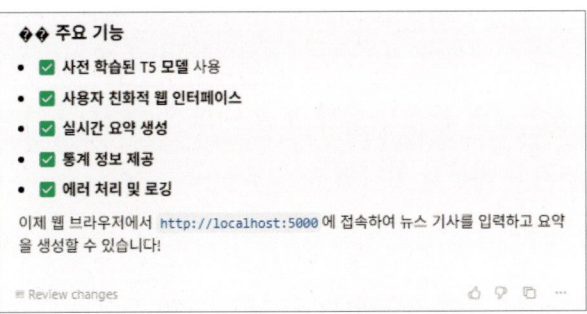

▲ 오류 수정 후 프로그램 재실행 결과 – 2

AI로 뉴스 자동 요약 Flask Web 실행하기

웹 인터페이스에서 뉴스 요약 기능 테스트

이제 Flask 서버가 정상 구동되고 있으므로, 웹 브라우저를 열어 해당 웹 애플리케이션에 접속해보겠습니다. 보통 Flask의 기본 개발 서버는 http://localhost:5000 또는 http://127.0.0.1:5000 주소를 사용합니다 (Cursor 환경에서 해당 주소를 자동으로 열어줄 수도 있습니다). 브라우저에서 이 주소로 접속하면 우리가 만든 뉴스 요약 웹 페이지가 나타날 것입니다.

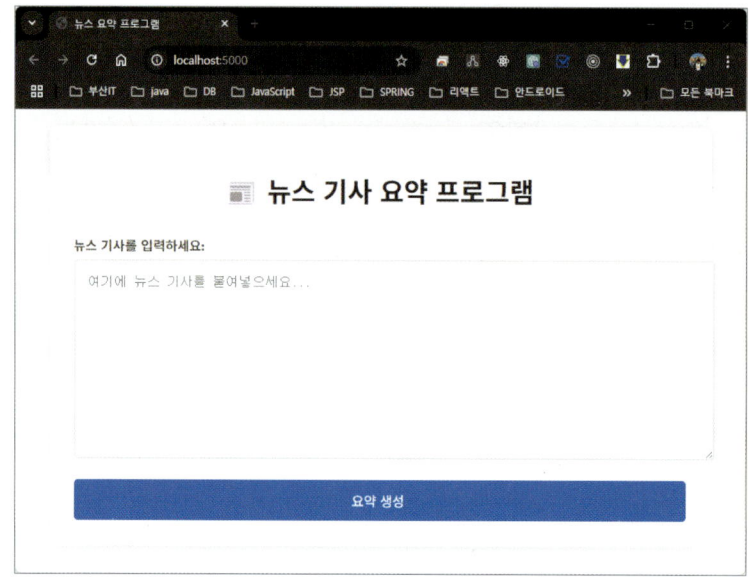

▲ 뉴스 요약 웹 페이지 – 초기 화면 (입력 대기 상태)

이것은 뉴스 요약 웹 서비스의 초기 화면입니다. Flask 웹 서버를 실행한 뒤 웹 브라우저로 해당 주소에 접속했을 때 볼 수 있는 페이지로, 현재는 입력 대기 상태입니다. 화면 가운데에는 뉴스 본문을 넣을 수 있는 텍스트 입력 영역이 있고, 그 밑에 "요약 생성" 버튼이 보입니다. 아직 사용자가 뉴스를 입력하기 전이므로, 기본 레이아웃과 인터페이스 요소들만 나타나 있습니다. (헤더나 간단한 설명 문구가 함께 보일 수도 있습니다.) 이 페이지를 통해 사용자는 요약하고 싶은 뉴스 기사 원문을 입력할 수 있습니다.

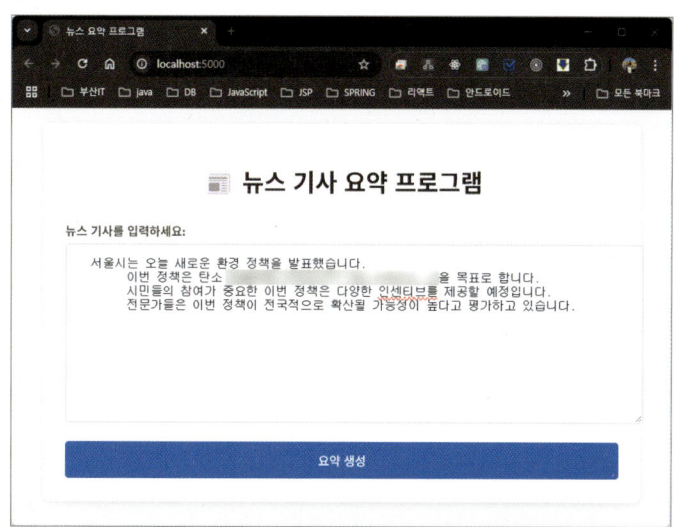

```
ws_summarizer.py 5        advanced_news_summarizer.py 2  ×   ① README.md        ≡ requirements.txt   ▷ ∨ □ …
 advanced_news_summarizer.py >  main
224
225        summarizer = AdvancedNewsSummarizer()
226
227        # 예시 뉴스 텍스트
228        sample_news = """
229        서울시는 오늘
230        이번 정책은 탄소 배출량을 2030년까지 40% 감축하는 것을 목표로 합니다.
231        시민들의 참여가 중요한 이번 정책은 다양한 인센티브를 제공할 예정입니다.
232        전문가들은 이번 정책이 전국적으로 확산될 가능성이 높다고 평가하고 있습니다.
233        """
```

▲ 샘플 뉴스 기사 본문 텍스트를 복사하는 장면

이제 실제로 예시 뉴스를 하나 입력해보겠습니다. 실습 교재나 예제 파일에 제공된 샘플 뉴스 본문이 있다면 그것을 사용해도 좋습니다. 예를 들어, 길이가 꽤 긴 뉴스 기사 텍스트를 준비해둡니다. 복사 & 붙여넣기를 활용하면 편리하겠지요.

위 그림은 제공된 샘플 뉴스 기사 본문을 복사하는 모습입니다. 사용자가 예시로 주어진 긴 뉴스 기사 텍스트를 모두 드래그하여 선택한 뒤, 복사(Ctrl+C)하고 있습니다. 이 단계는 곧이어 해당 본문을 웹 서비스에 입력하여 요약 기능을 시험해보기 위한 준비 절차입니다. (물론 다른 임의의 긴 텍스트를 복사해도 괜찮습니다.)

▲ 뉴스 기사 본문 입력 후 요약 실행 직전의 화면

다음으로, 복사한 본문 텍스트를 웹 페이지의 입력 필드에 붙여넣습니다 (Ctrl+V). 그리고 "요약 생성" 버튼을 눌러 AI에게 요약을 요청합니다.

뉴스 기사 본문을 입력한 후 요약 실행 직전의 화면입니다. 조금 전 복사한 긴 뉴스 기사 내용이 웹 페이지의 입력 상자에 가득 채워져 있고, 사용자가 이제 "요약 생성" 버튼을 클릭하려는 모습입니다. 원문 텍스트가 입력된 상태에서 버튼을 눌러 요약을 요청하면, 백엔드의 AI 요약 모델이 동작을 시작합니다. 이제 다음 화면으로 넘어가보겠습니다.

요약 생성 처리 진행 중인 웹 페이지 화면입니다. 사용자가 요약을 요청하면, 시스템 백엔드의 AI 요약 모델이 본문을 요약하는 작업을 수행합니다. 그 동안 웹 페이지에는 처리 중임을 나타내는 표시가 나타납니다. 예를 들어 "요약 생성 중…" 이라는 메시지나 로딩 스피너 아이콘이 보일 수 있습니다. 이 화면에서는 아직 요약 결과가 출력되지 않았으며, 이러한 진행 표시를 통해 사용자에게 처리가 진행 중임을 알리고 있습니다. 긴 텍스트일수록 처리에 몇 초 시간이 걸릴 수 있으니, 로딩 메시지가 사라질 때까지 기다립니다.

이윽고 AI 모델이 요약을 완료하면, 웹 페이지에 결과가 표시됩니다!

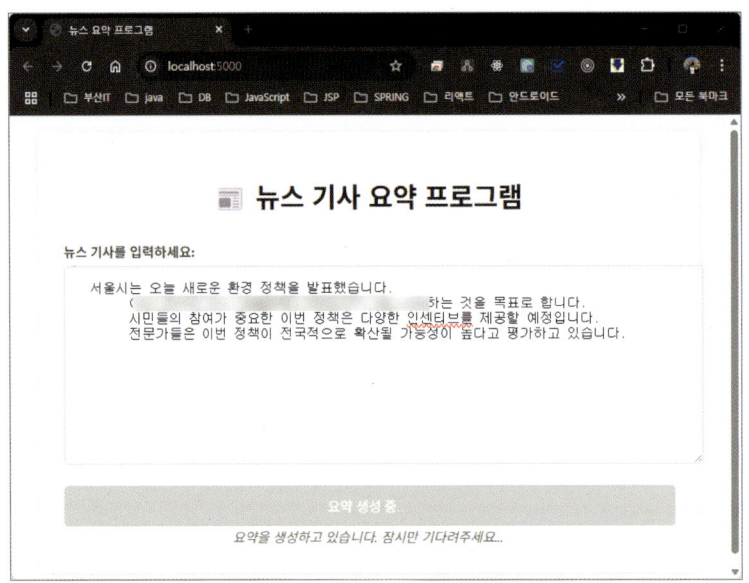

▲ 요약 생성 처리 진행 중인 웹 페이지 화면

뉴스 요약 결과 화면이 완성된 모습입니다. 입력했던 뉴스 본문의 아래쪽에 AI가 생성한 한 줄 요약문이 출력되어 있어, 사용자가 최종 요약 결과를 확인할 수 있습니다. 길었던 원문의 핵심만 추출되어 간결하게 제시된 요약문과 함께, 원문 본문과 요약 결과를 한 눈에 비교할 수 있도록 화면이 구성되어 있습니다. 예를 들어, 원문 내용이 수백 자였다면 그 아래에 한 줄로 요약된 문장이 나타났을 것입니다. 이제 복잡한 뉴스를 읽지 않고도 중요한 내용을 바로 파악할 수 있게 된 것이죠!

잘 동작한다면 우리의 뉴스 자동 요약 AI 웹 서비스는 성공입니다! 혹시 요약 결과가 기대와 조금 다르더라도 너무 실망할 필요 없습니다. 사전학습된 모델을 바로 활용한 것이므로 품질은 꽤 높은 편이지만, 요약이라는 것이 완벽할 수는 없으니까요. 중요한 점은 우리가 처음부터 끝까지 AI 도움을 받아 하나의 작동하는 애플리케이션을 완성했다는 경험입니다.

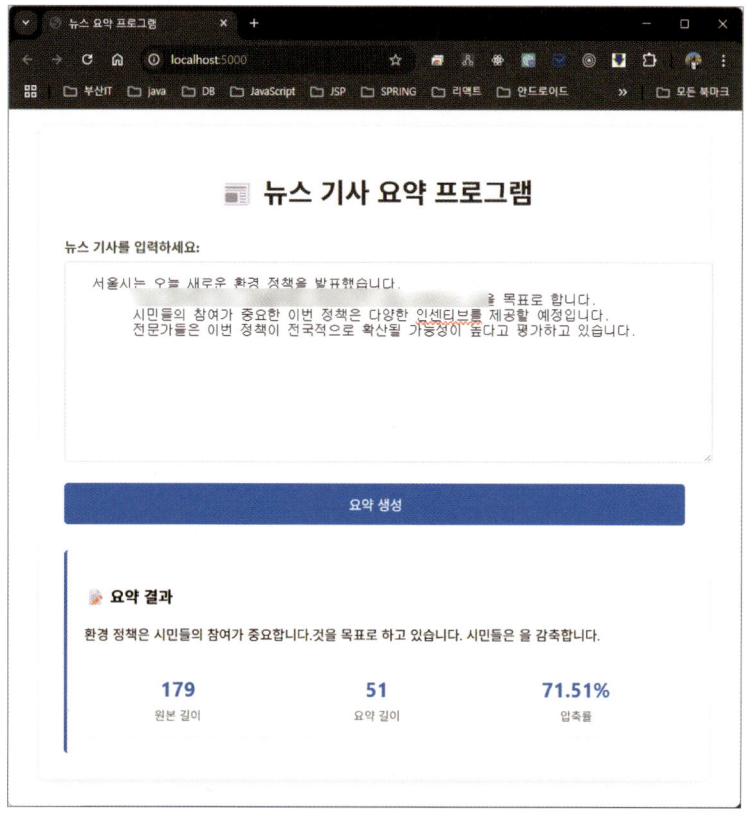

▲ 뉴스 요약 완료 후 웹 페이지에 표시된 한 줄 요약 결과

마지막으로, 프로젝트의 최종 폴더 구조를 한 번 확인해보겠습니다. Cursor의 파일 패널을 살펴보면 처음보다 훨씬 많은 파일들이 구성되어 있을 것입니다. 예를 들어 news_summarizer.py, app.py(Flask 앱), templates\index.html(웹 페이지 템플릿), README.md, requirements.txt 등등이 폴더에 자리잡고 있을 수 있습니다.

모든 작업 완료 후 최종 프로젝트 폴더 구조를 보여줍니다. 구현과 테스트를 모두 마친 뒤의 디렉터리 구조로, 생성된 코드 파일들과 관련 자료들이 어떻게 구성되어 있는지 나타나 있습니다. 초기의 빈 폴더와 비교해보면, 폴더 내에 여러 파일들이 추가되고 변경된 것을 확인할 수 있습니다. 예를 들어, 첫 프롬프트 때 생성된 news_summarizer.py, 두 번째 프롬프트 때 추가된 web_app.py나 templates 폴더, 그리고 README.md와 requirements.txt 등이 보일 것입니다. 이로써 뉴스 요약 프로젝트의 산출물이 완전히 갖추어졌음을 한눈에 볼 수 있습니다.

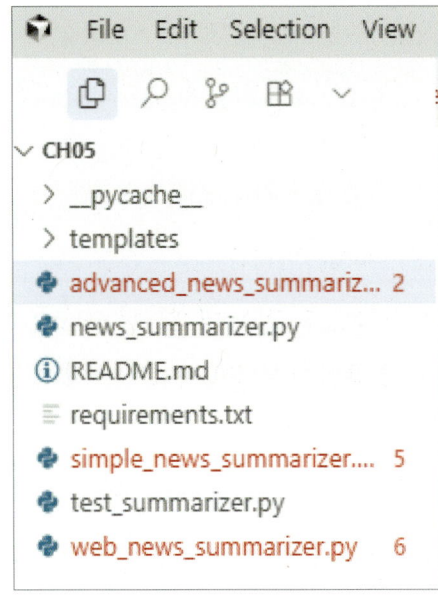

▲ 모든 작업 완료 후 최종 프로젝트 폴더 구조

이번 장에서는 사전학습된 요약 모델을 활용하여 긴 문서를 자동으로 요약해주는 AI를 만들어보았습니다. Cursor의 AI 코드 생성 능력을 통해 복잡한 NLP 코드를 일일이 작성하지 않고도 T5나 BART 같은 강력한 모델을 손쉽게 불러와 사용할 수 있었고, Flask를 이용해 웹 서비스화함으로써 사용자 친화적인 인터페이스도 구현했습니다. 이를 통해 AI의 요약 처리 흐름(본문 입력 → 요약 모델 처리 → 요약문 출력)을 직접 체험하고 이해할 수 있었을 것입니다. 초보자라도 Cursor의 도움을 받아 복잡한 인공지능 기능을 빠르게 구현해볼 수 있다는 자신감을 얻었다면 이번 실습의 큰 성과입니다.

마지막으로, 여기서 만든 뉴스 요약 AI를 더욱 발전시킬 수 있는 확장 아이디어를 몇 가지 생각해볼까요? 예를 들어, 한국어에 특화된 KoBART 모델이나 최근 인기 있는 GPT 계열 모델을 활용하면 요약 성능을 향상시킬 수 있습니다. 여러 문서를 한꺼번에 요약해주는 다중 문서 요약, 요약 결과의 길이 조절 옵션(한 줄 요약 vs 세 줄 요약) 등을 추가하여 기능을 풍부하게 만들 수 있겠지요. 또 뉴스 외에도 회의록 요약, 논문 요약 등 다양한 분야에 이번 장의 응용 원리를 적용해볼 수 있습니다. 이러한 확장 과제를 통해 더욱 흥미로운 AI 코딩 실습을 이어나가길 바랍니다. 이번에 배운 한 줄 요약기의 원리를 바탕으로, 여러분만의 창의적인 AI 서비스를 만들어보세요!

AI 텍스트로
이미지 생성

학습 개요

이 과정은 생성형 AI와 딥러닝 기반 이미지 생성의 기초를 쉽고 흥미롭게 이해할 수 있도록 설계된 실습 중심 커리큘럼입니다.

학습자는 텍스트를 입력하면 AI가 자동으로 이미지를 생성하는 '텍스트-투-이미지 생성기'를 직접 구현하며, 최신 생성형 AI 기술의 원리를 체험합니다.

실습에서는 Cursor 개발환경에서 파이썬 기반 프롬프트 처리, 사전 학습된 확산 모델의 활용, 그리고 Flask 기반 웹 애플리케이션 구현까지 다루며, 실제로 동작하는 AI 이미지 생성 앱을 완성합니다.

이를 통해 학습자는 텍스트 입력 → 프롬프트 해석 → 이미지 생성 → 결과 시각화에 이르는 전체 과정을 직접 경험하고, 생성형 AI의 구조와 다양한 응용 방법을 폭넓게 탐구할 수 있습니다.

학습 목표

1 AI가 텍스트를 입력받아 이미지를 생성하는 기본 원리(텍스트 → 의미 해석 → 시각적 변환)를 이해한다.

2 텍스트 프롬프트를 바탕으로 AI가 어떻게 이미지를 만들어내는지 과정을 직접 체험한다.

3 커서 환경에서 제공하는 기능(실행, 예제 불러오기, 결과 확인 등)을 활용해 AI 이미지 생성 프로젝트를 실습할 수 있다.

4 직접 코딩하지 않아도 커서를 이용해 프롬프트를 입력하고, AI가 생성한 다양한 이미지를 시각적으로 확인·비교할 수 있다.

5 생성된 이미지의 결과물과 품질 차이를 분석하며, 프롬프트 작성(엔지니어링)의 중요성을 이해한다.

6 AI 이미지 생성의 기본 프로세스(텍스트 입력 → 모델 활용 → 이미지 출력)를 익히고, 실제 생활 속 다양한 활용 사례를 탐구한다.

7 급 옵션 활용
- 추론 단계 (0~100) : 단계가 높을수록 품질이 향상되지만 생성 시간이 오래 걸림.
- 프롬프트 준수 강도 (1~20) : 값이 높을수록 프롬프트를 더 엄격히 반영.
- 이미지 크기 : 너비 ×높이(256px~1024px, 총 4단계) 선택 가능.
- 시드(Seed, 선택사항) : 동일한 결과를 재현하거나 다양한 변형을 실험할 수 있음.

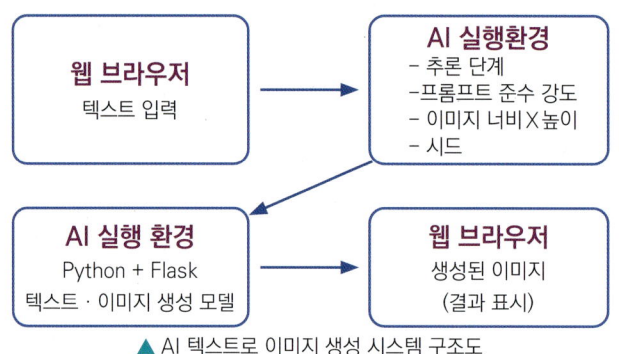

▲ AI 텍스트로 이미지 생성 시스템 구조도

01 커서를 실행하고 그림과 같은 Open projects를 선택하고 ch06 폴더를 생성 및 선택을 합니다.

AI 그림 그리기 프로젝트의 구현을 위해, 먼저 ch06 폴더를 생성한 뒤 Open projects에서 해당 폴더를 프로젝트 경로로 지정합니다. 이후 진행되는 모든 작업 파일과 코드, 자료들은 이 폴더 내에 체계적으로 저장되어 프로젝트 관리와 접근이 한층 효율적으로 이루어집니다.

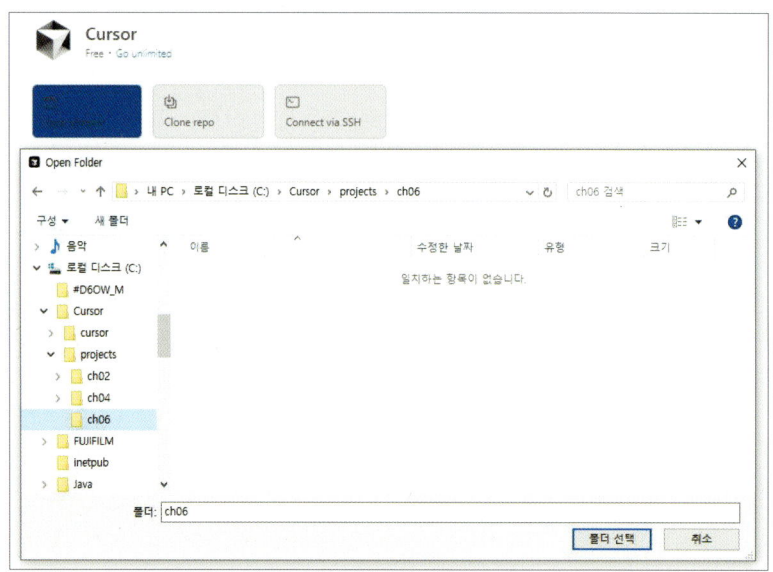

▲ Open projects에서 C:\Cursor\projects\ch06를 선택

02 AI 텍스트로 이미지 생성 기능은 파이썬으로 만들기 위해 다음과 같은 프롬프트를 AI Pane에 있는 Add Context 입력란에 입력합니다.

> **프롬프트 1**: Python과 diffusers 라이브러리를 사용하여 텍스트로 이미지 생성하는 AI 프로그램을 만들어줘. runwayml/stable-diffusion-v1-5와 같은 모델을 사용해서, 사용자가 텍스트 프롬프트를 입력하면 이미지를 생성해줘. 추가 옵션은 추론 단계 수, 프롬프트 준수 강도, 생성할 이미지 너비, 생성할 이미지 높이, 랜덤 시드 지정하게 해줘. 처음 실행시 텍스트와 추가 옵션은 자동으로 설정해서 이미지를 만들어줘.

> **TIP**　runwayml/stable-diffusion-v1-5 모델
>
> 텍스트 프롬프트를 사용하여 이미지를 생성하거나, 기존 이미지를 수정하는 딥러닝 모델입니다. '잠자는 강아지'와 같은 텍스트를 입력하면 해당 내용을 반영한 이미지를 만들어냅니다. 모델은 수십억 개의 이미지와 텍스트 쌍으로 학습되어 있어, 매우 다양한 스타일과 컨셉의 이미지를 생성할 수 있습니다.

AI 텍스트로 이미지 생성하는 기능을 구현하려면, 먼저 프롬프트1 입력 화면에 원하는 기능을 문장으로 입력합니다. 입력한 프롬프트를 기반으로 Cursor가 관련 파일을 자동으로 생성하며, 구현 과정에서 필요한 다양한 기능과 설명은 AI Pane에서 쉽게 확인할 수 있습니다.

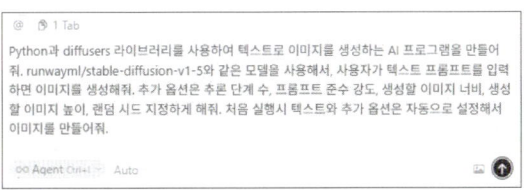

▲ New Chat에서 프롬프트1의 입력

> **TIP**　ch06안에 ch06 폴더가 만들어 진다면
>
>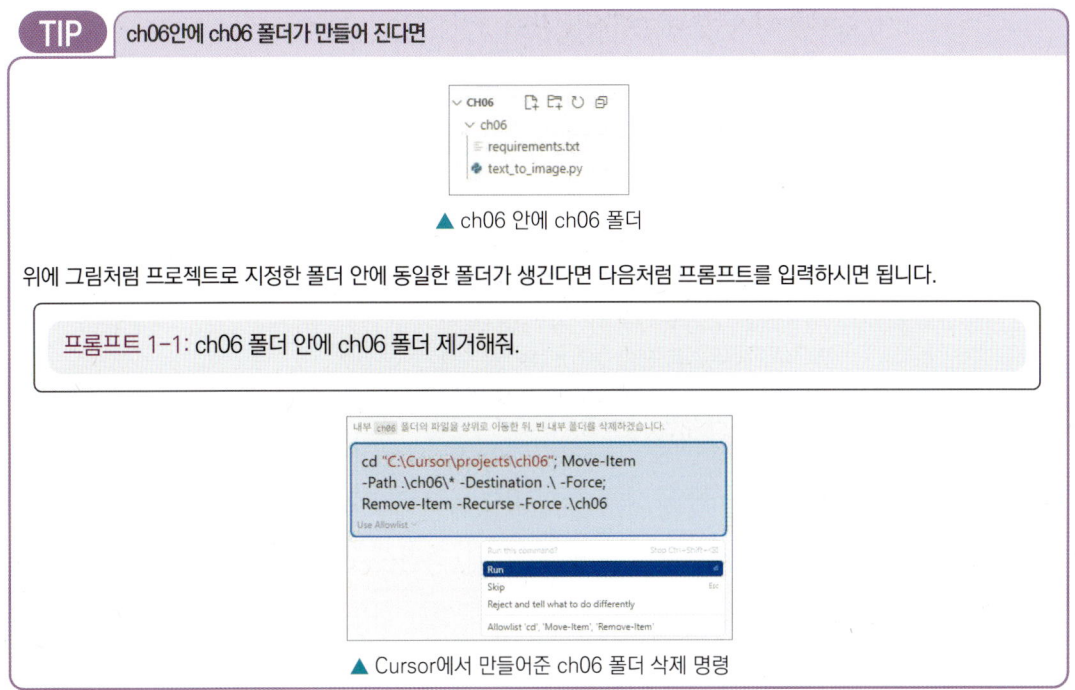
>
> ▲ ch06 안에 ch06 폴더
>
> 위에 그림처럼 프로젝트로 지정한 폴더 안에 동일한 폴더가 생긴다면 다음처럼 프롬프트를 입력하시면 됩니다.
>
> > **프롬프트 1-1**: ch06 폴더 안에 ch06 폴더 제거해줘.
>
> ▲ Cursor에서 만들어준 ch06 폴더 삭제 명령

프롬프트1을 입력하여 실행하면, AI Pane 화면에 프로젝트 구현에 대한 안내와 설명이 그림과 함께 제공됩니다. 내용을 확인한 뒤, ❶ Keep All 버튼을 클릭하면 download_test_image.py, image_analyzer.py, README.md 그리고 requirements.txt 파일이 자동으로 생성되어 ch06 프로젝트 폴더에 적용됩니다.

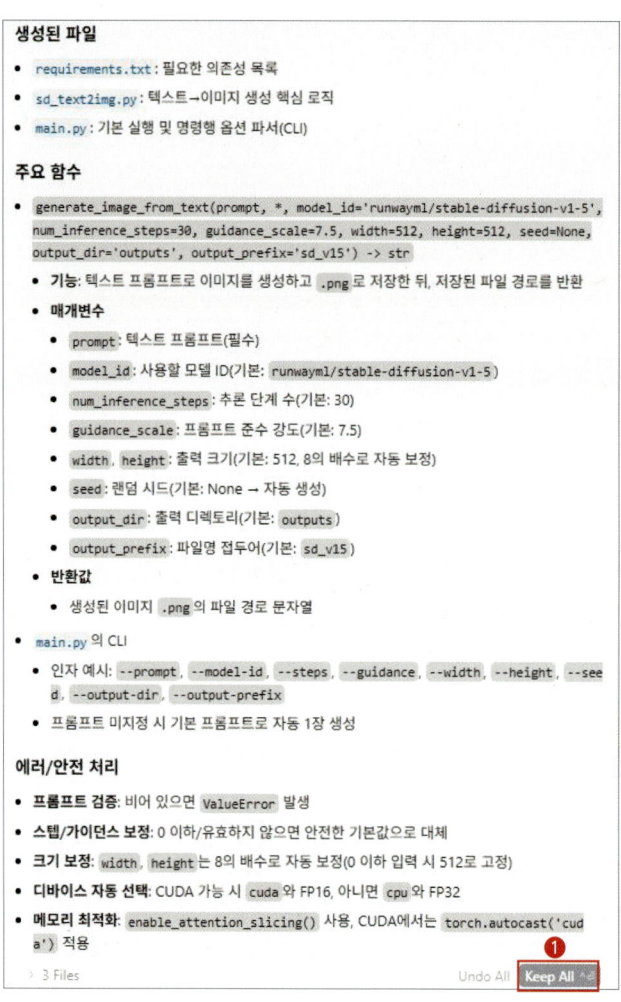

▲ 프롬프트1의 입력 후에 커서의 AI Pane 화면

AI 텍스트로 이미지 생성 모델 다운로드

requirements.txt에는 파이썬 파일 실행에 필요한 외부 라이브러리 목록이 들어있지만, 이 교재에서는 1장에서 모든 챕터에 필요한 외부 라이브러리를 한 번에 설치했으므로 따로 설치할 필요가 없습니다. 어떤 라이브러리가 있는지 확인만 하면 됩니다. 따라서 ❶ main.py

를 선택한 후, 커서 IDE 왼쪽 상단의 ❷ Play 아이콘(Run Python File)을 클릭해 실행하면 됩니다.

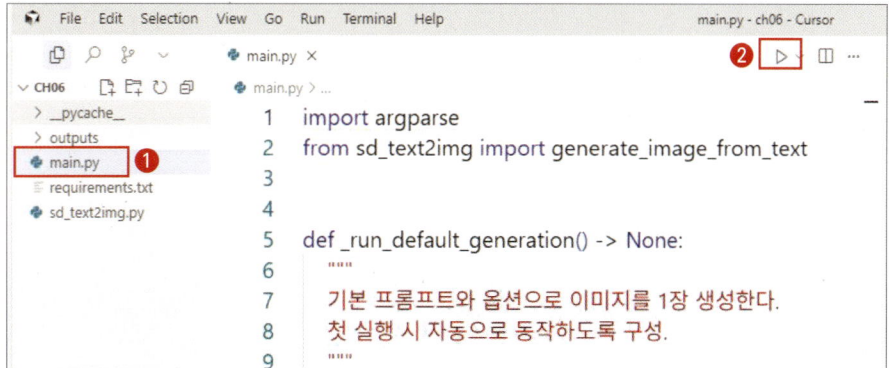

▲ 프롬프트1 실행 후 만들어진 파일 리스트

main.py를 실행하면 이미지 생성을 위해 필요한 모델 파일이 자동으로 다운로드됩니다. 이 과정은 최초 실행 시에만 진행되며, 이후부터는 코드에 입력한 텍스트를 기반으로 생성된 이미지가 지정된 폴더(outputs)에 저장됩니다.

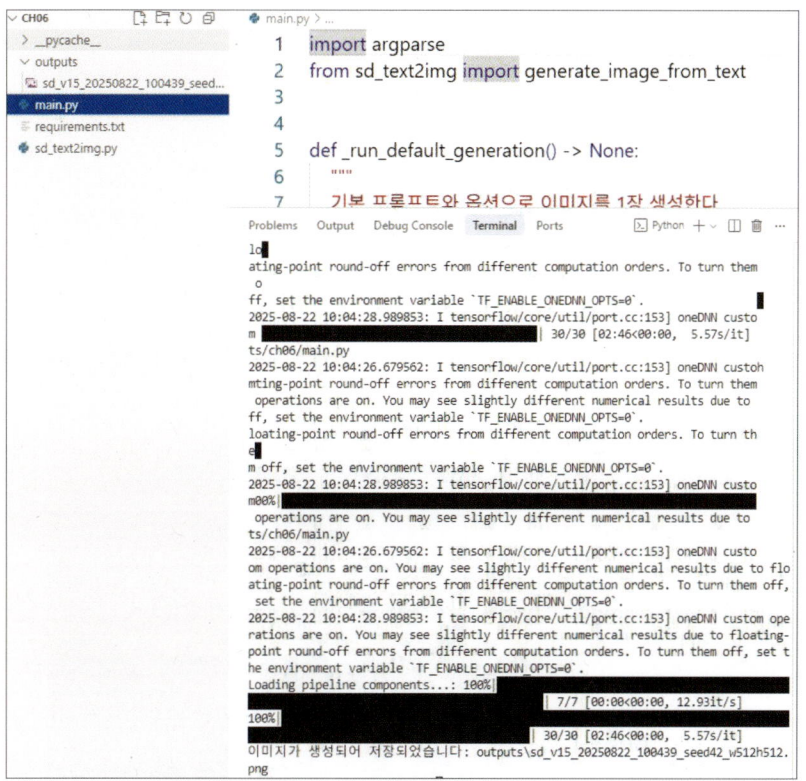

▲ 프롬프트1 실행 후 Terminal 화면과 생성된 이미지 리스트

main.py를 최초 실행하면 프로그램 실행에 필요한 모델 파일이 자동으로 다운로드됩니다. 이 모델의 크기는 약 5GB 이상이므로, 실행 환경의 저장 공간이 충분히 확보되어 있어야 합니다. 모델 다운로드는 최초 1회만 진행되며, 이후부터는 별도의 다운로드 과정 없이 곧바로 실행되어 입력한 텍스트를 빠르게 이미지로 변환할 수 있습니다.

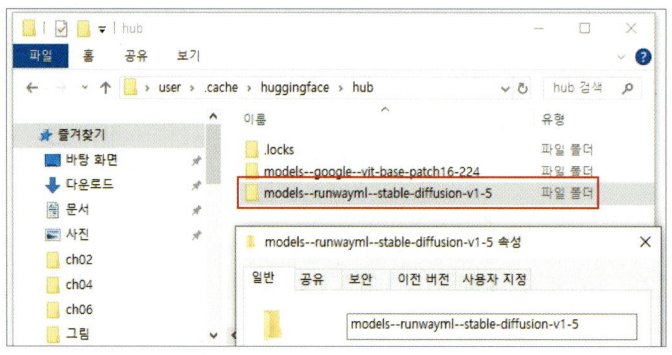

▲ models—runwayml--stable-diffusion-v1-5 모델이 저장된 위치

Cursor로 생성된 main.py 12라인에 제시된 텍스트로 'A serene watercolor landscape of misty mountains at sunrise, ultra-detailed, 4k (해 뜨는 아침, 안개 낀 산들을 담은 고요한 수채화 풍경, 초고화질 디테일(4K))' outputs 폴더 안에 이미지가 생성이 되었습니다.

TIP 파일명이 예시와 다르다고요? Cursor는 원래 그래요

Cursor 환경에서는 동일한 프롬프트를 입력하더라도 자동으로 생성되는 파일명, 폴더명, 파일 구성 등이 매번 다르게 생성될 수 있습니다. 이는 내부적으로 고유 식별자나 타임스탬프 등을 활용해 파일 충돌을 방지하기 위한 동작이므로, 실습 시 생성된 파일 구조가 예시와 일부 다르더라도 정상적인 동작입니다.

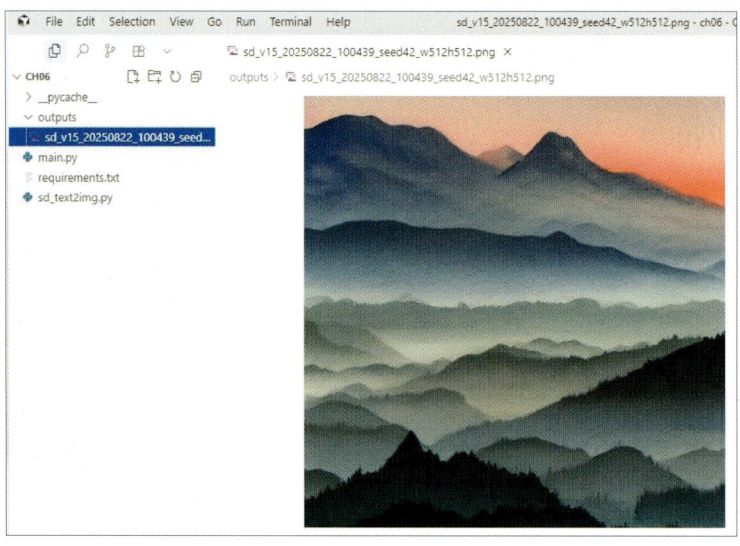

▲ main.py 실행 후에 생성된 이미지

03 파이썬으로 구현한 AI 텍스트 기반 이미지 생성 기능을 브라우저에서 직접 실행 화면으로 확인하기 위해, Cursor의 Add Context 입력란에 아래 프롬프트를 입력합니다.

> **프롬프트** 2: web으로 실행하기 위해 flask 기능의 파일을 만들어줘. 파일은 app.py을 flask 실행을 위해 파일로 만들고 templates 폴더 안에 index.html을 만들고 static 폴더 안에 필요한 css, js 파일을 만들어줘.

프롬프트2 입력 화면에서는 사용자가 원하는 그림의 스타일이나 구성 요소를 더욱 세밀하게 지정할 수 있습니다. 예를 들어, Flask 기반 웹 프로젝트를 만들고자 할 때, app.py 파일 생성부터 시작해 templates 폴더 안에 index.html을 만들고, static 폴더에는 직접 필요한 CSS와 JS 파일을 추가하는 방식으로 명령을 입력할 수 있습니다.

이렇게 구체적인 지시를 프롬프트2에 담으면, AI가 각 파일과 폴더를 자동으로 생성해 주어 복잡한 코딩 작업 없이도 전체 구조를 손쉽게 갖출 수 있습니다. 색상이나 배경, 화면 구성 등도 세부적으로 지정할 수 있어, 누구나 자신만의 개성 있는 AI 그림 그리기 웹 환경을 자연스럽게 완성할 수 있습니다.

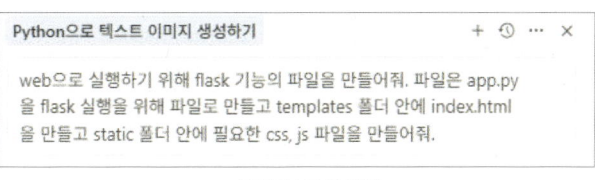

▲ 프롬프트2의 입력

Web 실행을 위해서 필요한 파일과 설명을 상세히 되어 있습니다. 그리고 requirements.txt 파일에는 Flask 라이브러리가 이미 포함되어 있어, 앞 장에서 설치를 진행한 학습자는 별도의 추가 설치 없이 바로 실행할 수 있습니다. 단, 앞 장을 건너뛰고 ch06부터 직접 실습을 시작하는 학습자라면, Flask를 별도로 설치해야 합니다.

▲ 프롬프트2의 입력 후에 커서의 AI Pane 화면1

프롬프트2 실행 후에 모든 파일의 생성이 끝나면 ❶ Keep All 버튼을 클릭하면 적용이 됩니다. 모든 파일을 생성 후에 Flask 서버를 실행하고 웹브라우저를 실행하는 방법까지 모두 설명이 되어 있습니다.

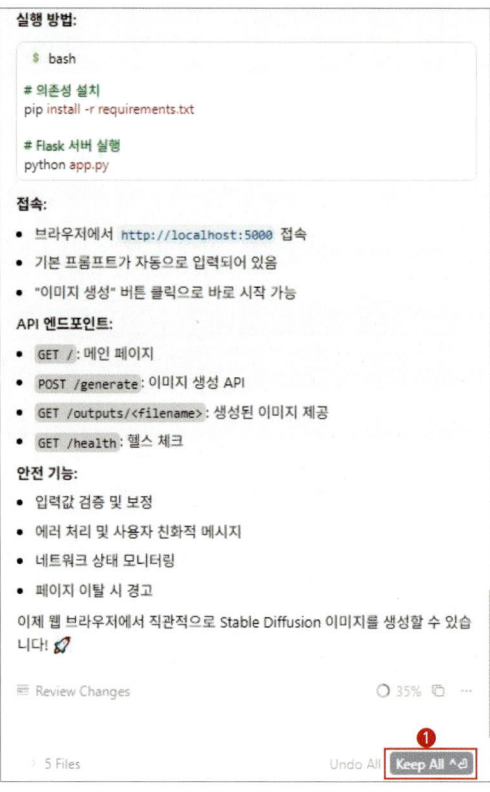

▲ 프롬프트2의 입력 후에 커서의 AI Pane 화면2

프롬프트2 실행이 끝나면, 프로젝트 폴더에는 Cursor가 자동으로 생성한 다양한 텍스트 결과물과 설정 파일들이 차곡차곡 정리되어 나타납니다. 각 파일은 이름과 형식에 따라 보기 좋게 정렬되어 있어, 필요한 정보를 한눈에 쉽게 찾을 수 있습니다.

이렇게 잘 정돈된 파일 리스트를 통해 AI 작업의 흐름을 자연스럽게 관리할 수 있고, 각 파일을 언제든 편하게 열어보고 수정하며 나만의 프로젝트를 완성해 갈 수 있습니다.

아래 표에서는 각 파일의 이름과 그 용도에 대해 구체적으로 설명하였습니다.

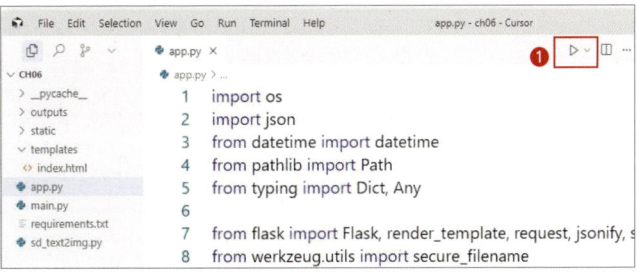

▲ 프롬프트2 실행 후 만들어진 파일 리스트

파일명	용도
app.py	Flask 서버를 실행해 텍스트와 5가지 고급 설정을 입력받아 이미지를 생성하고, 결과를 브라우저에서 확인할 수 있는 웹 애플리케이션입니다.
main.py	sd_text2img.py에 만들어진 모듈을 실행하는 기능의 파이썬 파일입니다.
sd_text2img.py	Stable Diffusion으로 텍스트를 이미지로 변환하는 모듈의 파이썬 파일입니다.
requirements.txt	프로젝트에 필요한 모든 파이썬 라이브러리 목록과 버전이 적힌 파일입니다
static/css/style.css/js/app.js	웹 화면에 필요한 자바스크립트(app.js)와 스타일 시트(style.css) 파일입니다.
templates/index.html	HTML 템플릿 파일로, 웹에서 보여지는 메인 페이지입니다.

▲ 생성된 전체 파일의 용도에 대한 설명

AI 텍스트로 이미지 생성 Flask Web 실행하기

'Keep All'이 있다면 클릭한 후, app.py 파일을 선택하고 ❶ Play 아이콘을 누르면 아래와 같이 터미널(Terminal)에 Flask 웹서버의 실행 화면이 나타납니다.

▲ app.py 선택하고 Play 클릭 화면

app.py를 실행하면 파이썬의 Flask 웹서버가 구동되어 터미널 화면에 실행 과정이 출력됩니다. 이 화면에서는 서버가 정상적으로 실행 되는지 여부와 함께 각종 로그 메시지, 접속 주소 등이 표시되어, 사용자가 웹서버의 동작 상태를 한눈에 확인할 수 있습니다. 이를 통해 개발자는 코드의 오류 발생 여부나 서버의 구동 상황을 손쉽게 점검하고, 필요에 따라 추가적인 설정이나 디버깅 작업을 진행할 수 있습니다. 터미널(Terminal) 화면에 표시된 ❶ http://127.0.0.1:5000 주소를 Ctrl 키를 누른 채 클릭하면 웹브라우저가 열립니다.

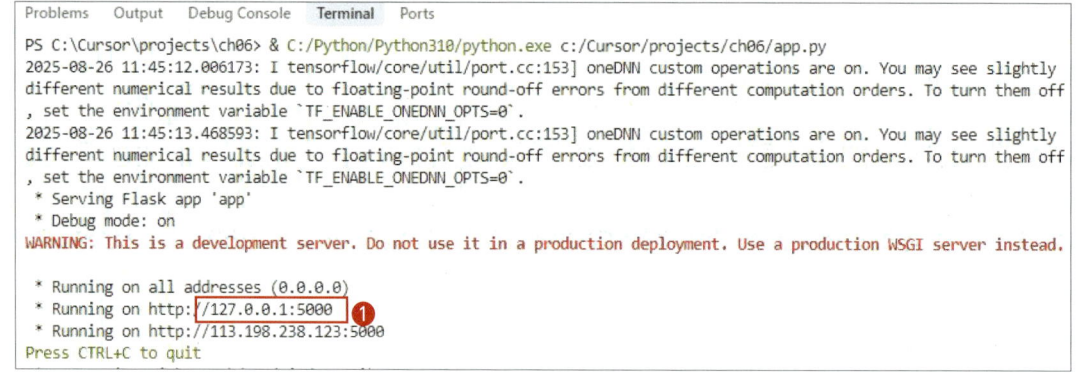

▲ app.py 실행 후에 Terminal 화면

▲ app.py 실행 후에 웹브라우저 화면

app.py 실행 후 웹브라우저 화면에서 이미지 생성을 위한 텍스트 프롬프트를 입력하기 전에 ❶ 고급 설정 클릭하면 6가지 고급 설정 항목을 입력할 수 있는 폼이 나타납니다. 이어지는 표에서는 각 고급 설정의 세부 내용을 설명합니다.

고급설정	설명
추론 단계수	높을수록 품질이 좋아지지만 시간이 오래 걸립니다. (1-100)
프롬프트 준수 강도	높을수록 프롬프트에 더 충실합니다. (1-20)
이미지 너비, 높이	8의 배수로 설정됩니다. (256-1024)
랜덤 시드	같은 시드로 같은 이미지를 생성할 수 있습니다. (비워두어도 상관이 없음)
모델	사용할 AI 모델을 선택하세요. (첫번째 모델로 선택)

▲ 고급 설정에 대한 설명

TIP 이미지 생성 프롬프트는 반드시 영어로

AI 텍스트로 이미지 생성 영어 기반 프롬프트를 인식하여 이미지를 생성합니다. 따라서 텍스트 입력은 반드시 영어로 작성해야 하며, 한글을 사용할 경우 정상적인 이미지가 나오지 않을 수 있습니다. 이유는 우리가 사용하고 있는 runwayml/stable-diffusion-v1-5 모델은 대부분 영어 데이터셋(예: 영어 캡션이 붙은 이미지)을 기반으로 학습되었습니다. 따라서 모델 내부에서 텍스트를 이해하고 이미지를 생성하는 과정이 영어 표현을 기준으로 최적화되어 있습니다.

04 app.py를 실행하면 웹 브라우저 화면이 열립니다. 화면에서 이미지 생성 프롬프트와 고급 옵션을 입력한 뒤 이미지 생성 버튼을 클릭하면, 왼쪽 캔버스 영역에 생성된 결과 이미지가 표시됩니다. 추론 단계 수(Steps), 프롬프트 준수 강도(Guidance Scale), 그리고 이미지 크기(Image Size) 값이 커질수록 연산량이 증가하므로 이미지가 생성되는 데 더 많은 시간이 소요될 수 있습니다.

이미지 생성 프롬프트 1: A cute cat sitting on a windowsill, photorealistic.

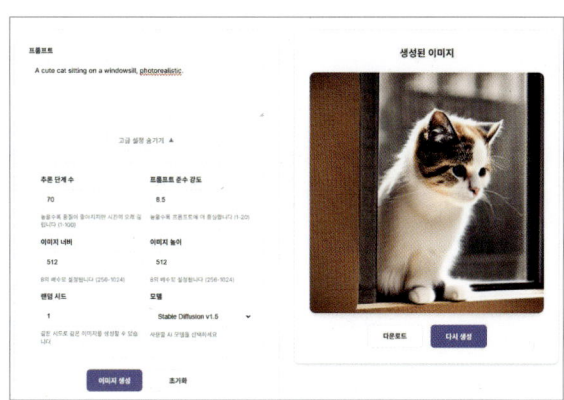

▲ 웹브라우저에 생성된 이미지 화면1

05 웹 화면을 더욱 세련되게 꾸미기 위해 커서에 다음 프롬프트를 Add Context 입력란에 입력합니다.

> 이미지 3: Tailwind CSS를 적용해서 예쁘게 만들어줘..

Tailwind CSS를 적용하면, CSS의 다양한 기능을 활용해 화면의 레이아웃과 디자인을 손쉽게 꾸밀 수 있습니다. Tailwind CSS는 클래스 이름만으로 색상, 여백, 정렬 등 다양한 스타일을 빠르게 적용할 수 있어, 코드가 깔끔해지고 원하는 화면을 간편하게 만들 수 있습니다. 수정된 코드는 'Keep All'를 하면 모두 저장 적용이 됩니다.

Tailwind CSS를 적용해서 예쁘게 만들어줘.

완벽합니다! ◆◆ Tailwind CSS를 적용하여 웹 애플리케이션을 완전히 새롭게 디자인했습니다.

◆◆ 주요 개선사항

디자인 & UI/UX

- **모던한 그라데이션 배경**: 파란색에서 보라색으로 이어지는 아름다운 그라데이션
- **글래스모피즘 효과**: 반투명한 카드와 블러 효과로 현대적인 느낌
- **애니메이션**: 호버 효과, 로딩 스피너, 부드러운 전환 효과
- **반응형 디자인**: 모바일과 데스크톱 모두에서 최적화

시각적 요소

- **이모지 아이콘**: 🎨✨⚙️◆◆◆◆🔷 등으로 직관적인 인터페이스
- **그라데이션 텍스트**: 제목에 파란색-보라색 그라데이션 적용
- **그림자 효과**: 카드와 버튼에 입체감 있는 그림자
- **배경 장식**: 부드럽게 움직이는 원형 요소들

사용자 경험

- **초기 상태 메시지**: 사용자에게 명확한 안내
- **포커스 효과**: 입력 필드에 파란색 링 효과
- **호버 애니메이션**: 버튼과 이미지에 인터랙티브한 효과
- **로딩 상태**: 이중 스피너와 점진적 애니메이션

▲ 프롬프트3의 입력 후에 커서의 AI Pane 화면

Tailwind CSS를 적용 후에 app.py 실행하고 웹브라우저 화면을 다시 실행을 하고 수정된 화면에 새로운 프롬프트를 입력하고 이미지를 생성하도록 해 보겠습니다.

이미지 생성 프롬프트 2: A futuristic city skyline at night, neon lights.

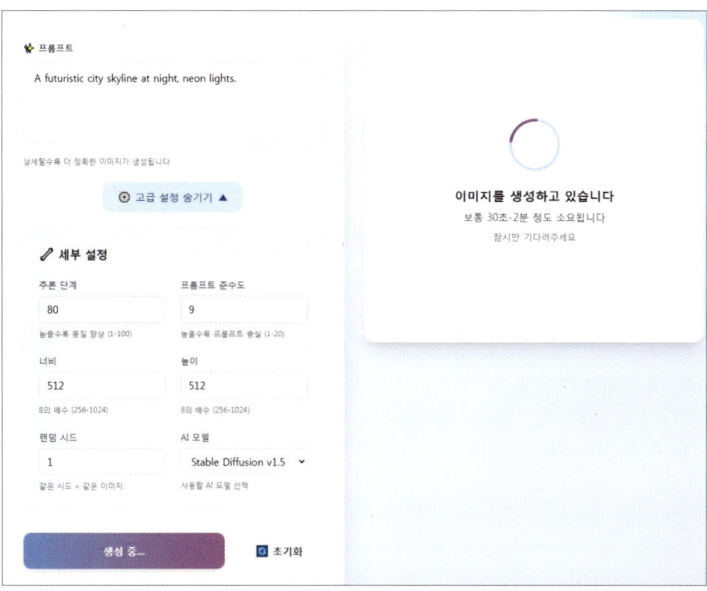

▲ Tailwind CSS 적용 후 웹브라우저에 이미지 생성 중 화면2

TIP 고급 설정 값에 따라 이미지 생성 시간이 달라질 수 있으며, 특히 사용하는 컴퓨터의 사양에 따라 소요 시간에 큰 차이가 발생합니다. 만약 학습자의 컴퓨터에 GPU가 장착되어 있다면 연산 속도가 크게 향상되어 생성 시간이 현저히 단축되는 것이 AI 연산의 중요한 특징 중 하나입니다.

고급 설정 값에 따라 이미지 생성 시간이 달라질 수 있으며, 특히 사용하는 컴퓨터의 사양에 따라 소요 시간에 큰 차이가 발생합니다. 만약 학습자의 컴퓨터에 GPU가 장착되어 있다면 연산 속도가 크게 향상되어 생성 시간이 현저히 단축되는 것이 AI 연산의 중요한 특징 중 하나입니다.

▲ Tailwind CSS 적용 후 웹브라우저에 생성된 이미지 화면2

이미지 생성 프롬프트 3: A beautiful woman is gazing at the sunrise over a serene beach.

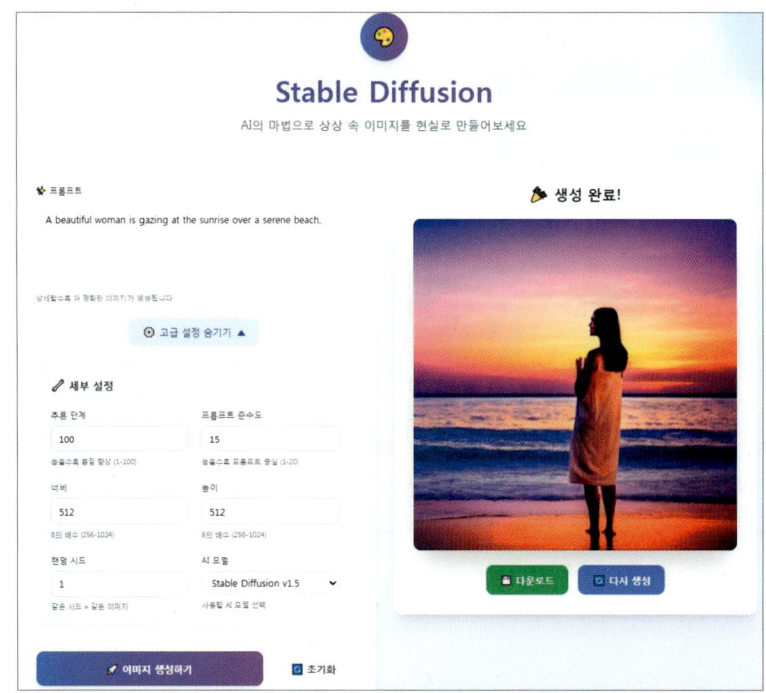

▲ Tailwind CSS 적용 후 웹브라우저에 생성된 이미지 화면3

이 장에서는 텍스트를 입력하여 이미지를 생성하는 과정을 직접 체험하며, AI가 언어를 시각적 결과로 변환하는 원리를 단계별로 살펴보았습니다. 프롬프트와 고급 옵션을 다양하게 조합해 보면서 입력 문장이 결과 이미지에 어떻게 반영되는지를 확인하고, 프롬프트 작성 방식이 결과의 품질에 어떤 영향을 주는지도 이해할 수 있었습니다.

또한 Python, Flask, Tailwind CSS를 활용해 웹 인터페이스를 구성하고, 실제 웹서버 환경에서 app.py를 실행하여 이미지를 생성하고 확인하는 실습을 진행하였습니다. 이 과정에서 추론 단계 수, 프롬프트 준수 강도, 이미지 크기 등 매개변수가 결과와 속도에 미치는 영향을 실험적으로 익혀보았습니다.

이러한 실습을 통해 단순히 텍스트 입력이 이미지로 변환된다는 사실을 넘어, AI가 텍스트를 해석하고 시각적 표현으로 구체화하는 흐름을 이해할 수 있었습니다. 프롬프트를 수정하고 여러 조건을 바꿔 가며 반복적으로 시도해 보는 과정은 AI 활용의 핵심인 실험과 조율을 자연스럽게 체득하도록 도와주었습니다.

이번 장을 통해 독자 여러분은 AI 텍스트 기반 이미지 생성이라는 새로운 분야를 실습하며 작은 성취를 경험했을 것입니다. 앞으로 이어질 장에서는 이러한 경험을 토대로 더욱 창의적이고 응용적인 프로젝트를 다루어, AI를 활용한 시각적 표현의 가능성을 한층 더 확장해 나가도록 안내하겠습니다.

CHAPTER
07

주가 예측

이번 장에서는 최근 주가 데이터를 활용하여 다음 날의 종가를 예측하는 간단한 머신러닝 프로젝트를 단계별로 구현해보겠습니다. 기본적인 선형 회귀 모델을 사용해 연속된 주가 데이터를 학습시키고, 학습된 모델로 다음 날의 주가를 추정해볼 것입니다. 최종적으로 Flask 웹 프레임워크를 이용한 간단한 웹 애플리케이션을 구축하여 예측 결과를 시각화하고 웹 페이지에서 확인할 수 있도록 만들어 보겠습니다. 모든 과정은 입문자도 따라 할 수 있도록 자세하고 쉽게 설명하며, AI 코딩 도우미 커서의 도움을 받아 복잡한 코드를 자동 생성하는 방법도 함께 활용해보겠습니다.

학습 목표

1 시계열 데이터 및 예측 개념 이해: 주가와 같은 시계열 데이터의 특성을 이해하고 예측의 의미를 알아봅니다.

2 선형 회귀(Linear Regression)의 원리와 적용: 선형 회귀 모델의 기본 개념(기울기와 절편)과 이를 주가 예측에 활용하는 방법을 배웁니다.

3 파이썬으로 데이터 수집 및 전처리: 파이썬을 사용하여 Yahoo 파이낸스 등에서 일정 기간의 주가 데이터를 불러오고, 결측치 처리 등 전처리하는 방법을 배웁니다.

4 scikit-learn을 활용한 모델 학습: scikit-learn 라이브러리를 이용해 선형 회귀 머신러닝 모델을 학습시키고, 이를 통해 내일의 종가를 예측해봅니다.

5 Matplotlib을 이용한 시각화: 실제 종가와 예측 종가를 비교하는 그래프와 예측 오차 등의 차트를 그려, 모델의 성능을 시각적으로 평가하는 방법을 익힙니다.

6 Flask 웹 서버를 통한 배포: 학습된 예측 모델을 Flask 웹 애플리케이션과 연동하여, 사용자가 웹 페이지에서 직접 주가를 예측하고 결과를 확인할 수 있는 서비스 기능을 구현합니다.

주가 예측과 선형 회귀 소개

시계열 데이터로서의 주가: 주식 가격은 시간에 따라 변하는 전형적인 시계열 데이터입니다. 하루하루 가격 변동이 있지만, 길게 보면 상승 또는 하락하는 추세(Trend)가 나타나기도 합니다. 예를 들어 주가는 자기상관성을 띠는데, 이는 "이전 값이 이후 값에 영향을 미치는 정도"를 뜻합니다. 쉽게 말해 오늘의 가격과 내일의 가격이 얼마나 밀접하게 관련되어 있는지를 나타내는 개념입니다. 자기상관성이 높다면 오늘 가격이 오르면 내일도 오를 가능성이 어느 정도 있다는 뜻이지요. 아주 단순한 예측 모델이라면 "내일의 가격은 오늘과 같다"처럼 최근 추세를 그대로 따른다는 가정 하에 움직일 수 있습니다. 실제로 이런 모형의 예측 그래프를 보면 전날의 가격 움직임을 그대로 복사한 듯한 모습이 나타나곤 합니다. 물론 현실의 주가는 기업 실적, 뉴스, 경제 지표 등의 복합적인 영향으로 매우 변동성이 커서 정확한 예측이 쉽지 않습니다. 그럼에도, 최근 데이터를 활용해 추세를 학습하면 내일의 종가를 어느 정도 추정해볼 수 있습니다.

> **TIP** 자기상관성(Autocorrelation) – 하나의 시계열 데이터 내에서 시간 간격을 두고 측정된 값들 사이의 상관관계를 말합니다. 과거 값이 미래 값에 영향을 미치는 정도를 나타냅니다 (**예** 오늘 주가와 내일 주가 사이의 상관성).

> **TIP** 시계열(Time Series) – 시간을 중심 축으로 연속적으로 수집된 데이터의 집합으로, 주가처럼 시간 순서에 따라 변화하는 데이터입니다.

선형 회귀(Linear Regression)의 개념: 선형 회귀는 기울기와 절편을 찾는 과정입니다. 가장 기본적인 머신러닝 알고리즘 중 하나로, 하나 이상의 입력 변수 X와 출력 변수 Y 간의 선형 관계를 모델링하는 기법입니다. 쉽게 말해, 주어진 데이터에서 $Y = wX + b$ 형태의 직선을 찾아내어, X로부터 Y를 예측하는 모델을 만드는 것입니다. 예를 들어 과거 100일간의 날짜(X)와 그날의 종가(Y) 데이터를 이용해 직선의 방정식을 학습하면, X가 101번째 날일 때의 Y(즉 101번째 날의 예측 종가)를 계산할 수 있습니다. 선형 회귀 모델은 구현이 간단하면서도 예측에 활용되는 수학적 관계가 명확하여 해석이 쉽다는 장점이 있습니다.

> **TIP** 선형 회귀(입력과 출력 사이의 관계를 직선으로 표현)는 데이터 속 패턴을 찾아서 직선 하나로 표현하는 방법입니다. 이 직선을 어떻게 그릴지 정할 때는, 실제 값(Y)과 우리가 예측한 값(예: 기계가 맞췄다고 생각하는 값) 사이의 차이(오차 : 예, 실제는 10인데, 예측은 8 → 오차는 2)를 최대한 작게 만드는 방향으로 결정합니다.
> 이때 직선은 수학적으로 기울기(w , 입력이 1 늘 때 결과가 얼마나 변하느냐)와 절편(b, 입력이 0일 때 결과값)이라는 두 숫자로 표현되는데, 이 숫자들을 조절하면서 오차가 가장 작아지도록 찾아내는 게 핵심이에요.
> 오차를 평가할 때는 보통 평균제곱오차(MSE, 오차들을 제곱해서 평균낸 값, 작을수록 좋음)라는 방식으로, "차이의 제곱"을 평균으로 계산한 값으로 판단합니다.
> 다행히도, 파이썬의 scikit-learn이라는 유명한 도구를 사용하면 이런 복잡한 계산은 모두 자동으로 처리되기 때문에, 우리는 데이터를 준비하고 → 학습시키고 → 예측 결과를 얻는 과정에만 집중하면 됩니다.

프로젝트 시스템 구조도

이제 본격적인 실습에 앞서, 우리가 만들 주가 예측 AI 시스템의 전체 처리 과정을 한눈에 살펴보겠습니다. 아래는 사용자가 웹에서 예측을 요청한 순간부터 결과가 화면에 표시되기까지의 흐름을 나타낸 구조도입니다. 이 도식은 머신러닝 기반 예측 시스템의 단계별 처리 과정과 각 구성 요소의 연동 관계를 시각적으로 보여줍니다. 이번 프로젝트는 크게 6단계로 이루어지며, 각 단계는 다음과 같습니다.

1단계 조건값 입력 (사용자 → Flask 서버)

사용자가 웹 브라우저(또는 모바일 앱)를 통해 예측에 필요한 조건값을 입력합니다. 여기서 조건값이란 예측할 종목의 코드(예: 삼성전자 005930.KS), 데이터 기간(예: 최근 5년치 또는 100일치), 예측 방법(예: 선형 회귀) 등을 의미합니다. 사용자가 웹 페이지에서 폼에 값을 입력하고 "예측하기" 버튼을 누르면, 이러한 정보가 Flask 서버로 전송됩니다. (참고: 웹에서 서버로 데이터를 보내는 방식에는 GET과 POST가 있는데, 일반적으로 폼 입력은 POST 방식으로 전송됩니다. 데이터는 JSON 형태나 HTML 폼 데이터 형태로 서버에 전달됩니다.)

2단계 주가 정보 요청 (Flask 서버 → Yahoo Finance API)

사용자 요청을 받은 Flask 서버는 조건값을 분석하여, yfinance 기반 코드로 Yahoo Finance API에 실시간 주가 정보를 요청합니다.

이 요청에는 사용자가 선택한 종목명, 기간 등이 포함되며, 외부 API 호출을 통해 서버는 주가 데이터(시가, 종가, 고가, 저가, 거래량 등)를 수신합니다.

TIP | yfinance

yfinance는 야후 파이낸스(Yahoo Finance)에서 주가 데이터를 쉽게 가져올 수 있게 도와주는 파이썬 도구입니다. 복잡한 웹 요청 없이도 종가, 시가, 거래량, 날짜별 가격 정보를 한 줄 코드로 받아올 수 있어 주가 예측에 자주 사용됩니다.

3단계 주가 정보 응답 (Yahoo Finance → Flask 서버)

Yahoo Finance 서버는 사용자가 요청한 조건에 맞는 주가 데이터를 되돌려줍니다.

이 데이터는 Pandas의 DataFrame 형태로 불러와 처리하며, 날짜별 주가 정보(시가, 종가, 거래량 등)가 포함되어 있습니다.

불러온 데이터는 이후 전처리와 모델 학습에 사용되며, Flask 서버의 메모리에 바로 저장하거나 CSV 파일로 저장할 수 있습니다.

특히, Yahoo Finance 서버를 자주 호출하면 간혹 접속이 차단되는 경우가 있어, 한 번 받은 데이터는 CSV 파일로 저장해두고, 이후에는 이 파일을 불러와 작업하는 방식으로 진행할 예정입니다.

TIP | Pandas DataFrame

엑셀 표처럼 생긴 데이터 구조입니다.

행(가로줄)과 열(세로줄)로 이루어져 있어, 표 형태의 데이터를 쉽게 다룰 수 있어요.

이름	나이	도시
김철수	25	서울
이영희	30	부산

이런 표를 코드로 다루려면 어렵지만, Pandas의 DataFrame을 사용하면 한 줄 코드로 쉽게 만들고 관리할 수 있어요. 그래서 데이터 분석이나 머신러닝에서 가장 많이 쓰는 기본 도구 중 하나입니다.

4단계 모델 학습 (Flask 서버 내부 처리)

전처리가 완료된 데이터로 머신러닝 모델을 학습시킵니다. 이번 프로젝트에서는 선형 회귀 모델을 사용합니다. 훈련용 데이터의 특징값(X)과 정답값(Y)을 가지고 모델을 학습하면, 모델은 데이터의 패턴을 학습하여 최적의 직선($Y = wX + b$)을 찾게 됩니다. 이 과정에서 모델은 앞서 설명한 대로 오차를 최소화하도록 매개변수를 조정합니다. 학습이 끝나면 모델은 저장해 두게 됩니다. (모델을 파일로 저장해 두면, 나중에 예측할 때 재학습 없이 바로 불러쓸 수 있어 편리합니다.)

주로 사용되는 처리 흐름

어제 가격(X) → 오늘 가격(y) 구조로 데이터 변환

scikit-learn을 활용한 학습 및 예측

예측된 결과 저장 및 출력 준비

이 단계에서는 예측 모델에 따라 코드가 다를 수 있으며, 필요한 라이브러리를 사전 설치해야 합니다.

5단계 예측 수행 및 시각화 결과 준비

모델 학습이 완료되면, 이제 가장 최근 날의 주가 데이터를 입력값으로 모델에 넣어 다음 거래일의 종가를 예측합니다. 예측 결과는 예측된 가격 수치와, 실제 값과의 비교 그래프 등으로 준비됩니다. 예를 들어, Flask 서버는 Matplotlib 등을 사용해 실제 종가 vs. 예측 종가를 보여주는 차트를 이미지 파일로 그리고, 예측된 가격 수치를 문자열로 준비할 것입니다. 이렇게 준비된 결과(텍스트 예측값과 차트 이미지)는 웹 페이지에 표시할 수 있는 형태로 저장되거나 변환됩니다.

6단계 예측 결과 응답 (Flask 서버 → 사용자 브라우저)

마지막 단계에서는 Flask 서버가 준비된 예측 결과를 HTML 페이지로 렌더링하여 사용자에게 응답합니다. Flask의 템플릿 렌더링 기능을 통해 HTML 파일에 예측값(숫자)과 이미지 차트를 동적으로 삽입하고, 그 완성된 HTML이 사용자 브라우저에 전달되는 것입니다. 사용자는 자신의 화면에서 예측된 내일의 주가와 그래프를 확인하게 됩니다.

이 그림은 사용자가 예측 조건을 입력하는 시점부터 결과가 시각화되어 출력되기까지의 전체 주가 예측 AI 작동 흐름을 도식화한 것입니다. 본 구조도를 통해 머신러닝 기반 예측 시스템의 단계별 처리 과정과 연동 구조를 명확히 이해할 수 있습니다.

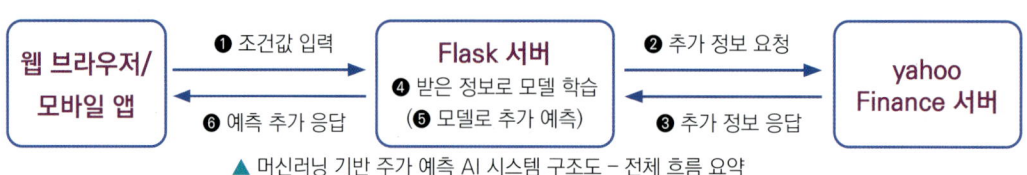

▲ 머신러닝 기반 주가 예측 AI 시스템 구조도 – 전체 흐름 요약

이제부터 Cursor 환경에서 AI 코딩 도우미를 활용하여 주가 예측 AI를 만들어보겠습니다. 프로젝트 폴더를 구성하고, 필요한 데이터를 불러온 뒤 선형 회귀 모델을 학습시키고, Flask 웹으로 예측 결과를 시각화하는 순서로 진행합니다. 차근차근 단계를 따라 해볼까요?

주가 예측 프롬프트 실습 따라하기

01 커서를 실행하고 그림과 같은 Open projects를 선택하고 ch07 폴더를 생성 및 선택을 합니다.

이는 이후 챗봇 코드 생성을 위한 작업 공간 설정 단계입니다. 개발자나 학습자는 이 폴더 내에서 AI 프롬프트로 생성된 코드 파일들을 체계적으로 관리할 수 있습니다.

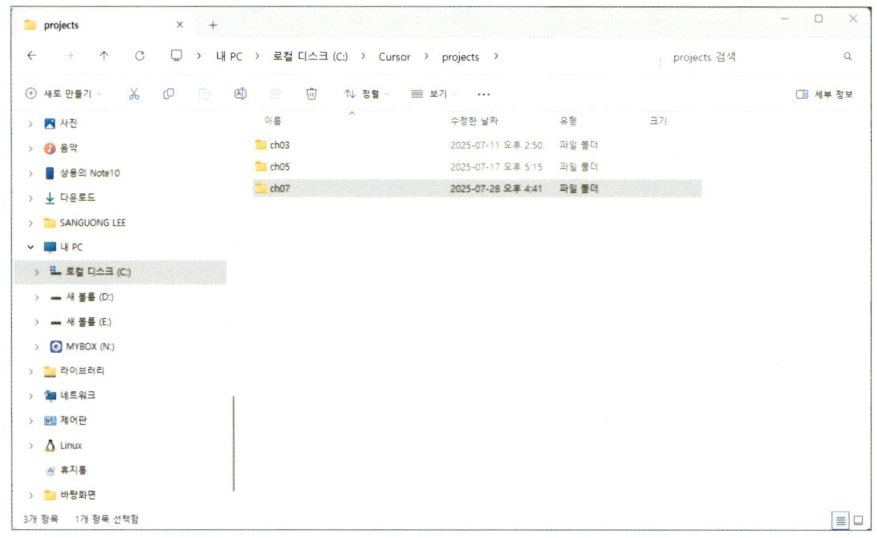

▲ Cursor에서 프로젝트 폴더 ch07 생성 및 선택 – AI 개발 첫걸음

02 이제 Cursor의 AI 도움을 받아 주가 예측 AI 코드를 만들어보겠습니다. Cursor 프로그램의 AI Pane에 있는 Add Context 입력란에 입력합니다.

> **프롬프트1**: Yahoo 파이낸스에서 삼성전자 주가의 최근 5년치 데이터를 가져오고, csv로 저장하는 파이썬 코드를 작성해줘

Cursor AI 도우미에게 삼성전자의 최근 5년간 주가 데이터를 가져와 CSV로 저장하라는 명령을 입력하는 장면입니다. 이는 주가 예측 프로젝트의 데이터 수집 파트를 자동화하기 위한 첫 단계입니다.

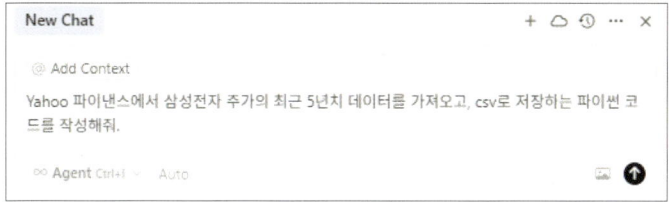

▲ AI에게 보내는 첫 번째 프롬프트 – 주가 데이터 불러오기 시작!

프롬프트를 입력하고 실행하면, AI가 곧바로 해당 요청에 맞는 코드를 생성하기 시작합니다. AI는 Python의 yfinance 라이브러리를 사용하여 지정한 종목의 주가 데이터를 다운로드하는 코드를 자동으로 작성합니다.

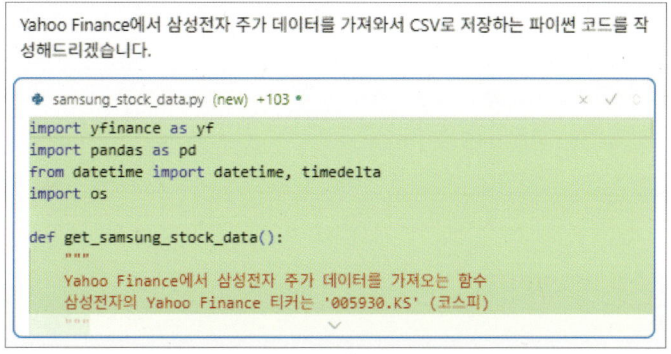

▲ AI가 주가 데이터 다운로드 코드를 생성하기 시작

프로젝트에 필요한 라이브러리를 requirements.txt 파일에 정리하고 있습니다. 나중에 해당 프로젝트를 다시 작업 할 때, 설치한 라이브러리를 미리 정리해두면 설치가 쉽습니다.

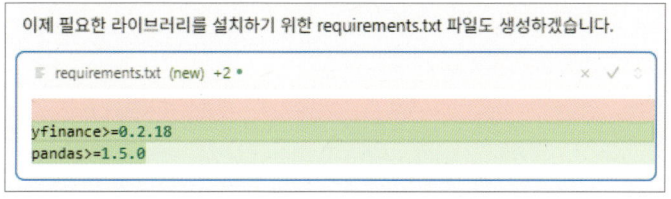

▲ requirements.txt 파일에 설치 라이브러리 정리

README.md 파일을 작성하는 화면입니다. 프로젝트에서 어떤 기능들을 하는지 설명서를 작성하는 부분입니다. 다시 프로젝트를 살펴볼 때, 핵심 요약집 같은 기능을 합니다.

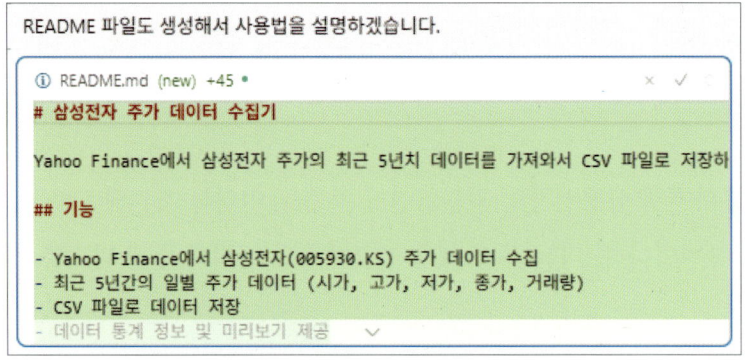

▲ AI가 README.md 파일에 프로젝트 관련 설명 작성

주요 특징과 사용방법에 대해서 안내를 해주고 있습니다.

▲ 주요특징과 사용방법에 대한 설명

❶ Run을 실행하면 프로젝트에 필요한 라이브러리를 설치합니다.

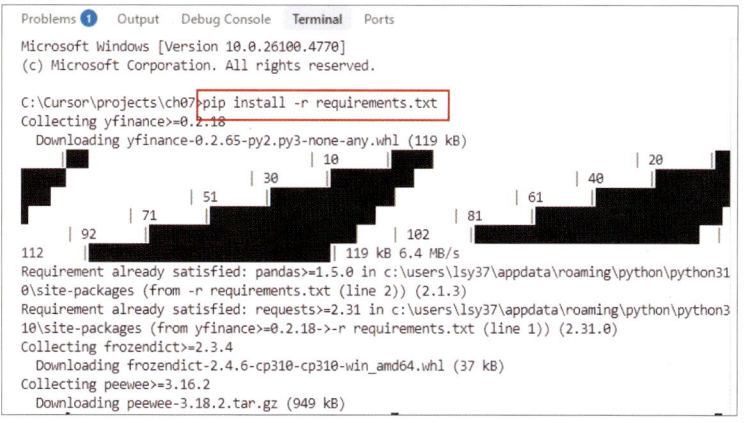

▲ 프로젝트에 필요한 라이브러리 설치

❷ Run을 실행하면 필요한 라이브러리 설치 후 AI가 생성한 코드를 다시 실행하여 주가 데이터를 성공적으로 가져온 화면입니다. 에러 없이 코드가 완전히 실행되어 최근 5년치 주가 데이터가 CSV 파일로 저장되었음을 확인할 수 있습니다.

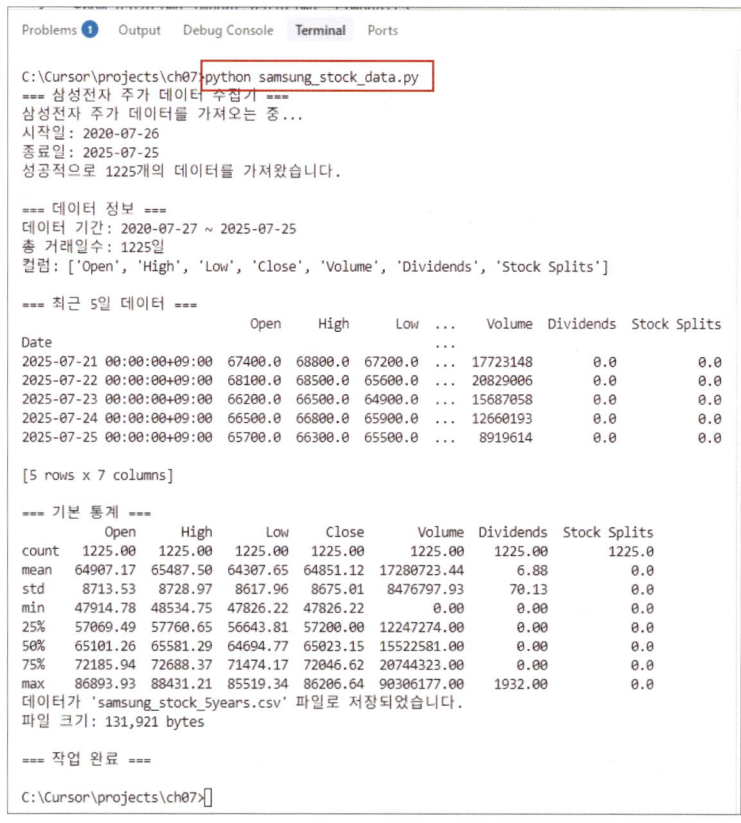

▲ 데이터 수집 후, 샘플 데이터 5개 콘솔에 출력

첫 번째 프롬프트 실행 결과로 생성된 코드 파일과 CSV 데이터 파일이 프로젝트 폴더에 나타난 모습을 보여줍니다. 폴더 구조 창에서 .py 코드 파일과 다운로드된 CSV 파일 등 새로운 산출물을 확인할 수 있어, AI가 작성한 코드가 실제 파일로 남았다는 것을 한눈에 볼 수 있습니다. 프로젝트에 결과물이 추가되는 이 순간은 매우 뿌듯합니다.

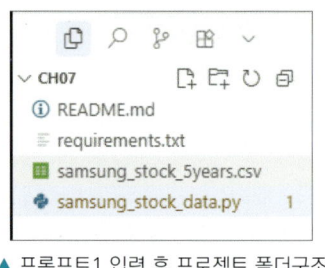

▲ 프롬프트1 입력 후 프로젝트 폴더구조

03 프롬프트2 입력

> **프롬프트 2**: 가져온 주가 데이터 파일에서 누락된 데이터(빈 칸)를 제거하고 훈련용과 테스트용으로 나누는 파이썬 코드를 작성해줘

두 번째 프롬프트로 AI에게 주가 예측을 위한 데이터를 정리하고, 훈련용과 테스트용으로 나누는 작업을 요청합니다.

▲ 데이터 전처리, 훈련용, 테스트용으로 분할하기 프롬프트 요청

가져온 주가 데이터에서 누락된 데이터를 제거하고 훈련용/테스트용으로 나누는 파이썬 코드를 작성 중입니다.

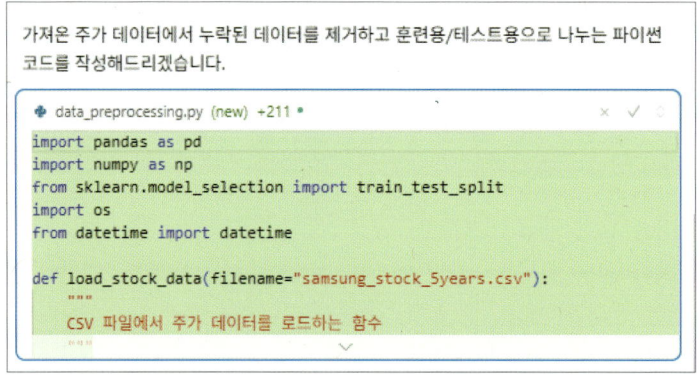

▲ 데이터 전처리, 훈련용, 테스트용으로 분할하기 실행하는 모습

데이터 처리를 하기위한 라이브러리 pandas, scikit-learn 를 requirements.txt 파알에 추가합니다.

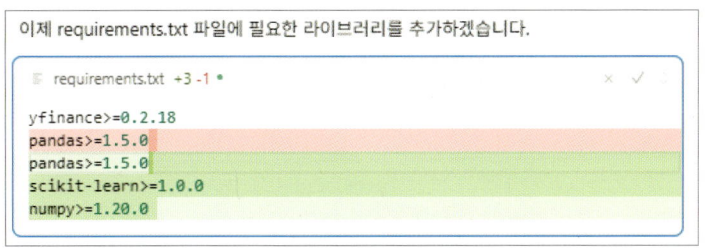

▲ requirements.txt 에 데이터 처리 라이브러리 추가

삼성전자 주가 데이터를 효율적으로 분석하고 예측 모델에 활용하기 위해, 먼저 데이터를 정리한 후 학습용과 테스트용으로 나누는 작업을 진행합니다.

이 과정은 프로젝트의 흐름을 이해하고 재사용할 수 있도록, README.md 파일에 단계별로 메모해 문서화합니다.

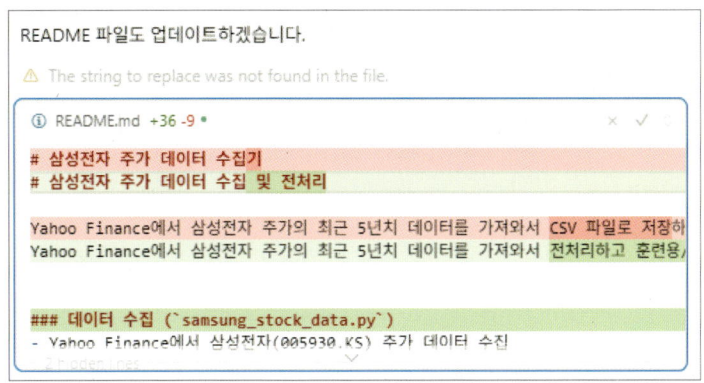

▲ README.md 파일에 작업 내용 메모하기

주가 예측 AI 모델을 만들기 위해, 수집한 원시 데이터를 분석과 학습에 적합한 형태로 정리하는 작업이 필요합니다. 이 과정에서는 누락된 데이터를 제거하고, 다양한 기술적 지표를 생성한 뒤, 모델 학습에 적합하도록 데이터를 분할하고 저장합니다.

아래는 이 과정을 단계별로 요약한 내용입니다.

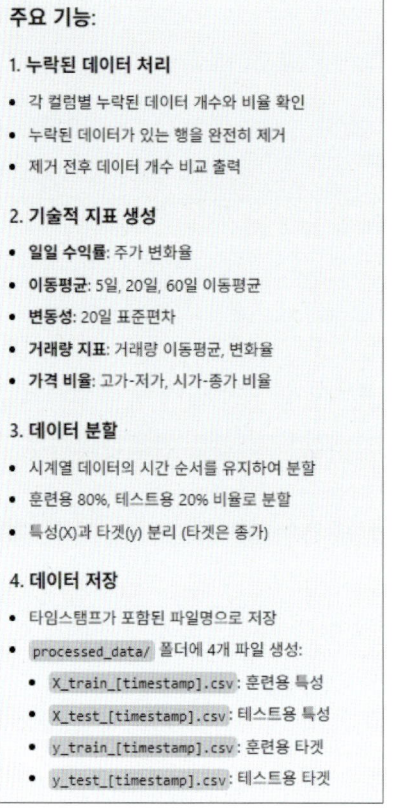

▲ 데이터 정리 및 분할을 위한 주요 기능 요약 화면

실습 과정에서 진행한 데이터 수집 및 전처리 작업은 README.md 파일에 정리해 기록해 두었습니다. 이 문서에는 주가 데이터를 가져오고 저장하는 흐름, 전처리 및 학습 준비 단계가 명확하게 기술되어 있어 프로젝트를 다시 열었을 때도 흐름을 쉽게 파악할 수 있습니다. 각 과정이 준비가 된 상태에서 파이썬 실행 준비 단계입니다.

▲ 데이터 전처리 실행 준비 단계

CSV 파일은 엑셀처럼 행과 열로 구성된 표 형식의 데이터 파일입니다.

하지만 일반 텍스트 에디터에서는 구분자가 보이지 않아 가독성이 떨어질 수 있습니다.

이때 사용하는 유용한 도구가 바로 Rainbow CSV입니다.

Rainbow CSV는 Visual Studio Code(VSCode)에서 CSV 파일을 컬러로 구분해주는 확장 기능입니다.

▲ CSV 파일 처리 도구 레인보우csv설치

수집한 주가 데이터를 머신러닝 모델이 학습하기 좋은 형태로 가공하기 위해 전처리 (preprocessing) 작업이 필요합니다. 이 단계에서는 결측값(누락된 값)을 제거하고, 기술적 지표를 생성한 뒤, 학습용/테스트용 데이터로 나누는 작업이 포함됩니다. 데이터를 전처리를 하는 파이썬 코드 실행합니다.

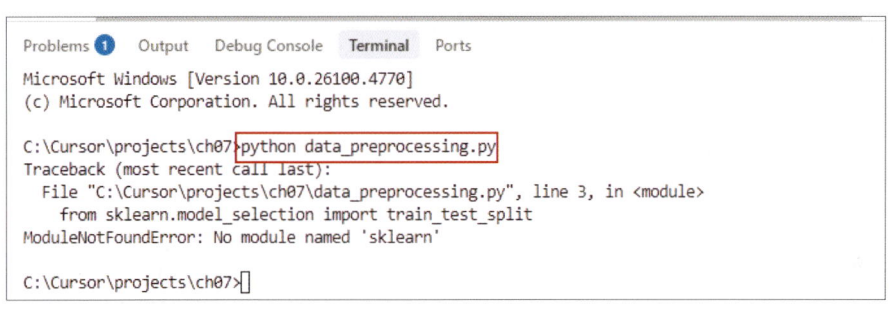

▲ 파이썬 전처리 코드 실행

ModuleNotFoundError: No module named 'sklearn'

전처리 작업을 실행하다 보면, 라이브러리 누락이나 잘못된 코드 등으로 인해 오류(Error)가 발생할 수 있습니다. 이런 경우, 에러 메시지를 전체 선택하여 복사한 뒤, 명령어 입력 패널에 붙여 넣으면, Cursor가 오류가 발생한 파일명과 줄 번호를 자동으로 인식하여 해당 코드 위치를 표시해줍니다. 이 기능을 활용하면 오류 발생 지점을 빠르게 파악하고 수정할 수 있어, 입문자도 디버깅에 큰 도움을 받을 수 있습니다.

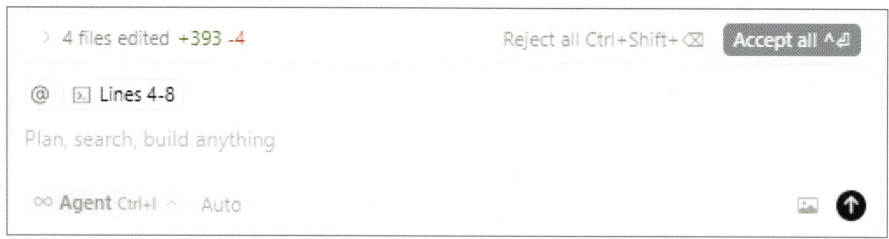

▲ 오류 내용을 복사하면 자동으로 해당 라인을 인식하는 모습

전처리 코드를 실행하는 도중, sklearn 모듈이 설치가 되지 않아서 오류가 발생했습니다. 자동으로 pip를 이용해서, requirements.txt 에 있는 라이브러리를 설치하는 화면입니다.

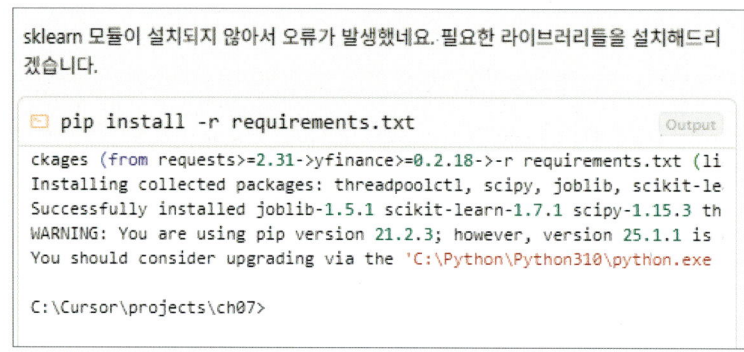

▲ requirements.txt 의 라이브러리를 다시 설치

TIP   pip이란?

pip(Pip Installs Packages)은 파이썬 패키지를 설치할 수 있는 공식 도구입니다.
파이썬에서 사용하는 다양한 외부 라이브러리(예: pandas, scikit-learn, numpy 등)를 간단한 명령어로 설치할 수 있게 해줍니다. pip은 파이썬의 앱스토어 같은 존재입니다.

모든 필수 라이브러리의 설치가 완료된 상태에서, 전처리 작업을 담당하는 파이썬 파일을 다시 실행한 모습입니다. 앞서 발생했던 모듈 관련 오류는 해결되었으며, 이제 코드가 정상적으로 동작하기 시작합니다.

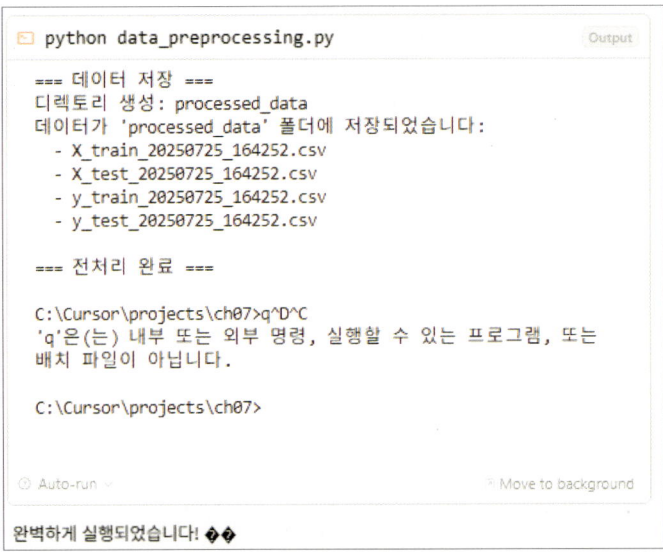

▲ 라이브러리를 재설치 후, 다시 데이터 전처리 성공

데이터 전처리 작업이 성공적으로 완료되었으며, 아래와 같이 데이터 처리 현황, 생성된 특성, 그리고 훈련/테스트 데이터 저장 결과가 정리되었습니다.

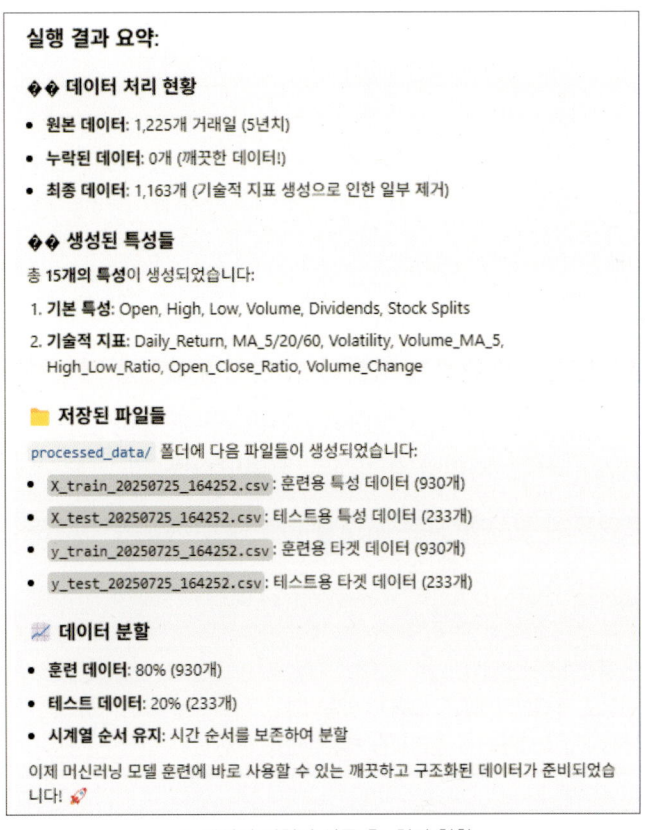

▲ 데이터 전처리 성공 후, 처리 현황

04 프롬프트3 입력

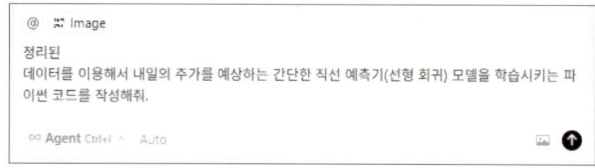

▲ 프롬프트3 명령어 입력

전처리를 마친 데이터를 바탕으로, 선형 회귀(Linear Regression) 모델을 통해 다음 날의 종가를 예측할 수 있도록 파이썬 코드 작성을 준비하는 화면입니다.

이 단계에서는 입력 데이터(X)와 정답 데이터(y)를 모델에 학습시키고, 예측 결과를 평가할 수 있도록 구현할 계획입니다.

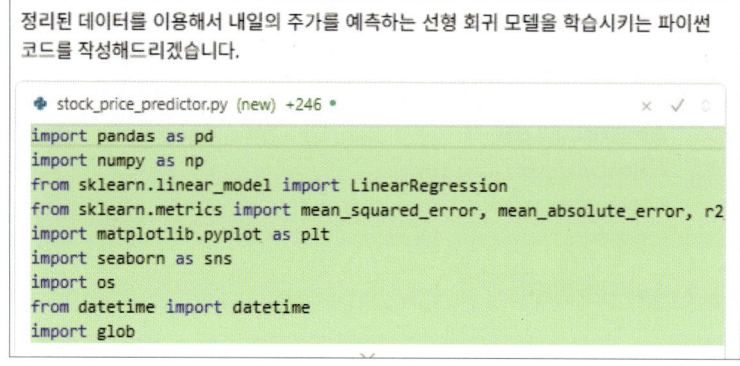

▲ 프롬프트 명령어 입력 후 과정2

이제 주가 예측 결과를 시각적으로 표현하기 위해, requirements.txt 파일에 matplotlib 및 seaborn과 같은 시각화 라이브러리를 추가하는 화면입니다.

이 과정을 통해 프로젝트에 필요한 모든 도구를 사전에 설치할 수 있도록 구성합니다.

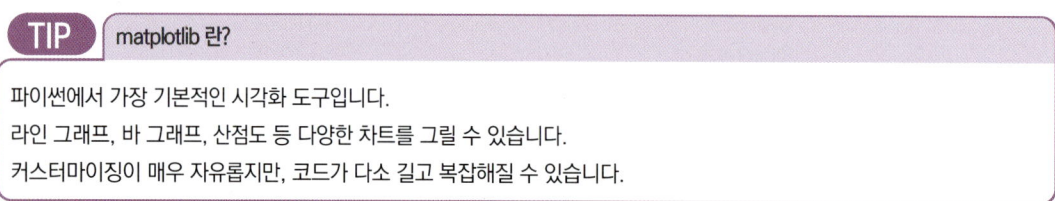

TIP matplotlib 란?

파이썬에서 가장 기본적인 시각화 도구입니다.
라인 그래프, 바 그래프, 산점도 등 다양한 차트를 그릴 수 있습니다.
커스터마이징이 매우 자유롭지만, 코드가 다소 길고 복잡해질 수 있습니다.

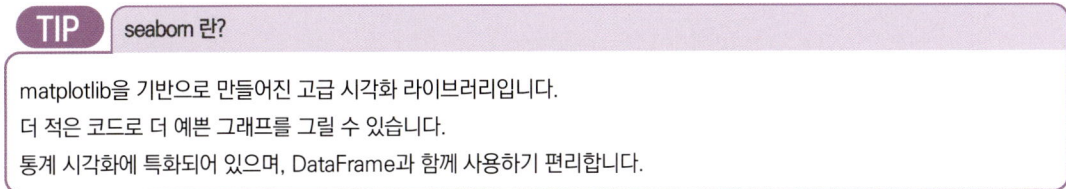

matplotlib을 기반으로 만들어진 고급 시각화 라이브러리입니다.

더 적은 코드로 더 예쁜 그래프를 그릴 수 있습니다.

통계 시각화에 특화되어 있으며, DataFrame과 함께 사용하기 편리합니다.

이제 requirements.txt 파일에 시각화를 위한 라이브러리를 추가하겠습니다.

```
F  requirements.txt  +3 -1 •                                     ×  ✓  ⟳

scikit-learn>=1.0.0
numpy>=1.20.0
numpy>=1.20.0
matplotlib>=3.5.0
seaborn>=0.11.0
```

▲ 프롬프트 명령어 입력 후 과정3

전처리와 모델 정의가 모두 완료되었으므로, 이제 모델을 실행해 주어진 데이터로 학습을 진행하고, 예측 결과를 출력하는 과정을 시작합니다.

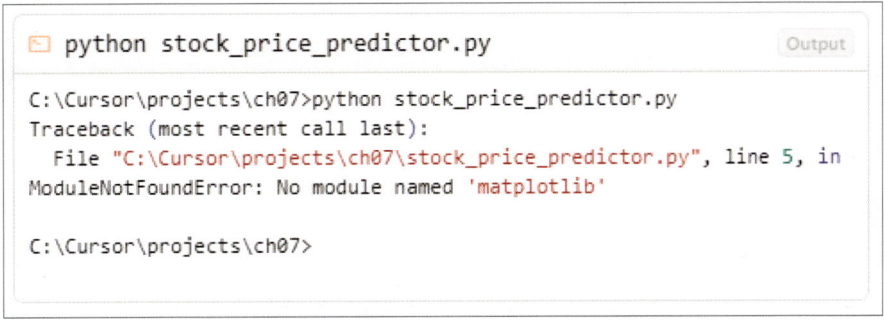

```
⊡  python stock_price_predictor.py                              Output

C:\Cursor\projects\ch07>python stock_price_predictor.py
Traceback (most recent call last):
  File "C:\Cursor\projects\ch07\stock_price_predictor.py", line 5, in
ModuleNotFoundError: No module named 'matplotlib'

C:\Cursor\projects\ch07>
```

▲ 모델을 동작하는 파이썬 코드 실행

주가 예측 결과를 그래프로 시각화하려면 matplotlib과 seaborn 같은 시각화 도구가 필요합니다. 해당 라이브러리가 시스템에 설치되어 있지 않으면 오류가 발생하게 되며, 이를 해결하기 위해 지금처럼 필수 시각화 라이브러리를 설치하는 작업이 진행됩니다.

```
[▣] pip install matplotlib seaborn                                    Output

(Trom seaborn) (2.1.3)
Requirement already satisfied: tzdata>=2022.1 in c:\users\lsy37\appdat
es (from pandas>=1.2->seaborn) (2025.2)
Requirement already satisfied: pytz>=2020.1 in c:\users\lsy37\appdata\
 (from pandas>=1.2->seaborn) (2025.2)
Requirement already satisfied: six>=1.5 in c:\users\lsy37\appdata\roam
om python-dateutil>=2.7->matplotlib) (1.17.0)
Installing collected packages: kiwisolver, fonttools, cycler, contourp
Successfully installed contourpy-1.3.2 cycler-0.12.1 fonttools-4.59.0
born-0.13.2
WARNING: You are using pip version 21.2.3; however, version 25.1.1 is
You should consider upgrading via the 'C:\Python\Python310\python.exe

C:\Cursor\projects\ch07>
```

▲ matplotlib , seaborn 설치

누락되었던 matplotlib, seaborn 등의 필수 라이브러리를 다시 설치한 뒤, 모델 학습 및 예
측 코드를 재실행하는 과정입니다. 이제 전처리된 데이터를 기반으로 선형 회귀 모델이 정상
적으로 작동하며, 예측 결과를 출력할 수 있습니다.

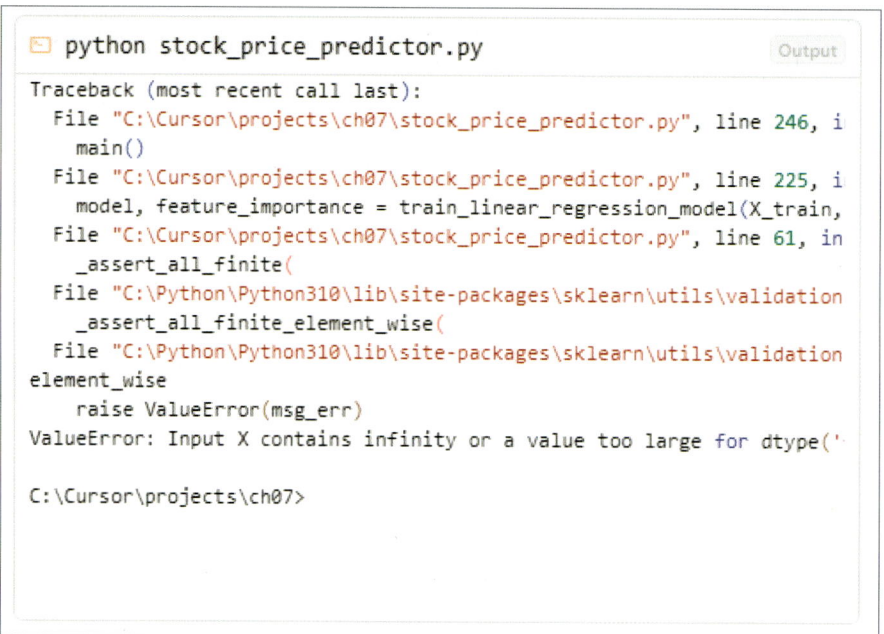

```
[▣] python stock_price_predictor.py                                   Output

Traceback (most recent call last):
  File "C:\Cursor\projects\ch07\stock_price_predictor.py", line 246, i
    main()
  File "C:\Cursor\projects\ch07\stock_price_predictor.py", line 225, i
    model, feature_importance = train_linear_regression_model(X_train,
  File "C:\Cursor\projects\ch07\stock_price_predictor.py", line 61, in
    _assert_all_finite(
  File "C:\Python\Python310\lib\site-packages\sklearn\utils\validation
    _assert_all_finite_element_wise(
  File "C:\Python\Python310\lib\site-packages\sklearn\utils\validation
element_wise
    raise ValueError(msg_err)
ValueError: Input X contains infinity or a value too large for dtype('

C:\Cursor\projects\ch07>
```

▲ 다시 모델을 실행하기

전처리된 데이터 중 일부에 너무 크거나 비정상적인 값이 포함되어 모델 실행 시 오류가 발생했습니다. 이를 해결하기 위해, 데이터를 다시 확인하고 이상값을 자동으로 감지하여 제거 또는 수정하는 함수를 새롭게 추가한 단계입니다.

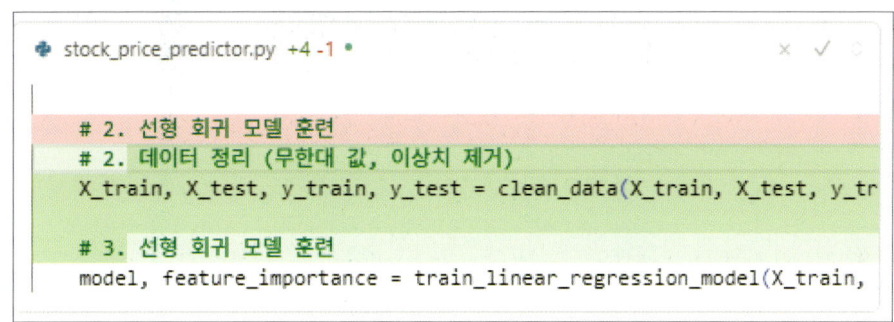

```python
def clean_data(X_train, X_test, y_train, y_test):
    """
    데이터에서 무한대 값과 이상치를 정리하는 함수
    """
    print("\n=== 데이터 정리 ===")

    # 무한대 값 확인
    print("무한대 값 확인:")
    for col in X_train.columns:
        inf_count = np.isinf(X_train[col]).sum()
```

▲ 이상치를 정리하는 함수 추가

앞에서 작성한 이상값 정리 함수를 실제 프로그램 실행 흐름에 포함시키기 위해, main() 함수 내부에서 해당 함수를 직접 호출하도록 코드 구조를 수정하는 단계입니다. 이렇게 하면 프로그램 실행 시마다 데이터 정리 작업이 자동으로 함께 수행됩니다.

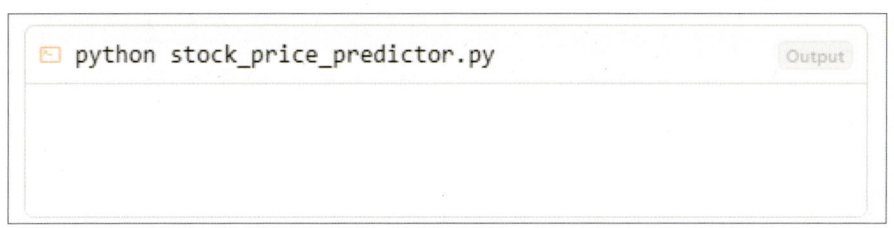

```python
    # 2. 선형 회귀 모델 훈련
    # 2. 데이터 정리 (무한대 값, 이상치 제거)
    X_train, X_test, y_train, y_test = clean_data(X_train, X_test, y_tr

    # 3. 선형 회귀 모델 훈련
    model, feature_importance = train_linear_regression_model(X_train,
```

▲ main 함수에서 데이터 정리 함수 호출

앞서 이상값 처리 함수와 main() 함수 수정이 완료되었기 때문에, 이제 전체 흐름을 다시 실행하여 모델이 정상적으로 동작하는지 확인하는 단계입니다. 학습 결과와 예측값이 출력되며, 모델의 성능을 다시 평가할 수 있습니다.

```
python stock_price_predictor.py                    Output
```

▲ 다시 모델 실행

모델 실행은 완료되었지만, 예측 결과를 출력하는 과정에서 predict_next_day 함수 내부에서 y_test 변수가 정의되지 않아 오류가 발생했습니다. 이 문제는 학습 데이터 분할 후 y_test를 함수로 전달하지 않거나, 전역으로 정의하지 않은 경우에 흔히 발생합니다. 지금은 이 변수를 올바르게 참조할 수 있도록 함수 정의 또는 호출부를 수정하는 작업을 진행 중입니다.

```
stock_price_predictor.py  +1 -1

def predict_next_day(model, X_test, feature_names):
def predict_next_day(model, X_test, y_test, feature_names):
    """
```

▲ y_test 변수가 정의되지 않은 오류 수정

함수 내부에서 발생한 오류를 해결한 뒤, main() 함수에서 해당 예측 함수를 정확한 형식으로 호출하도록 코드를 수정하는 단계입니다. 이 과정을 통해 전체 실행 흐름이 매끄럽게 연결되고, 예측 결과를 정상적으로 출력할 수 있게 됩니다.

```
stock_price_predictor.py  +1 -1

    # 6. 다음날 주가 예측
    predict_next_day(model, X_test, X_test.columns)
    predict_next_day(model, X_test, y_test, X_test.columns)
```

▲ main 함수에서 함수 호출 부분 수정

앞서 수정된 코드와 정리된 데이터를 기반으로 모델을 다시 실행하였고, 훈련이 성공적으로 완료되면서 예측 성능 지표와 함께 모델 결과가 출력된 화면입니다. 이 단계에서 모델의 학습 품질을 확인하고, 실제 예측값과의 차이를 평가할 수 있습니다.

```
python stock_price_predictor.py                    Output

  warnings.warn(
가장 최근 데이터 기준일: 2025-07-25 00:00:00+09:00
예측된 다음날 주가: 66,024원
예측 신뢰도: 낮음

=== 모델 훈련 완료 ===
📊 주요 결과:
  - 모델 정확도 (R²): -11.8396
  - 평균 예측 오차: 2,712원
  - 예측 오차 비율: 4.62%

C:\Cursor\projects\ch07>q^D^C
'q'은(는) 내부 또는 외부 명령, 실행할 수 있는 프로그램, 또는
배치 파일이 아닙니다.

C:\Cursor\projects\ch07>

 ⟳ Auto-run                          ✕ Move to background

완벽하게 실행되었습니다 👏
```

▲ 모델 훈련 결과 화면

이 화면은 모델 실행이 완료된 후 출력된 결과 요약 화면입니다. 데이터가 어떻게 정리되었는지, 모델의 성능은 어느 정도인지, 어떤 입력 특성이 예측에 가장 큰 영향을 미쳤는지 등을 정리해 보여줍니다. 또한 예측된 다음 날의 주가와 함께, 결과로 저장된 CSV 파일들의 목록도 확인할 수 있어 전체 흐름을 정리하는 데 유용합니다.

◆◆ 모델 실행 결과 요약:

◆◆ 데이터 정리 현황

- **무한대 값:** Volume_Change에서 8개 발견 및 처리
- **이상치 제거:** 총 75개의 이상치를 중앙값으로 대체
  - Volume: 16개, Dividends: 15개, Daily_Return: 8개 등

◆◆ 모델 성능

- **결정 계수 (R²):** -11.8396 (음수는 모델이 데이터를 잘 설명하지 못함을 의미)
- **평균 절대 오차:** 2,712원
- **예측 오차 비율:** 4.62%
- **예측 신뢰도:** 낮음

📈 특성 중요도 (상위 4개)

1. Daily_Return: 14,996.83 (일일 수익률이 가장 중요)
2. Volatility: 10,399.06 (변동성이 두 번째로 중요)
3. Open_Close_Ratio: -1,287.12 (시가-종가 비율)
4. Dividends: -527.93 (배당금)

◆◆ 다음날 주가 예측

- **예측 주가:** 66,024원
- **기준일:** 2025-07-25
- **신뢰도:** 낮음 (R²이 음수이므로)

📁 생성된 파일들

- `results/prediction_results_20250725_165944.png` : 예측 결과 시각화
- `results/feature_importance_20250725_165951.csv` : 특성 중요도
- `results/model_performance_20250725_165951.csv` : 성능 지표

▲ 모델 실행 결과 요약

이 화면은 현재 우리가 만든 선형 회귀 모델이 어떤 결과를 보여주는지 요약한 것입니다. 여기에는 모델의 한계점, 개선할 수 있는 방향, 그리고 이 모델이 어떤 의미를 가지는지도 함께 확인할 수 있습니다.

◆◆ 분석 결과:

1. **선형 회귀의 한계:** 주가 예측은 매우 복잡한 문제로, 단순한 선형 모델로는 한계가 있습니다.
2. **개선 방향:**
   - 더 복잡한 모델 (랜덤 포레스트, LSTM 등) 사용
   - 더 많은 특성 추가 (뉴스 감정, 경제 지표 등)
   - 시계열 특성을 고려한 모델링
3. **현재 모델의 의미:** R²이 음수인 것은 선형 회귀가 이 데이터에 적합하지 않음을 의미합니다.

그래도 기본적인 주가 예측 파이프라인이 완성되었습니다! 🚀

▲ 분석 결과

이 분석 결과를 통해 다음과 같은 내용을 확인할 수 있습니다.

실제값과 예측값의 비교:

모델이 얼마나 정확하게 예측했는지를 눈으로 비교할 수 있습니다. 예측값이 실제값과 얼마나 비슷한지 한눈에 볼 수 있습니다.

시간 흐름에 따른 주가 예측 추세:

시간대별로 주가가 어떻게 예측되었는지 확인할 수 있어, 미래의 흐름을 가늠하는 데 도움이 됩니다.

예측 오차 분포:

예측이 실제보다 얼마나 벗어났는지를 분포 형태로 볼 수 있어, 모델의 안정성과 신뢰도를 판단할 수 있습니다.

시간에 따른 예측 오차 변화:

특정 시점에서 예측이 더 잘 맞았는지, 혹은 오차가 컸는지를 확인할 수 있어 모델이 어느 시점에 약한지를 분석할 수 있습니다.

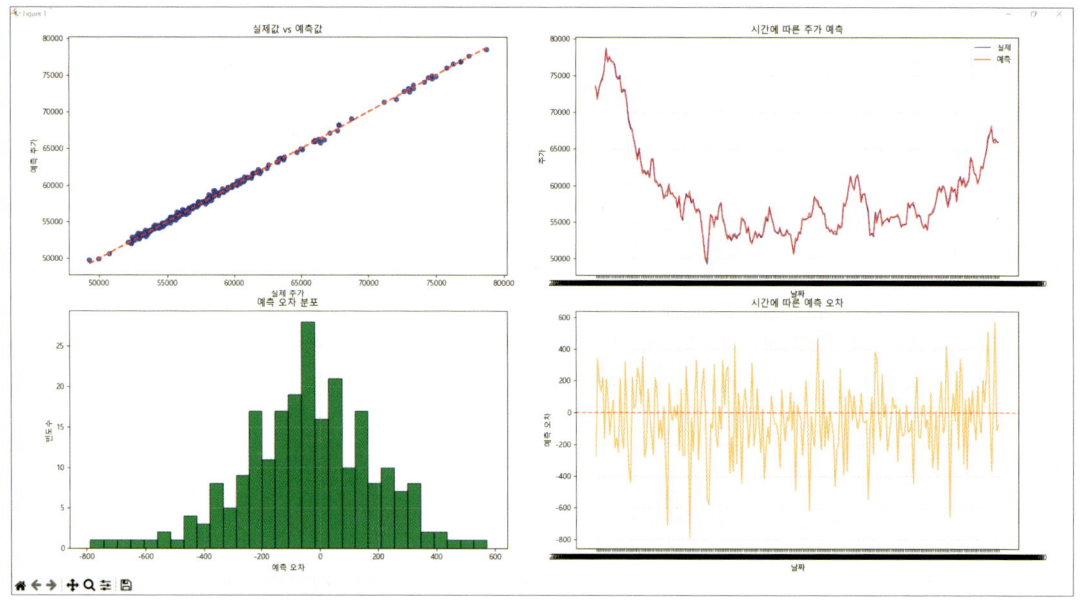

▲ 분석 결과 그래프

이 화면은 모델의 예측 결과를 시각적으로 표현한 그래프들과 함께, 전체 프로젝트의 구성 및 파일 구조를 보여줍니다. 프로젝트에 포함된 주요 파일과 폴더를 한눈에 볼 수 있어, 코드, 데이터, 모델 파일이 어떤 방식으로 정리되어 있는지 이해하는 데 도움이 됩니다.

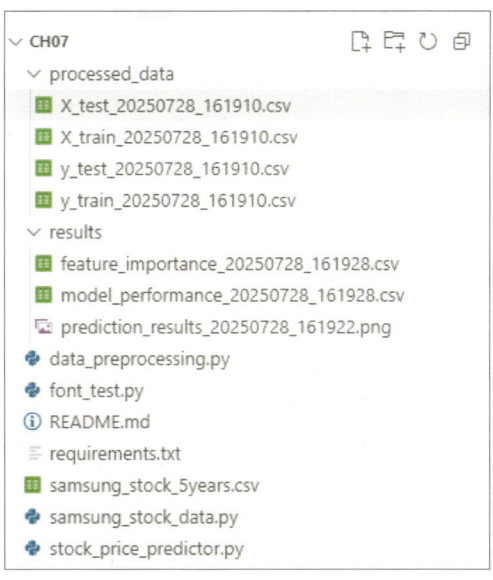

▲ 분석 결과 시각화 후 프로젝트 구조

앞에서 우리는 준비된 데이터를 활용해 모델을 학습하고, 성능을 평가한 뒤, 다음 날의 주가를 예측하고 그 결과를 그래프로 시각화해 보았습니다. 이제 전체 과정이 정상적으로 잘 동작하는 것을 확인했으므로, 이번에는 학습된 모델을 활용해 실제로 내일의 주가를 예측하는 파이썬 코드를 작성해 보겠습니다.

05 프롬프트4 입력

프롬프트4 : 훈련된 모델을 사용해서 내일의 주가를 예측하는 파이썬 코드를 작성해줘.

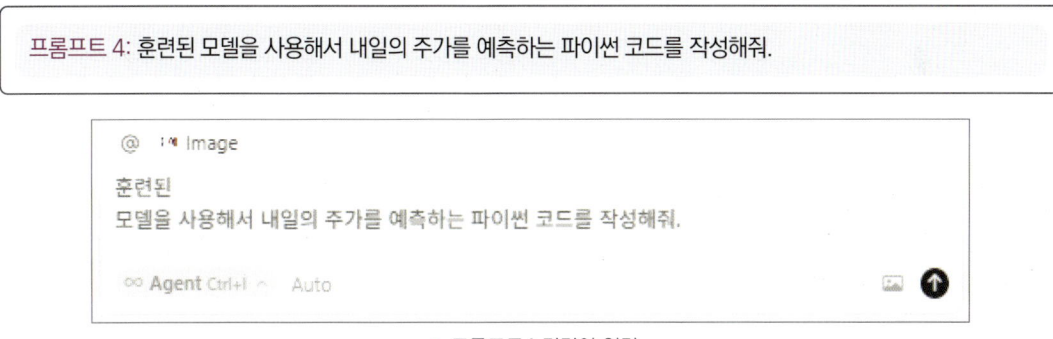

▲ 프롬프트4 명령어 입력

이 화면에서는 앞서 학습시킨 모델을 불러와, 예측에 필요한 데이터를 준비하고, 내일의 주가를 예측하는 파이썬 코드를 작성하는 과정을 보여줍니다.

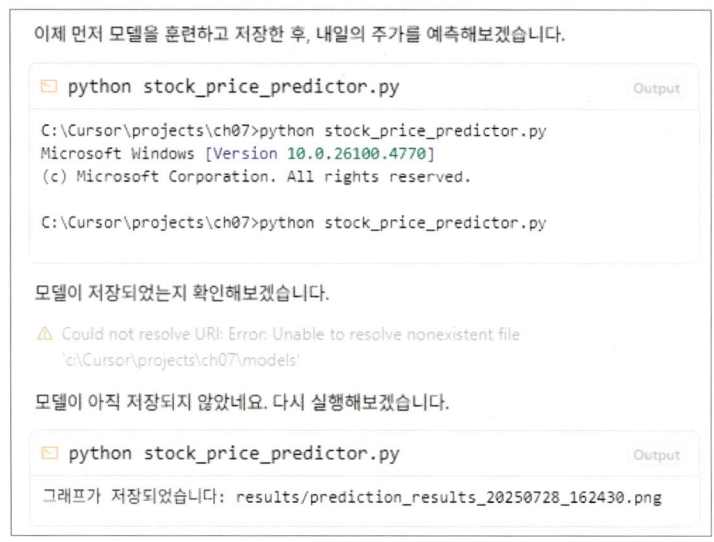

```
predict_tomorrow.py  +252  ✓
import os
import glob
import numpy as np
import pandas as pd
import matplotlib.pyplot as plt
from datetime import datetime, timedelta
from sklearn.linear_model import LinearRegression
import pickle
import warnings
warnings.filterwarnings('ignore')  ∨
```

▲ 훈련된 모델을 활용한 주가 예측 코드 작성

훈련된 모델을 저장하는 기능 추가 화면입니다. 학습이 완료된 모델을 저장하는 코드를 stock_price_predictor.py 파일에 추가하는 과정을 보여줍니다. 모델을 저장해두면 이후 예측 단계에서 재학습 없이 빠르게 모델을 불러와 실시간 예측에 활용할 수 있습니다. 또한, 학습 결과를 보존할 수 있어 재현성(reproducibility) 측면에서도 중요합니다.

이제 먼저 모델을 훈련하고 저장한 후, 내일의 주가를 예측해보겠습니다.

```
📋 python stock_price_predictor.py                    Output

C:\Cursor\projects\ch07>python stock_price_predictor.py
Microsoft Windows [Version 10.0.26100.4770]
(c) Microsoft Corporation. All rights reserved.

C:\Cursor\projects\ch07>python stock_price_predictor.py
```

모델이 저장되었는지 확인해보겠습니다.

⚠ Could not resolve URI: Error: Unable to resolve nonexistent file 'c:\Cursor\projects\ch07\models'

모델이 아직 저장되지 않았네요. 다시 실행해보겠습니다.

```
📋 python stock_price_predictor.py                    Output

그래프가 저장되었습니다: results/prediction_results_20250728_162430.png
```

▲ 훈련된 모델을 이용한 내일의 주가를 예측하는 코드 실행

모델을 이용해 내일의 주가를 예측하는 과정에서 오류가 발생하여 예측이 정상적으로 수행되지 않았습니다. 모델 학습과 저장은 정상적으로 이루어졌습니다. 하지만 예측 단계에서 예기치 않은 오류가 발생해, 내일의 주가를 출력하지 못한 상황입니다.

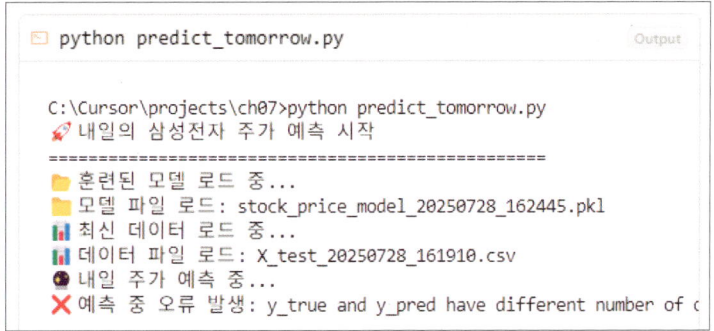

▲ 예측 중 오류 발생

이 화면은 예측 과정에서 발생한 오류 메시지를 복사해 채팅창에 붙여 넣었을 때, 해당 오류가 발생한 코드 라인을 정확히 인식하고 표시하는 모습을 보여줍니다. 이를 통해 사용자는 다음과 같은 작업이 가능해집니다.

오류 위치 정확히 파악:

어떤 파일의 몇 번째 줄에서 문제가 발생했는지 한눈에 확인할 수 있습니다.

오류 원인 분석 시작점 제공:

오류 메시지를 기반으로 변수 상태나 데이터 흐름을 추적할 수 있습니다.

빠른 디버깅 가능:

복잡한 코드 속에서도 정확한 라인에 주목해 문제를 빠르게 해결할 수 있습니다.

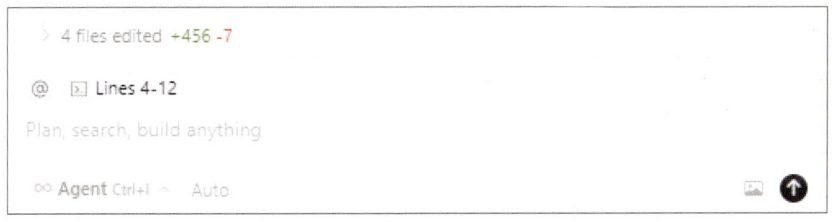

▲ 오류가 난 부분 채팅창에 복사하기

훈련된 모델 기반 내일의 주가 예측 코드 완성 화면은 이전에 저장한 학습된 모델을 불러와, 내일의 주가를 예측하는 전체 코드가 완성된 모습을 보여줍니다. 또한, 예측 결과 출력과 주요 기능 수행이 정상적으로 작동하는 예시 화면도 함께 나타납니다.

▲ 주요 기능, 예측 결과 예시

코드 특징 및 사용 방법 안내 화면은 주가 예측 프로젝트에서 사용하는 코드의 주요 기능과 구조, 그리고 모델을 학습하고 내일의 주가를 예측하는 전체 사용 절차를 보여줍니다.

▲ 코드 특징과 사용방법 안내

작업 중 생성된 파일 확인 화면은 주가 예측 프로젝트를 진행하면서 자동으로 생성된 주요 파일들을 확인하는 장면을 보여줍니다. 코드 실행 후 저장된 결과물들이 어떤 파일로 생성되었는지 한눈에 파악할 수 있습니다.

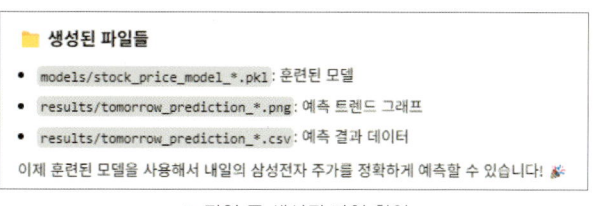

📁 **생성된 파일들**

- `models/stock_price_model_*.pkl`: 훈련된 모델
- `results/tomorrow_prediction_*.png`: 예측 트렌드 그래프
- `results/tomorrow_prediction_*.csv`: 예측 결과 데이터

이제 훈련된 모델을 사용해서 내일의 삼성전자 주가를 정확하게 예측할 수 있습니다! 🎉

▲ 작업 중 생성된 파일 확인

예측 결과 시각화 화면 (실제값 vs 예측값, 시간 흐름, 오차 분포 포함) 이 화면은 모델을 이용해 예측한 결과를 다양한 그래프로 시각화한 장면을 보여줍니다. 그래프를 통해 모델의 성능을 직관적으로 분석할 수 있습니다.

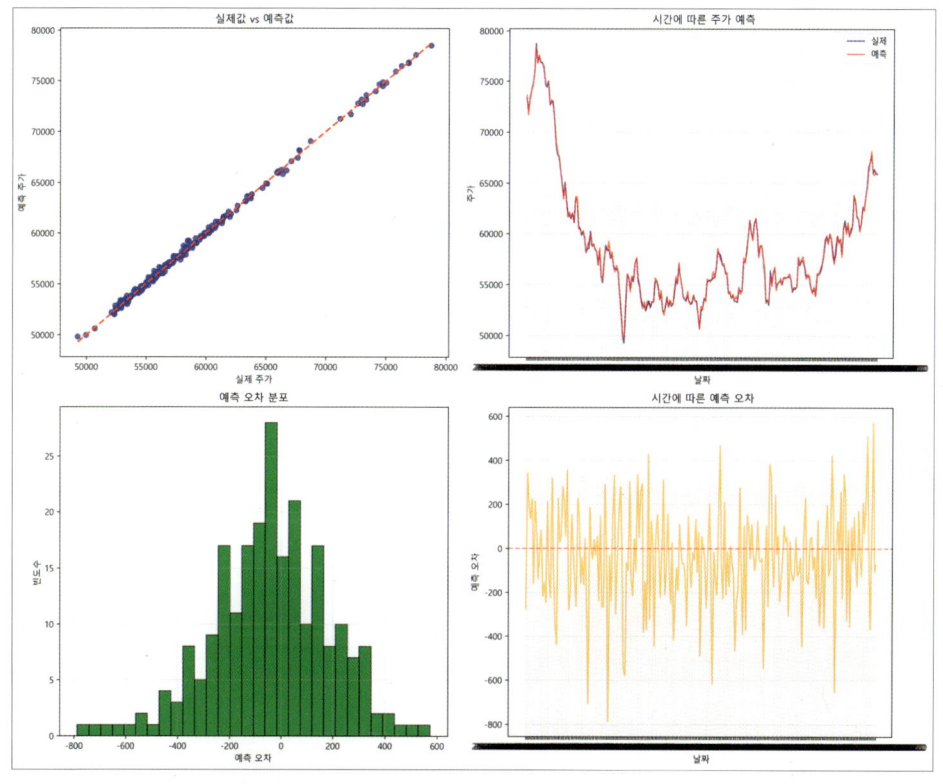

▲ 모델을 이용한 결과 그래프

삼성전자 주가 예측 트렌드 결과 그래프 화면은 예측한 결과를 시각적으로 표현한 트렌드 그래프입니다. 과거 주가 데이터와 예측된 흐름을 비교하며, 모델이 예측한 주가의 변화 추세를 한눈에 확인할 수 있습니다.

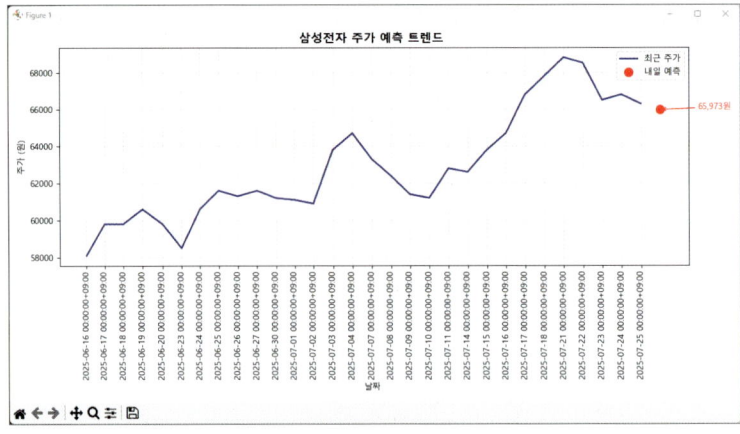
▲ 삼성전자 주가 예측 트렌드 결과 그래프

이제 학습과 예측 과정을 모두 마친 완성된 주가 예측 모델을 Flask 웹 서버에 연동하여, 사용자가 웹 화면에서 직접 삼성전자 주가를 예측해 볼 수 있는 단계로 넘어갑니다.

06 프롬프트5 입력

> 프롬프트 5: Flask를 사용해서 예측한 주가 결과를 웹 페이지로 보여주는 파이썬 코드를 작성해줘.

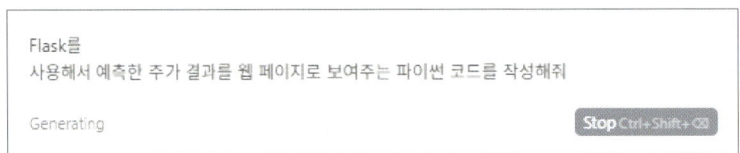
▲ 프롬프트5 명령어 입력

Flask 웹 프레임워크를 사용해, 주가 예측 결과를 사용자에게 웹 페이지로 보여주는 기능을 구현하는 과정을 보여줍니다. 이제 사용자는 별도의 코드 실행 없이 웹 브라우저를 통해 예측된 주가를 직접 확인할 수 있습니다.

```python
from flask import Flask, render_template, request, jsonify, send_file
import os
import glob
import numpy as np
import pandas as pd
import matplotlib.pyplot as plt
from datetime import datetime, timedelta
import pickle
import warnings
import base64
```

▲ Flask를 사용하는 코드 작성

Flask 서버와 연동되는 웹 페이지를 만들기 위해 HTML 템플릿 파일을 작성하는 과정을 보여줍니다. 템플릿 파일은 주로 templates 폴더 내에 저장되며, 사용자의 입력 폼과 예측 결과를 시각적으로 표현합니다.

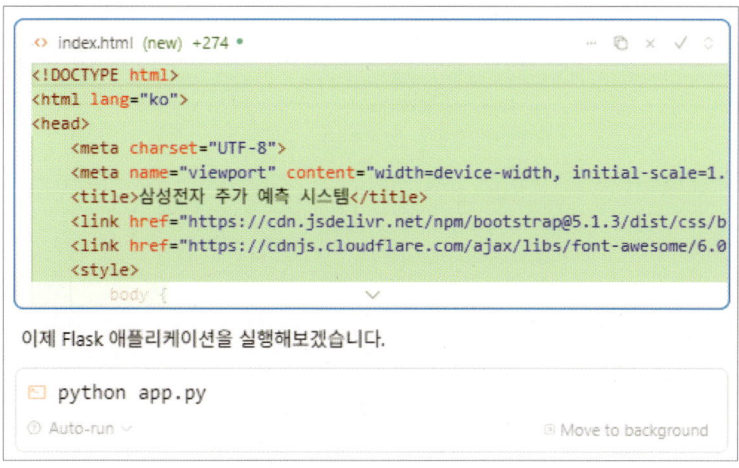

▲ 화면에 보여줄 HTML 템플릿 작업

Flask 웹 서버가 백그라운드에서 실행되고 있는 상태와 함께, 프로젝트 구성에 필요한 파일들(requirements.txt, README.md)을 작성하는 과정을 보여줍니다.

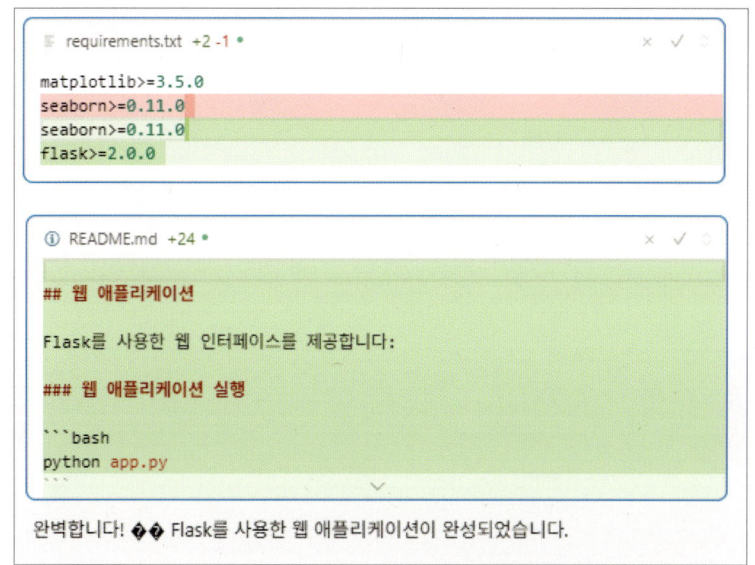

▲ Flask 라이브러리 추가 및 사용법 메모

삼성전자 주가 예측 기능을 제공하는 Flask 기반 웹 애플리케이션이 성공적으로 완성된 상태를 보여줍니다. 사용자는 이제 웹 브라우저를 통해 주가 예측 결과를 입력하고 바로 확인할 수 있습니다.

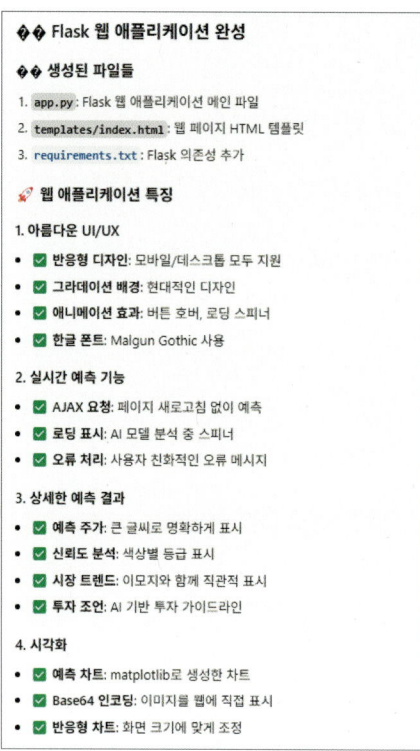

▲ Flask 웹 애플리케이션에 대한 설명

완성된 웹 애플리케이션의 사용 절차와 사용자에게 보여지는 웹 페이지 구성 요소를 설명하는 내용을 담고 있습니다.

▲ 사용방법, 웹 페이지 구성

주가 예측 Flask Web 실행하기

app.py 파일을 실행하여 Flask 웹 서버가 정상적으로 실행된 상태를 보여줍니다. 콘솔에는 서버 상태, 실행 환경, 접속 주소 등의 정보가 출력됩니다.

▲ Flask 서버 정상 실행 결과

웹 브라우저에서 http://127.0.0.1:5000 주소로 접속하여, Flask 서버의 루트 경로(/)에 연결된 index.html 템플릿이 정상적으로 표시된 장면을 보여줍니다.

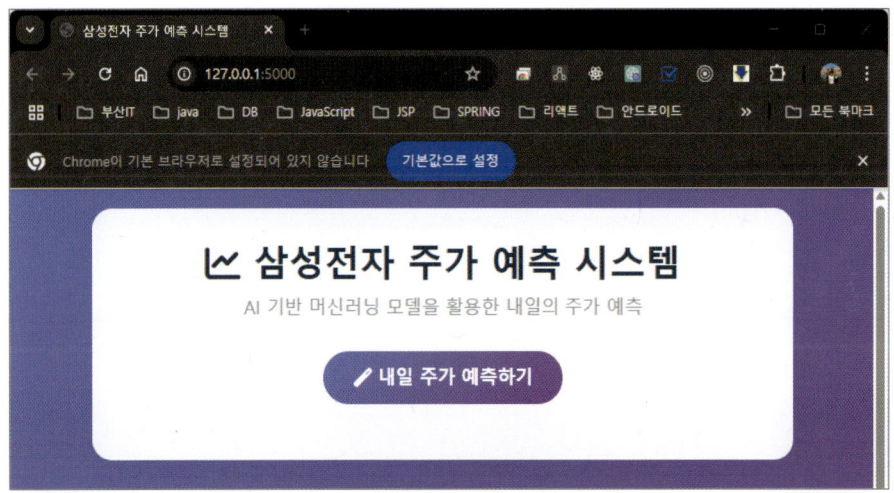

▲ index.html 화면에 접근

사용자가 웹 폼에 주가 관련 데이터를 입력하고 "예측하기" 버튼을 클릭한 뒤, Flask 서버가 훈련된 모델을 통해 계산한 내일의 삼성전자 주가 예측 결과를 웹 페이지에 출력한 상태를 보여줍니다.

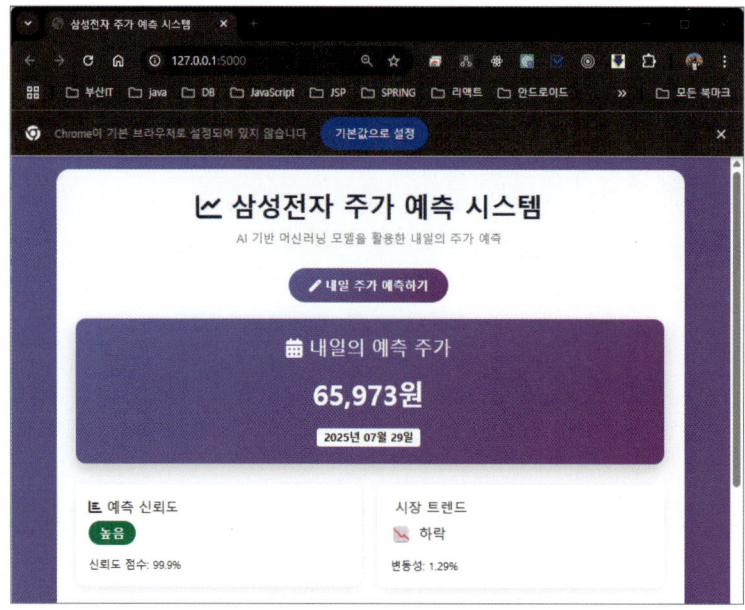

▲ Flask 서버를 이용한 주가 예측

Flask 웹 애플리케이션을 통해, 삼성전자 주가의 과거 흐름과 내일의 예측값이 그래프 형태로 시각화되어 웹 페이지에 표시되는 장면입니다. 사용자는 브라우저를 통해 시간에 따른 주가 변화와 모델이 예측한 트렌드를 직관적으로 확인할 수 있습니다

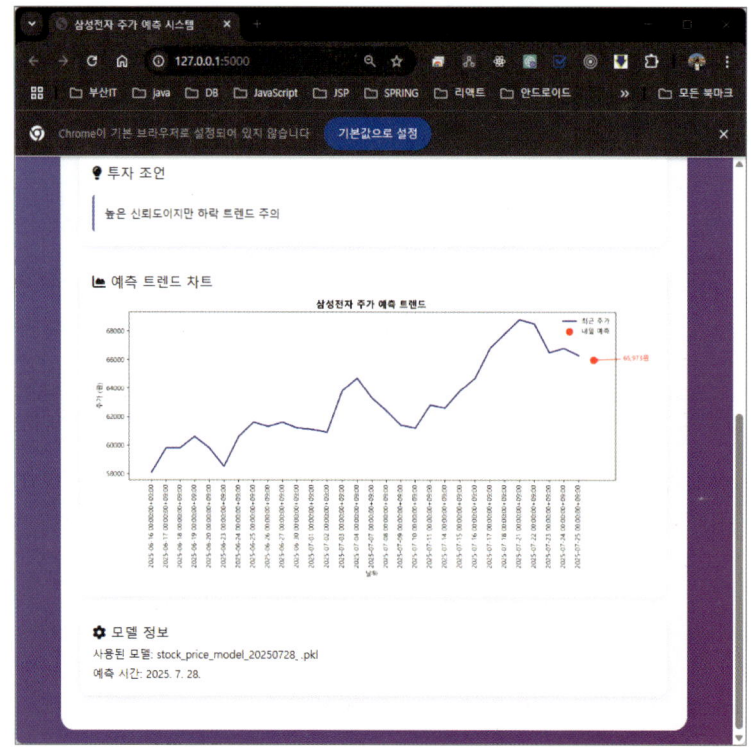

▲ 주가 예측 트렌드 결과 화면

모델 학습부터 웹 예측 인터페이스까지 통합된 최종 프로젝트의 디렉터리 및 파일 구조를 보여줍니다. 각 폴더와 파일은 특정한 역할을 수행하며, 전체 흐름을 깔끔하게 정리한 결과입니다.

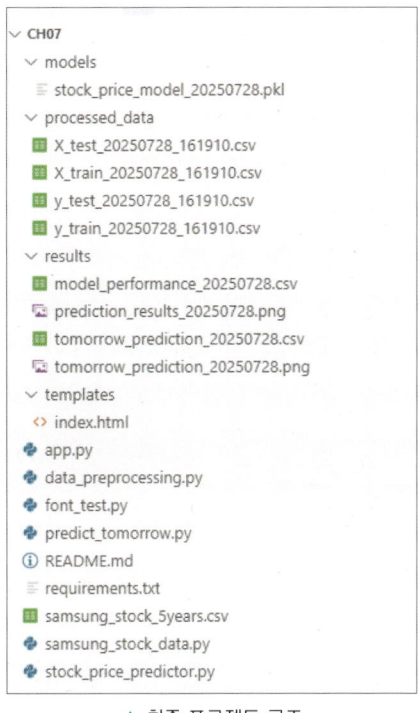

▲ 최종 프로젝트 구조

이번 장에서는 선형 회귀를 활용한 주가 예측 AI를 처음부터 끝까지 구현했습니다. 5년간의 주가 데이터를 준비하여 간단한 특징 추출(어제 대비 오늘)로 머신러닝 모델을 학습하고, 그 결과를 Flask 웹 페이지에 시각화하는 전체 흐름을 경험했습니다.. 이를 통해 데이터 수집부터 모델 학습, 그리고 서비스 구현에 이르는 일련의 과정을 맛보셨기를 바랍니다.

물론 여기서 만든 모델은 매우 기본적인 선형 회귀에 불과합니다. 실제 주가 예측은 훨씬 복잡하고 어려운 문제이며, 더 정교한 모델링이 필요합니다. 하지만 선형 회귀 모델로도 주가 추세의 일부를 포착할 수 있었고, 머신러닝 프로젝트의 기본 사이클(데이터 준비 → 학습 → 예측 → 평가/시각화 → 웹 서버 배포)을 체험한 것이 큰 의미입니다.

집값 예측

학습 개요

이번 장에서는 서울 지역 아파트 실거래 데이터를 활용하여 집값 예측 AI를 만들어봅니다. 실습을 통해 선형 회귀(Linear Regression) 모델을 학습시키고, 이를 이용해 사용자가 입력한 조건(예: 면적, 건축 연도, 위치 등)에 따른 예상 거래 가격을 예측해 볼 것입니다. 예측한 결과는 Flask 웹 애플리케이션 형태로 구현하여, 웹 페이지에서 사용자가 직접 입력한 조건에 대한 예상 거래가격을 실시간으로 확인할 수 있도록 구성합니다. 이 과정을 통해 데이터 수집 → 전처리 → 모델 학습 → 예측 결과 시각화 → 웹 서비스 구현에 이르는 전체 흐름을 입문자도 따라하며 실전 AI 개발을 체험해 보는 것이 목표입니다.

학습 목표

1 부동산 데이터 및 예측 개념 이해: 서울 아파트 실거래가 데이터와 같은 구조적·정형 데이터의 특성을 이해하고, 이러한 데이터를 활용한 가격 예측 모델이 어떻게 가격 흐름을 추정하는지 학습합니다.

2 선형 회귀 모델의 원리와 적용: 선형 회귀(Linear Regression) 모델의 기본 원리(기울기와 절편 개념)를 배우고, 면적·층수·건축 연도 등 부동산 속성을 바탕으로 거래가격을 예측하는 방식을 이해합니다.

3 파이썬을 활용한 데이터 수집 및 전처리: 서울 열린 데이터 광장에서 부동산 거래 데이터를 불러오고, 결측치(누락된 값)제거, 이상값(튀는 값) 처리, 정규화(범위 조정) 등 모델 학습 전 데이터 준비 과정을 실습합니다.

4 scikit-learn을 활용한 예측 모델 학습: 정제된 데이터를 기반으로 scikit-learn 라이브러리를 활용해 선형 회귀 모델을 학습시키고, 사용자 입력값에 따른 가격을 예측합니다.

5 Matplotlib을 이용한 결과 시각화: 예측 결과와 실제 거래가를 그래프와 차트로 시각화하여, 모델 성능을 눈으로 확인하고 예측 오차(실제값과 예측값의 차이)를 분석합니다.

6 Flask 웹 서버를 활용한 예측 서비스 구현: 학습된 모델을 Flask 웹과 연결하여, 사용자가 입력한 조건으로 예측을 수행하고 웹 화면에 예측 결과와 그래프를 출력하는 간단한 웹 서비스를 구현합니다.

아파트 가격 예측 개념 소개 (서울 실거래 예시)

국토교통부 실거래가 공개시스템이나 서울 열린 데이터 광장 등을 통해 공개되는 아파트 실거래가 데이터에는 아파트 실제 거래 가격(거래금액)과 거래 시점, 위치(자치구/동), 면적, 건축 연도(연식) 등의 정보가 담겨 있습니다. 일반적으로 아파트 가격에는 여러 요인이 영향을 미치는데, 그 중 전용면적(집의 크기), 위치(어느 지역인가), 그리고 건축 연도(지은 지 얼마나 되었는가)가 중요한 요소로 꼽힙니다. 면적이 넓을수록 가격이 높게 형성되고, 같은 면적이라도 신축 아파트이거나 인기 지역에 위치한 경우 훨씬 높은 가격에 거래되곤 합니다.

예를 들어 2022년 서울 실거래 데이터를 살펴보면, 면적이 약 84㎡ 내외로 비슷한 아파트라도 지역과 연식에 따라 큰 가격 차이가 나타납니다. 금천구 독산동에 위치하고 2004년 준공된 85.58㎡ 아파트는 약 7억 6,500만 원에 거래된 반면, 강남구 역삼동에 위치하고 2022년 준공된 84.9㎡ 아파트는 무려 30억 원에 거래되었습니다. 같은 면적이라도 신축 여부와 인기 지역인지에 따라 이처럼 가격대가 크게 달라집니다. 이번 실습에서는 이러한 면적, 연식, 지역 정보를 활용하여 가격을 예측하는 선형 회귀 모델을 만들어볼 것입니다.

프로젝트 시스템 구조도

본격적인 코딩 실습에 앞서, 우리가 만들 아파트 가격 예측 웹 애플리케이션의 전체 동작 흐름을 한눈에 살펴보겠습니다. 아래의 흐름도는 사용자가 웹에서 예측 요청을 입력하는 순간부터 예측 결과가 화면에 표시되기까지의 전체 과정을 단계별로 보여줍니다. 이 예측 시스템은 머신러닝 모델을 기반으로 동작하며, 총 6단계의 처리 과정을 거칩니다:

1단계 입력값 전달 (사용자 → Flask 서버)

사용자가 웹 브라우저의 입력 폼을 통해 아파트 면적, 건축 연도, 지역명 등 예측에 필요한 정보를 입력합니다. 예를 들어, 면적: 84㎡, 건축 연도: 2005년, 지역: 서울 강남구 등을 입력한 뒤 "예측하기" 버튼을 누르면 이 정보들이 Flask 웹 서버로 전달됩니다. 웹에서 서버로 데이터를 보낼 때는 일반적으로 POST 방식을 사용하며, 입력값은 JSON 형식 또는 HTML 폼 데이터 형식으로 전송됩니다.

2단계 집값 정보 요청 (Flask 서버 → 서울 열린 데이터 광장)

Flask 서버는 사용자로부터 받은 입력 데이터를 분석하여, 해당 조건에 맞는 서울 열린 데이터 광장의 부동산 거래 정보를 요청합니다. 이는 마치 서버가 서울 열린 데이터 광장 API에 "이런 조건의 최근 집값 데이터를 보내주세요"라고 물어보는 단계입니다.

3단계 집값 정보 응답 (서울 열린 데이터 광장 → Flask 서버)

서울 열린 데이터 광장 측에서 사용자 요청 조건에 맞는 부동산 거래 데이터를 찾아 Flask 서버로 되돌려줍니다. Flask 서버에서는 이 응답 데이터를 pandas 라이브러리 등을 사용해 DataFrame 형태로 불러옵니다. 이 데이터에는 날짜별 거래 가격과 면적, 연도, 지역 등의 정보가 포함되어 있습니다. 불러온 데이터는 이후 전처리와 모델 학습에 사용됩니다. (참고로, API 서버에 같은 요청을 반복하면 비효율적이므로, 한 번 받은 데이터는 CSV 파일로 저장해두고 이후에는 해당 파일을 불러와 사용하는 방식으로 구현할 것입니다.)

4단계 모델 학습 (Flask 서버 내부 처리)

Flask 서버는 응답받은 데이터를 정리(전처리)한 후 머신러닝 모델 학습을 수행합니다. 이번 프로젝트에서는 이전에 공부한 선형 회귀 모델을 사용합니다. 훈련용 데이터의 특징값(X)과 정답값(Y)을 가지고 모델을 학습하면, 모델은 데이터의 패턴을 찾아 최적의 직선 (수식 형태로는 $Y = wX + b$)을 찾게 됩니다. 이 과정에서 모델은 앞서 설명한 대로 예측 오차를 최소화하도록 매개변수(w와 b)를 조정합니다. 학습이 끝나면 모델을 파일로 저장해 둡니다. (모델을 저장해 두면, 다음에 예측할 때 재학습 없이 바로 불러 쓸 수 있어 매우 편리합니다.)

5단계 예측 수행 및 시각화 준비 (모델 → Flask 서버)

모델 학습이 완료되면, Flask 서버는 최신 집값 데이터를 모델에 넣어 다음 날의 집값을 예측하거나, 사용자가 입력한 조건에 따른 예상 거래 가격을 계산합니다. 예측 결과는 웹 페이지에 보여줄 수 있도록 텍스트와 이미지로 변환됩니다. 예를 들어, 예측 가격 수치를 알맞은 문자열로 포맷팅하고, 예측 결과와 실제 거래가를 Matplotlib 등을 이용해 그래프로 시각화하여 신뢰도나 정확도를 쉽게 파악할 수 있는 자료를 준비합니다.

6단계 예측 결과 응답 (Flask 서버 → 사용자 브라우저)

마지막으로 Flask 서버는 준비된 예측 결과를 HTML 웹 페이지로 렌더링하여 사용자에게 응답합니다. Flask의 템플릿 렌더링 기능을 통해, 미리 만들어 둔 HTML 파일 안에 예측 결과 (예: "예상 가격: 13억 2천만 원")와 관련 그래프(예: 지역별 평균 비교 차트, 면적별 가격 변화 추이 등)를 삽입합니다. 이렇게 완성된 HTML이 사용자 브라우저로 전송되고, 사용자는 자신의 화면에서 예측된 집값과 그래프를 확인할 수 있게 됩니다.

위의 과정은, 사용자가 웹에서 예측을 요청한 순간부터 결과가 시각화되어 표시되기까지의 머신러닝 기반 예측 시스템 전체 흐름을 보여줍니다. 이 구조도를 통해 입문자도 머신러닝 예측 시스템의 단계별 처리 과정과 구성 요소 간의 연동 구조를 명확히 이해할 수 있습니다.

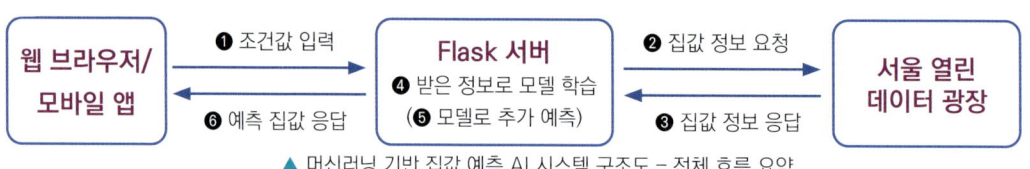

▲ 머신러닝 기반 집값 예측 AI 시스템 구조도 – 전체 흐름 요약

이제부터는 실제로 Cursor라는 개발 환경에서 AI 코딩 도우미를 활용하여 서울 집값 예측 AI를 단계별로 만들어보겠습니다. 프로젝트 폴더를 만들고, 필요한 데이터를 가져온 뒤, 선형 회귀 모델을 학습시키고, Flask 웹으로 예측 결과를 시각화하는 순서로 진행합니다. 자, 준비되었다면 하나씩 따라 해볼까요?

집값 예측 프롬프트 실습 따라하기

1단계 프로젝트 폴더 생성 및 환경 설정

먼저 Cursor 에디터를 실행합니다. 새 프로젝트를 위해 Open Projects 메뉴에서 ch08 폴더를 생성한 뒤 선택해 주세요. 이 폴더가 앞으로 우리가 작성할 모든 코드 파일이 저장될 작업 공간입니다. 이렇게 별도의 프로젝트 폴더를 만들면, 관련 파일들을 체계적으로 관리할 수 있고, 나중에 참조하기도 편리합니다.

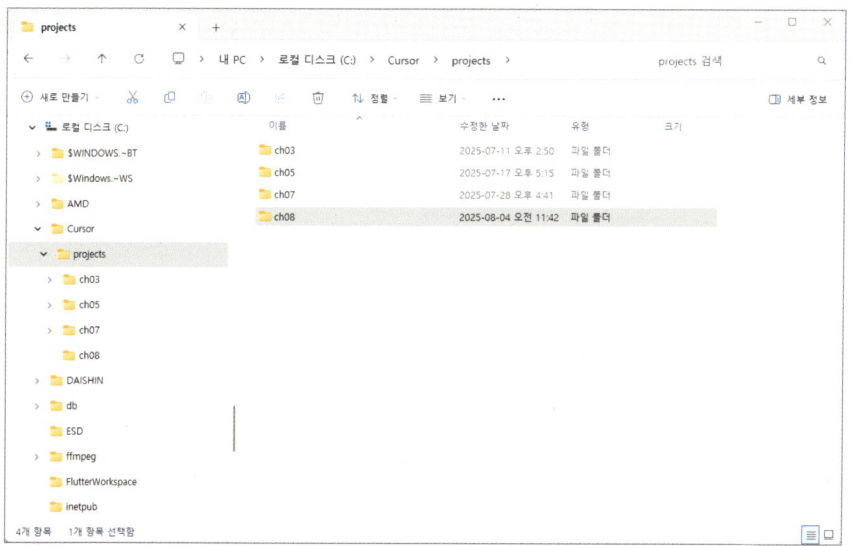

▲ Cursor에서 프로젝트 폴더 ch08 생성 및 선택 – AI 개발 첫걸음

2단계 데이터 수집 – 서울 열린 데이터 광장 API 활용 (프롬프트 1)

이 단계에서는 서울 열린 데이터 광장에서 최근 5년치 서울 아파트 거래 데이터를 가져와 CSV 파일로 저장하는 코드를 만들어보겠습니다. AI에게 요청할 첫 번째 프롬프트는 다음과 같습니다:

> 프롬프트 1: 서울 열린 데이터 광장에서 서울 집값의 최근 5년치 데이터를 가져오고, csv로 저장하는 파이썬 코드를 작성해줘

위와 같이 입력하고 Enter를 치면, AI가 해당 요청에 맞는 Python 코드를 생성해 줄 것입니다. AI는 필요한 기능을 구현하면서 친절하게 설명도 함께 달아줄 텐데요, 코드 생성 과정을 함께 살펴보겠습니다.

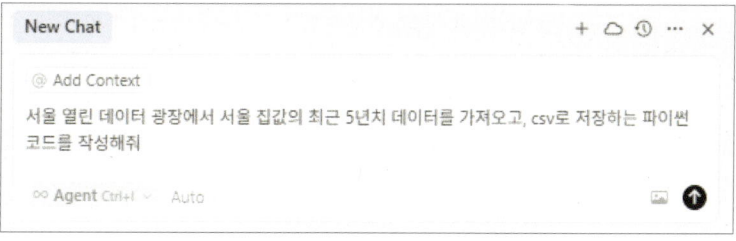

▲ New Chat에서 프롬프트1의 입력

서울 열린 데이터 광장에서 서울 집값 데이터를 가져와서 CSV로 저장하는 파이썬 코드 작업을 합니다. 현재 프로젝트 구조를 확인하고 필요한 파일을 생성합니다. 필요한 데이터를 활용하여 최근 5년치 데이터를 가져옵니다.

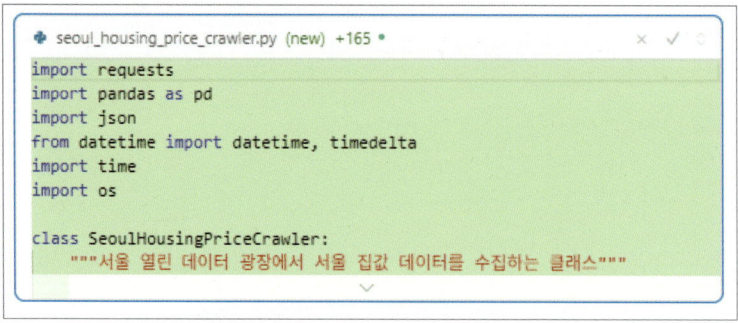

▲ AI가 집값 데이터 수집하는 코드 생성

필요한 의존성 패키지를 관리하기 위한 requirements.txt 파일을 생성합니다.

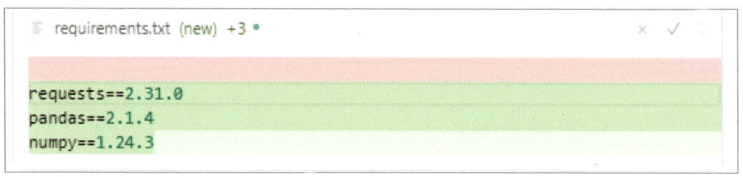

▲ requirements.txt 파일에 설치 라이브러리 정리

> **TIP** **API, 소프트웨어 세계의 친절한 '종업원'**
>
> API는 Application Programming Interface의 줄임말입니다. 단어는 어렵지만, 개념은 아주 간단합니다. 한마디로 "프로그램(애플리케이션)끼리 정해진 약속(규칙)에 따라 소통하는 창구"라고 할 수 있습니다.
> 그래도 와닿지 않으시죠? 우리가 매일 가는 식당을 떠올리면 아주 쉽습니다.
>
> **## 레스토랑 비유로 이해하는 API**
> 아주 근사한 레스토랑에 저녁을 먹으러 갔다고 상상해 보세요. 이 레스토랑에는 손님, 주방, 그리고 그 사이를 오가는 종업원이 있습니다.
> 손님 (나, 내 프로그램): "파스타 주세요!"라고 주문을 하고 싶어 하는 존재입니다.
> 주방 (데이터를 가진 서버, 다른 프로그램): 맛있는 파스타를 만들 수 있는 모든 재료와 요리법, 요리사를 갖추고 있습니다.
> 종업원 (API): 손님과 주방 사이의 소통 담당자입니다.
> 여기서 API의 역할이 바로 종업원입니다.
>
> **주문 받기 (요청, Request)**
> 손님은 메뉴판을 보고 "크림 파스타 하나 주세요"라고 종업원에게 주문합니다. 손님은 주방에 직접 들어가 "밀가루 어딨어요? 소스는요?"라고 외치지 않습니다. 오직 종업원을 통해서만 주문할 수 있죠.
> 이것이 바로 내 프로그램(손님)이 API(종업원)를 통해 원하는 데이터를 달라고 요청(Request)하는 과정입니다.
>
> **주방에 주문 전달**
> 종업원은 손님의 주문을 받아 주방에 정확하게 전달합니다. "3번 테이블, 크림 파스타 하나요!"
> API는 요청을 받아 서버(주방)가 이해할 수 있는 형태로 바꿔 전달합니다.

음식 가져오기 (응답, Response)

주방에서 파스타가 완성되면, 종업원은 음식을 손님에게 안전하게 가져다줍니다. 손님은 요리 과정이나 주방의 복잡한 사정은 알 필요 없이, 맛있는 파스타만 받으면 됩니다.

이것이 바로 API가 서버가 처리한 결과(데이터)를 내 프로그램에 전달해주는 응답(Response)입니다.

결론적으로 API(종업원)는 손님(나)이 주방(서버)의 내부 구조를 몰라도, 메뉴판(정해진 규칙)을 통해 원하는 음식(데이터)을 쉽고 안전하게 받아볼 수 있도록 돕는 중간 다리 역할을 합니다.

실생활 예시: 날씨 앱

우리가 사용하는 날씨 앱을 예로 들어보겠습니다.

사용자 (손님): 스마트폰에서 날씨 앱을 켜고 '부산' 지역의 날씨를 확인합니다.

날씨 앱 (API를 사용하는 클라이언트): "부산 날씨 정보 좀 주세요"라는 요청을 기상청의 날씨 API(종업원)에게 보냅니다.

기상청 서버 (주방): 자체적으로 보유한 방대한 위성 정보와 데이터를 분석해 '부산'의 현재 날씨(온도, 습도, 풍속 등)를 정리합니다.

날씨 API (종업원): 기상청 서버가 정리한 날씨 데이터를 날씨 앱에 깔끔하게 전달합니다. (주로 JSON이라는 데이터 형식으로 전달됩니다)

날씨 앱 (손님): 전달받은 데이터를 사용자가 보기 좋게 예쁜 아이콘과 숫자로 화면에 보여줍니다.

날씨 앱 개발자는 인공위성을 쏘거나 전국의 기상 관측소를 관리할 필요가 없습니다. 기상청이 만들어둔 '날씨 API'라는 종업원을 고용하기만 하면, 손쉽게 최신 날씨 데이터를 가져와 멋진 앱을 만들 수 있는 것이죠.

왜 API를 사용할까요?

효율성: 다른 사람이 이미 만들어 놓은 훌륭한 기능(지도, 날씨, 결제, 소셜 로그인)을 처음부터 다시 만들 필요가 없습니다. 시간과 노력을 아낄 수 있죠.

보안성: API는 서버의 모든 것을 보여주지 않습니다. 허락된 기능과 데이터만 정해진 길을 통해 제공하므로, 서비스의 핵심 데이터베이스나 서버 내부를 안전하게 보호할 수 있습니다. (손님이 주방에 함부로 못 들어가는 것과 같습니다.)

전문성 (분업): 각자 가장 잘하는 것에 집중할 수 있습니다. 카카오(Kakao)는 로그인과 지도 기능을 전문적으로 만들고, 우리는 그 API를 가져와 우리 서비스의 핵심 아이디어를 구현하는 데만 집중하면 됩니다.

위 팁에서 보았듯이, 우리의 코드도 서울 열린 데이터 광장이 제공하는 API(종업원)를 통해 필요한 데이터를 받아올 것입니다. AI가 작성해 준 코드에는 요청을 보낼 엔드포인트(URL)와 인증을 위한 API 키 사용 방법 등이 포함되어 있습니다. 또한 외부 API 키와 같은 민감 정보를 다루기 위해, AI는 환경변수를 활용하도록 코드를 설계했습니다. 구체적으로는, API 키를 코드에 직접 넣지 않고 별도의 설정 파일(config.py)에서 불러오도록 해 두었는데요. 이를 위해 .env 파일과 python-dotenv 라이브러리를 활용하여 API 키를 안전하게 관리하도록 했습니다.

README.md 파일을 생성하여, 프로젝트의 개요와 사용 방법을 작업하는 화면입니다.

이제 사용법을 설명하는 README 파일을 생성하겠습니다.

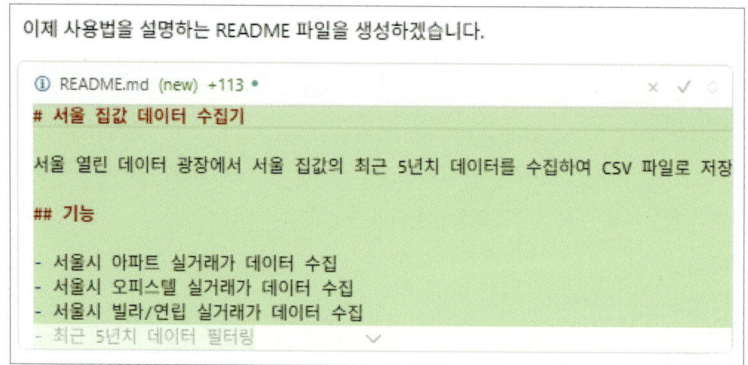

▲ AI가 README.md 파일에 프로젝트 관련 설명 작성

환경변수를 사용하여 API키를 안전하게 관리할 수 있는 설정 파일을 만드는 과정입니다

마지막으로 환경변수를 사용하여 API 키를 안전하게 관리할 수 있는 설정 파일을 만들어 보겠습니다.

```python
config.py (new) +47 •                                    × ✓ ↻
import os
from dotenv import load_dotenv

# .env 파일에서 환경변수 로드
load_dotenv()

class Config:
    """설정 클래스 - API 키와 기타 설정값들을 관리"""

    # 서울 열린 데이터 광장 API 설정
```

▲ API 키를 관리하는 설정 파일 작성

기존 데이터를 수집하는 크롤러 파일을 api 키를 사용하는 버전으로 변경하는 작업입니다.

이제 설정 파일을 사용하는 개선된 버전의 크롤러를 만들어보겠습니다.

```python
seoul_housing_price_improved.py (new) +287 •
import requests
import pandas as pd
import json
from datetime import datetime, timedelta
import time
import os
from config import Config

class SeoulHousingPriceCrawler:
    """서울 열린 데이터 광장에서 서울 집값 데이터를 수집하는 개선된 클래스"""
```

▲ API 키를 활용하는 코드로 변경 작업

인터넷이라는 거대한 도서관을 쉬지 않고 돌아다니며 정보를 수집하는 자동화된 로봇입니다. '웹 스파이더(Web Spider)'나 '봇(Bot)'이라고도 불립니다.

핵심 개념을 쉽게 이해하기 위해, 인터넷을 세상에서 가장 큰 도서관이라고 상상해 보겠습니다.

도서관의 '초고속 사서' 비유

전 세계의 모든 정보가 담긴 거대한 도서관이 있습니다. 이 도서관은 매 순간 새로운 책(웹사이트)이 꽂히고 내용이 바뀝니다. 당신이 '부산 맛집'에 대한 책을 찾고 싶을 때, 이 많은 책을 언제 다 뒤져볼 수 있을까요? 불가능에 가깝습니다.

이때, 크롤러라는 아주 특별한 '초고속 사서'가 등장합니다.

시작점 (Seed URLs)

사서는 몇 권의 유명한 책(예: 네이버, 다음 등 주요 포털)에서 일을 시작합니다.

정보 수집과 링크 따라가기

사서는 책(웹 페이지)을 펼쳐 어떤 내용이 있는지 빠르게 훑어보고, 그 책의 '참고 문헌' 섹션에 적힌 다른 책들의 목록(링크)을 전부 기록합니다.

목록 확장 및 반복

사서는 방금 기록한 '읽을 책 목록'을 따라 또 다른 책으로 이동합니다. 그리고 그곳에서 또 다른 책들의 목록(링크)을 발견해 자신의 목록에 추가합니다. 이 과정을 끝없이, 그리고 엄청나게 빠른 속도로 반복합니다.

색인(Index) 만들기

이 과정에서 사서는 "어떤 책 몇 페이지에 '부산 맛집'이라는 단어가 있더라"와 같이 모든 책의 핵심 내용을 정리해 거대한 색인(목록)을 만듭니다.

우리가 구글이나 네이버에서 검색할 때, 그 순간 전 세계 인터넷을 뒤지는 것이 아닙니다. 바로 이 크롤러(사서)가 미리 만들어둔 색인을 검색하는 것이죠. 그렇기 때문에 0.1초 만에 원하는 정보를 찾을 수 있는 것입니다.

크롤러는 어디에 사용될까요?

크롤러의 활용 분야는 매우 다양합니다.

검색 엔진 (가장 대표적인 사용처)

Googlebot(구글)이나 Yeti(네이버) 같은 크롤러가 전 세계 웹페이지를 수집하여 검색 결과를 만듭니다.

가격 비교 사이트

'다나와'나 '에누리' 같은 사이트는 여러 쇼핑몰을 크롤러로 방문해 '아이폰 16'의 가격 정보를 수집하고, 가장 저렴한 곳을 우리에게 보여줍니다.

뉴스 및 콘텐츠 수집

여러 언론사 사이트를 돌아다니며 최신 뉴스 기사를 수집해 한곳에 모아 보여주는 뉴스 포털 서비스에 활용됩니다.

데이터 분석 및 연구

기업이나 연구 기관에서 특정 키워드에 대한 시장 반응, 주식 정보, 부동산 매물 정보 등 대량의 데이터를 수집하고 분석하는 데 사용합니다.

주의할 점: 착한 크롤러 vs 나쁜 크롤러

모든 웹사이트가 크롤러의 방문을 환영하는 것은 아닙니다.

robots.txt: 웹사이트는 '이곳은 들어오지 마세요' 또는 '이 정보는 가져가지 마세요'라는 출입 규칙(robots.txt)을 정해둘 수 있습니다. 착한 크롤러(구글, 네이버 등)는 이 규칙을 반드시 지킵니다.

서버 부하: 너무 공격적으로 정보를 요청하는 나쁜 크롤러는 해당 웹사이트의 서버를 마비시킬 수 있습니다.

저작권: 웹사이트의 콘텐츠를 무단으로 가져와 상업적으로 이용하는 것은 법적인 문제가 될 수 있습니다.

따라서 크롤러를 만들거나 사용할 때는 항상 해당 웹사이트의 규칙을 존중하고, 서버에 부담을 주지 않도록 주의해야 합니다.

requirements.txt 파일을 업데이트하여 python-dotenv 패키지를 추가합니다.

마지막으로 requirements.txt 파일을 업데이트하여 python-dotenv 패키지를 추가하겠
습니다.

```
requirements.txt  +2 -1 ●                                    × ✓ ↻
pandas==2.1.4
numpy==1.24.3
numpy==1.24.3
python-dotenv==1.0.0
```

▲ requirements.txt 파일 패키지 추가 작업

.env 파일 예시를 만드는 과정입니다. .env 파일은 보안상 차단되어 있으므로, 대신, 환경변수 설정 방법을 README에 추가하는 작업입니다.

```
ⓘ README.md  +19 -2 ●                                    × ✓ ↻
다음 중 하나의 방법으로 API 키를 설정하세요:

#### 방법 1: 환경변수 사용 (권장)
프로젝트 루트에 `.env` 파일을 생성하고 다음 내용을 추가하세요:

```
SEOUL_API_KEY=your_actual_api_key_here
```
#### 방법 2: config.py 파일 직접 수정 ⌄
```

▲ 환경변수 설정 방법을 README에 추가

서울 열린 데이터 광장에서 서울 집값의 최근 5년치 데이터를 가져와서 csv로 저장하는 파이썬 코드를 완성하고, 생성된 파일들 목록입니다.

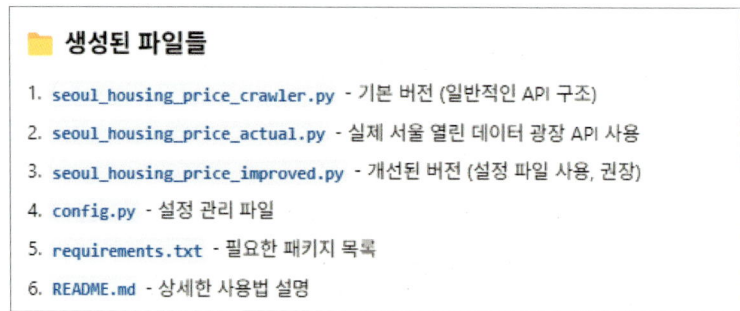

📁 **생성된 파일들**

1. **seoul_housing_price_crawler.py** - 기본 버전 (일반적인 API 구조)
2. **seoul_housing_price_actual.py** - 실제 서울 열린 데이터 광장 API 사용
3. **seoul_housing_price_improved.py** - 개선된 버전 (설정 파일 사용, 권장)
4. **config.py** - 설정 관리 파일
5. **requirements.txt** - 필요한 패키지 목록
6. **README.md** - 상세한 사용법 설명

▲ 파이썬 코드를 완성하고, 생성된 파일들 목록

주요 특징, 에러 처리, 데이터 관리, 설정 관리에 대해서 안내를 해주고 있습니다.

☒☒ 주요 특징

☑ 에러 처리

- API 요청 실패 시 재시도 로직
- JSON 파싱 오류 처리
- 날짜 형식 오류 처리
- 네트워크 타임아웃 설정

☒☒ 데이터 관리

- 한글 깨짐 방지를 위한 UTF-8-SIG 인코딩 사용
- 자동으로 데이터 저장 폴더 생성
- 타임스탬프가 포함된 파일명으로 저장

⚙ 설정 관리

- 환경변수를 통한 안전한 API 키 관리
- 설정 파일을 통한 유연한 설정 변경
- API 호출 제한을 고려한 대기 시간 설정

▲ 주요 특징, 에러 처리, 데이터 관리, 설정 관리 안내

사용 방법, 수집되는 데이터에 대해서 안내하고 있습니다.

☒☒ 사용 방법

1. **패키지 설치**: `pip install -r requirements.txt`
2. **API 키 설정**: `.env` 파일 생성 또는 `config.py` 수정
3. **프로그램 실행**: `python seoul_housing_price_improved.py`

☒☒ 수집되는 데이터

- 서울시 아파트 실거래가
- 서울시 오피스텔 실거래가
- 서울시 빌라/연립 실거래가
- 최근 5년치 데이터 자동 필터링

코드는 전문가 수준으로 작성되었으며, 에러 처리와 사용자 편의성을 고려하여 설계되었습니다. 실제 사용 시에는 서울 열린 데이터 광장에서 API 키를 발급받아 설정해주시면 됩니다.

▲ 사용 방법, 수집되는 데이터 안내

서울 열린 데이터 광장 API 키 발급 및 적용

서울 열린 데이터 광장의 데이터를 사용하려면 API 인증키(API Key)가 필요합니다. 아직 API 키가 없다면, 다음 절차를 통해 발급받을 수 있습니다:

서울 열린 데이터 광장 회원가입

01 웹 브라우저에서 서울 열린 데이터 광장 사이트(https://data.seoul.go.kr)에 접속합니다. 우측 상단의 회원가입 버튼을 눌러 일반회원으로 가입하세요. (검색어 : 서울 열린 데이터 광장)

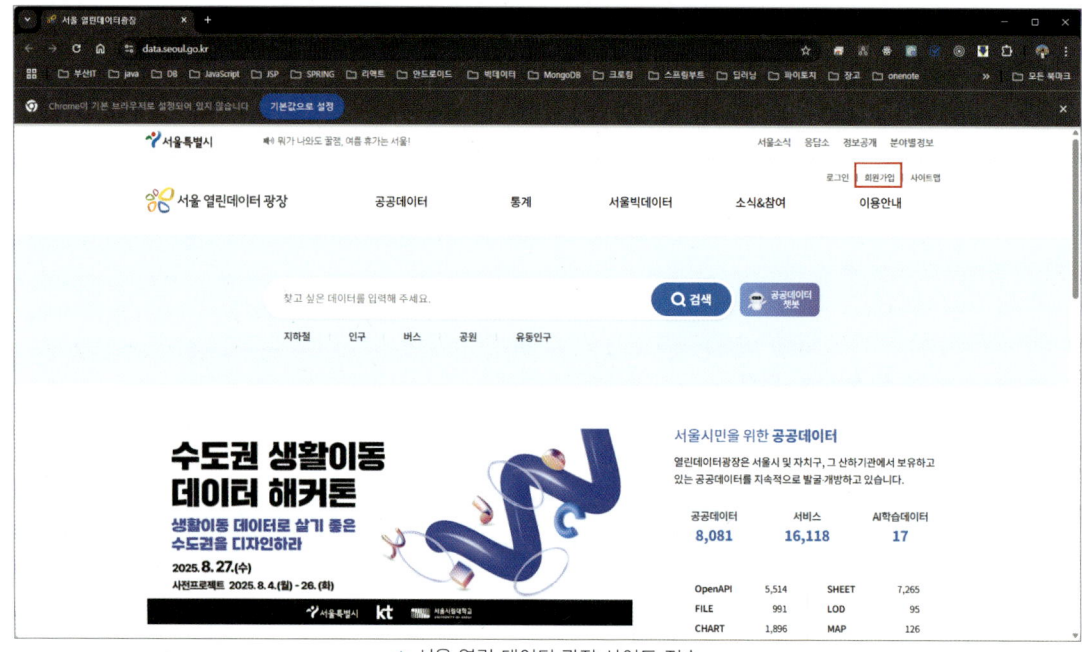

▲ 서울 열린 데이터 광장 사이트 접속

02 회원가입 화면에서 일반회원 선택하기

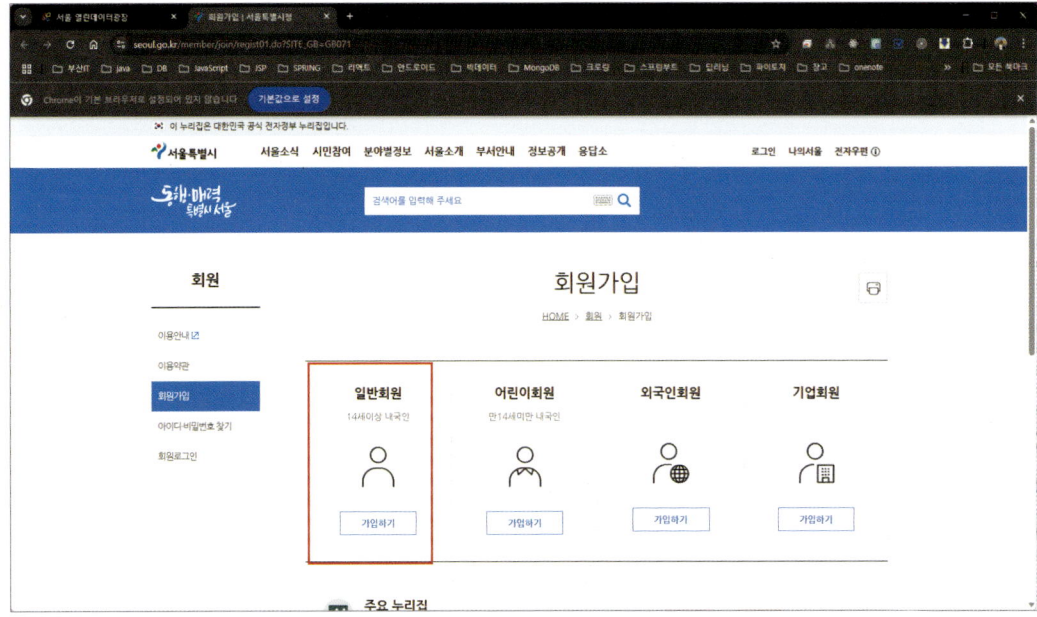

▲ 서울 열린 데이터 광장 회원가입 화면 접속

03 회원가입 약관 동의 하기

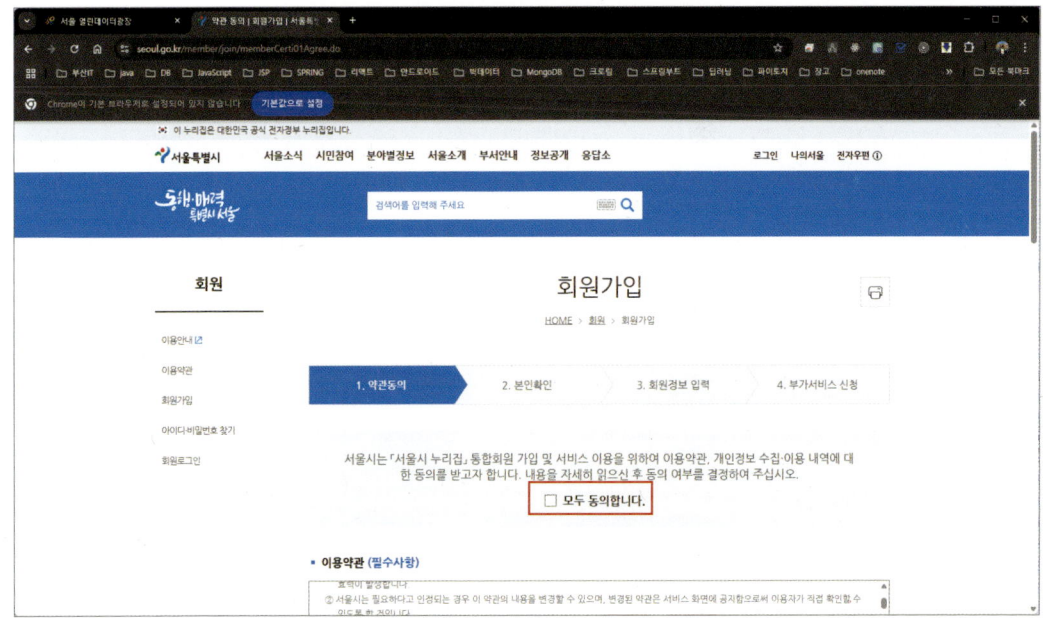

▲ 서울 열린 데이터 광장 회원가입 약관 동의 화면

04 회원약관 동의 체크 후 다음 단계

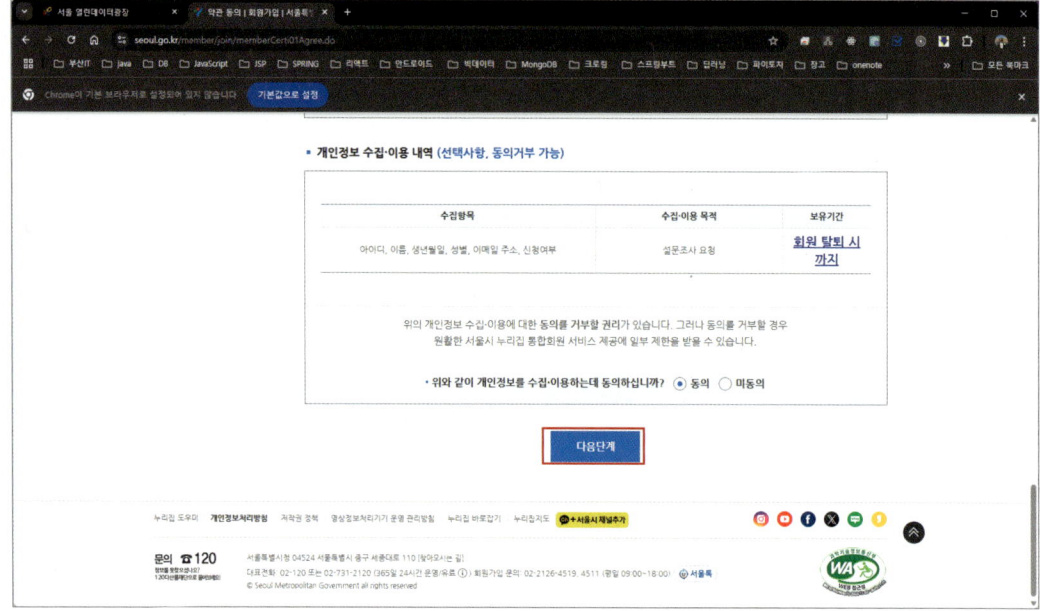

▲ 서울 열린 데이터 광장 회원가입 약관 동의 체크 후 다음단계

05 본인 인증 화면

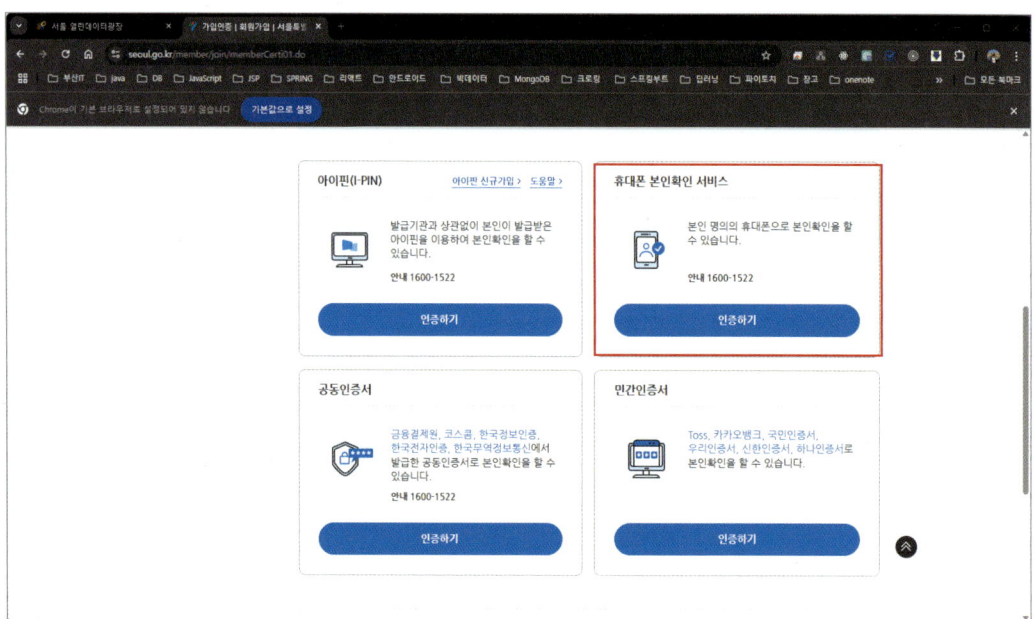

▲ 서울 열린 데이터 광장 본인 인증 화면

06 휴대폰 본인 확인 서비스

▲ 서울 열린 데이터 광장 휴대폰 본인 확인 서비스

07 문자(SMS)인증 하기

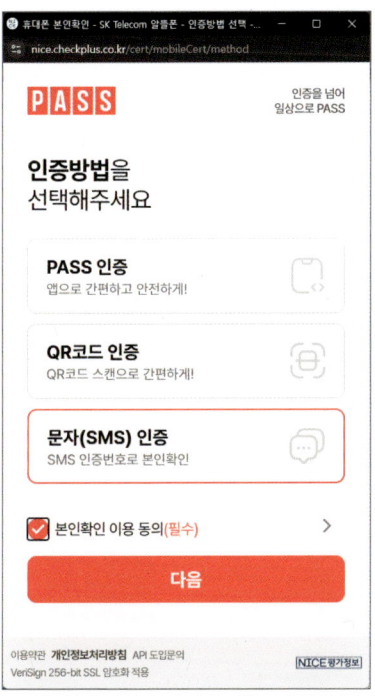

▲ 서울 열린 데이터 광장 문자(SMS)인증 하기

08 본인 인증 정보 확인하기

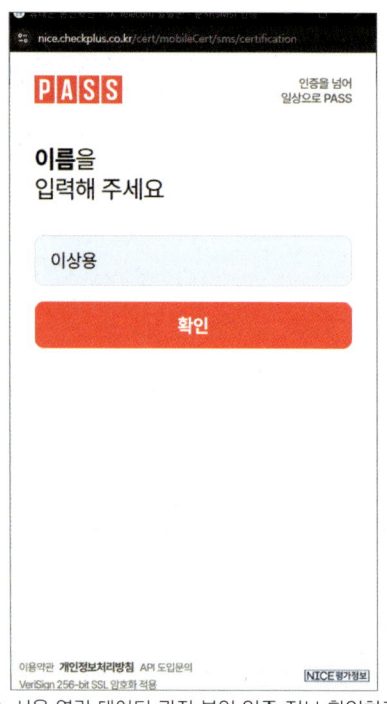

▲ 서울 열린 데이터 광장 본인 인증 정보 확인하기

09 전송 받은 6자리 인증코드 확인하기

▲ 서울 열린 데이터 광장 전송 받은 6자리 인증코드 확인하기

10 본인 인증 확인 완료

▲ 서울 열린 데이터 광장 본인 인증 확인 완료

서울 열린 데이터 광장 로그인 및 인증키 신청: 가입한 계정으로 로그인한 후,

01 로그인하기

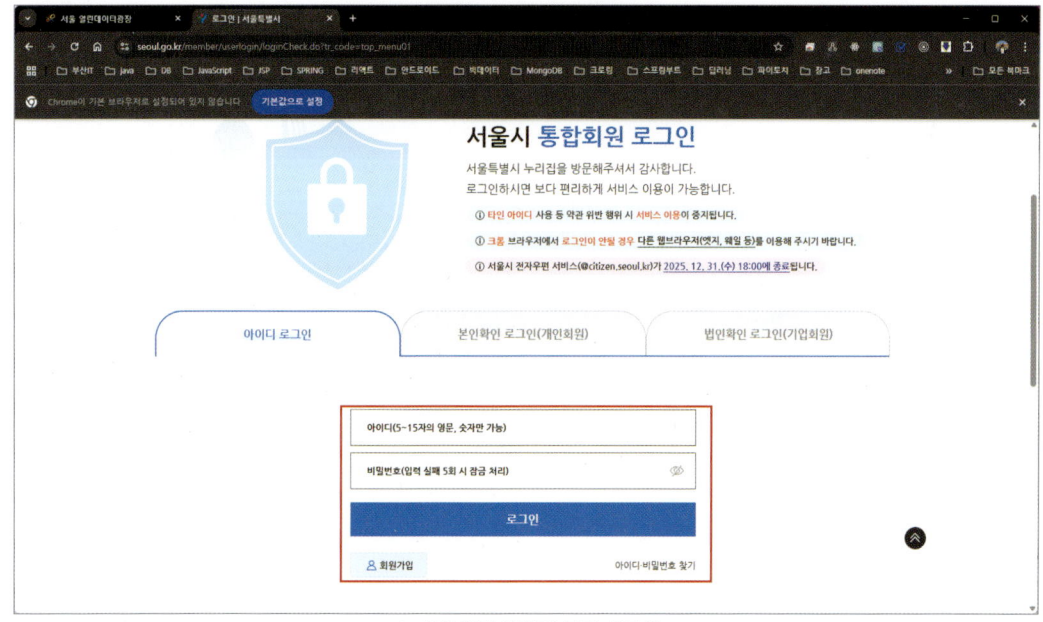

▲ 서울 열린 데이터 광장 로그인

02 상단 메뉴에서 인증키 신청을 클릭합니다.

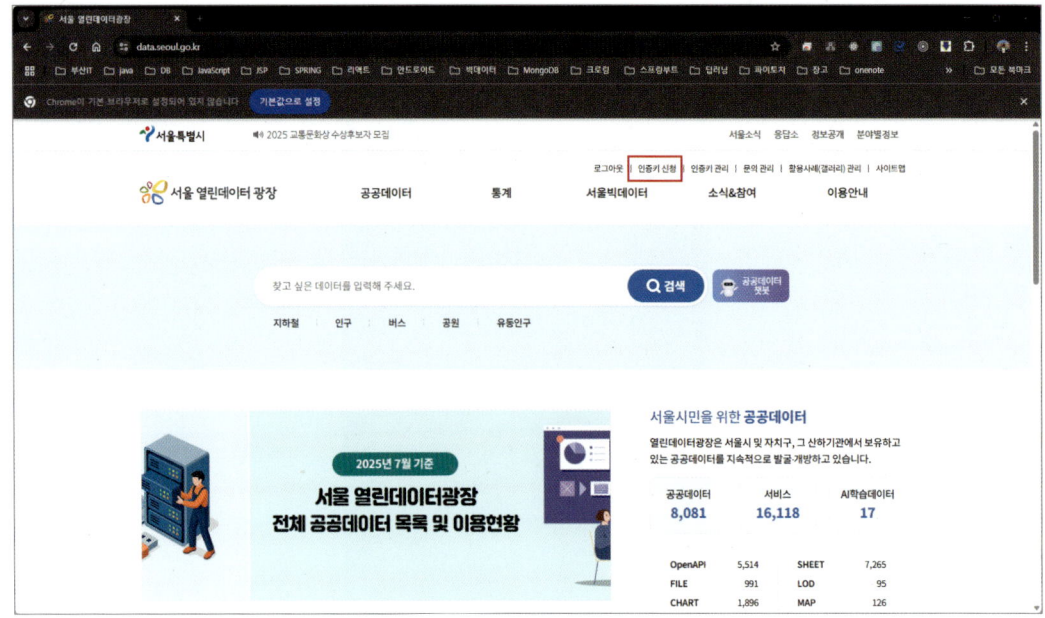

▲ 서울 열린 데이터 광장 일반 인증키 신청

서울 열린 데이터 광장 API 키 가져오기

01 일반 인증키 신청

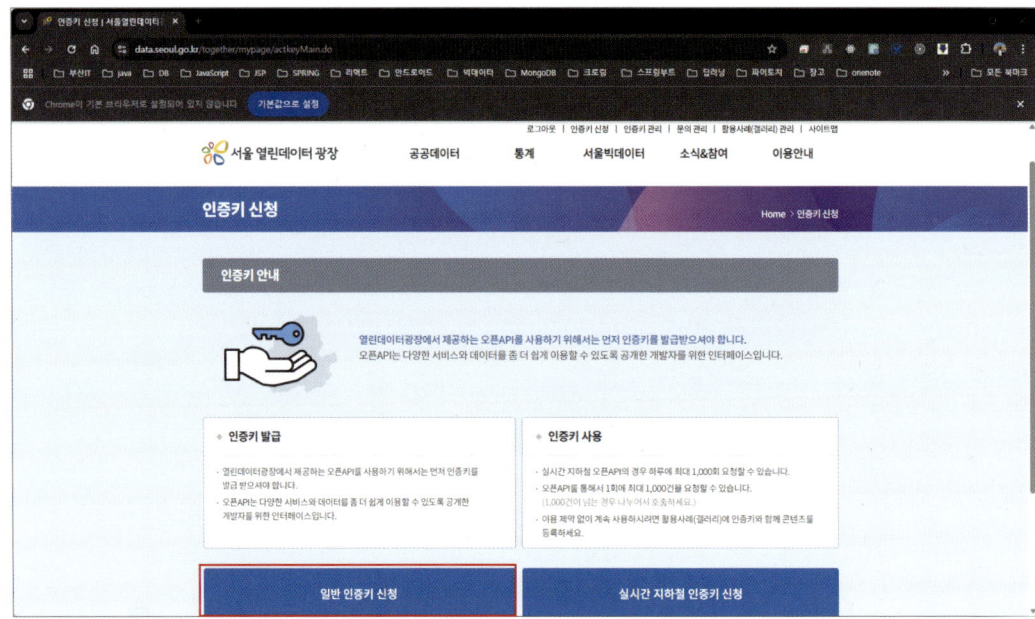

▲ 서울 열린 데이터 광장 일반 인증키 신청

02 인증키 신청 이용 약관 동의 항목

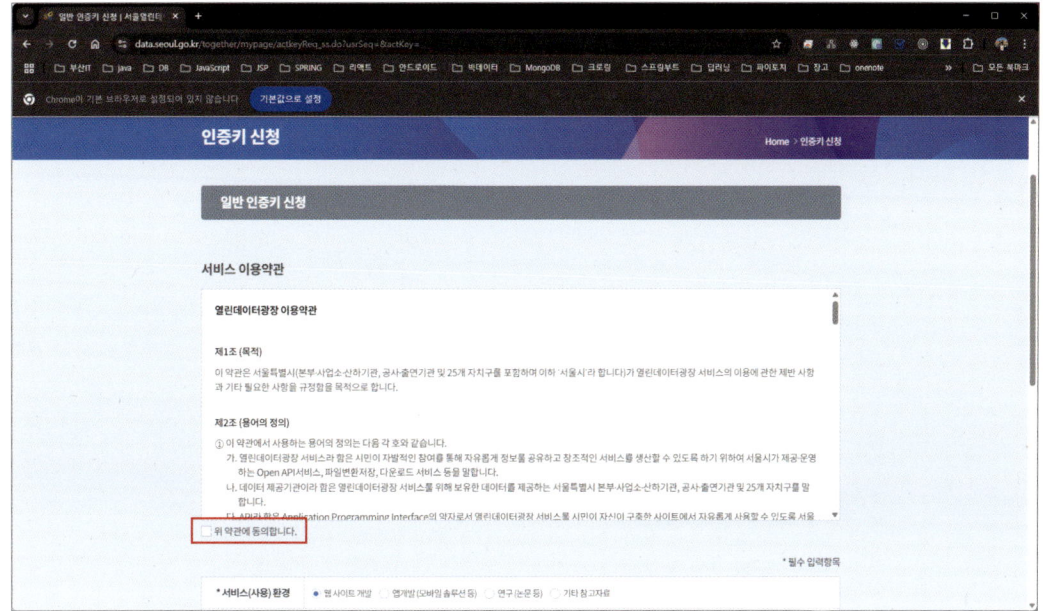

▲ 서울 열린 데이터 광장 인증키 신청 이용 약관 동의 항목

03 인증키 신청 환경 설정

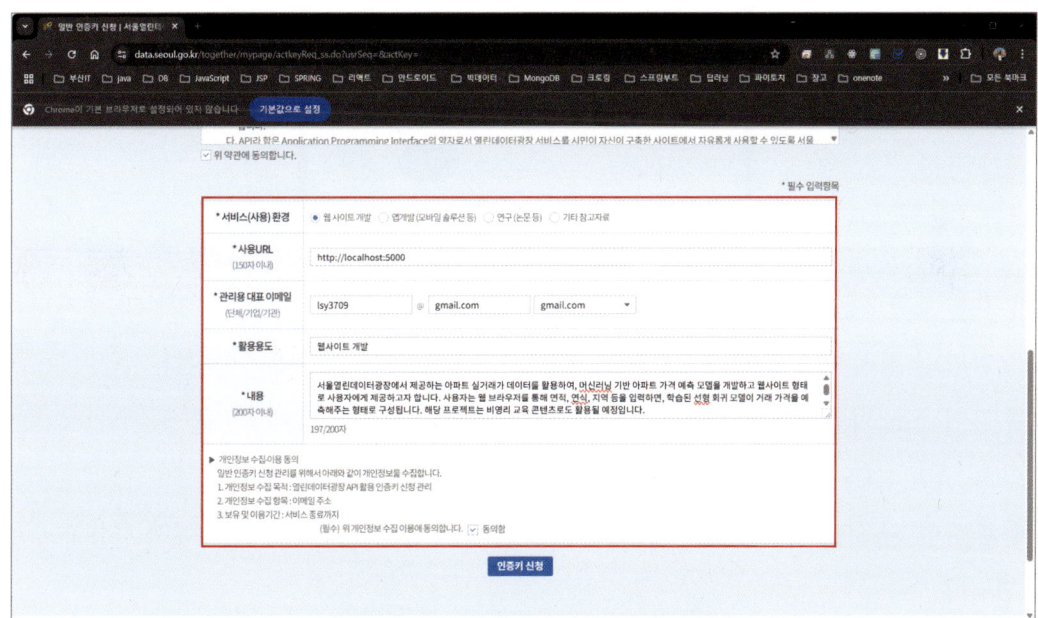

▲ 서울 열린 데이터 광장 인증키 신청 환경 설정

04 발급 받은 인증키 확인

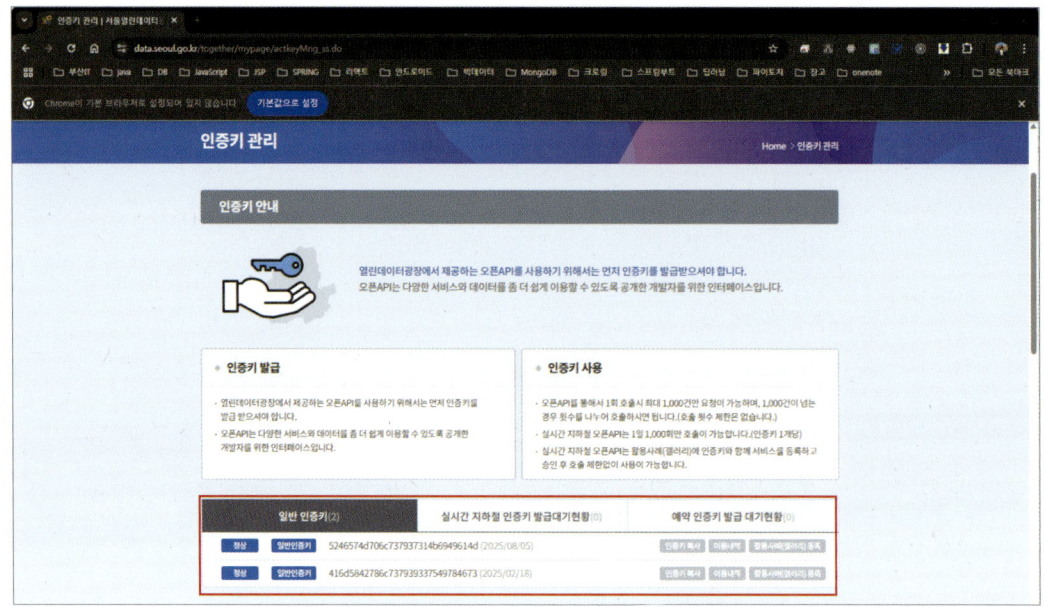

▲ 서울 열린 데이터 광장 발급 받은 인증키 확인

05 인증키 복사하기

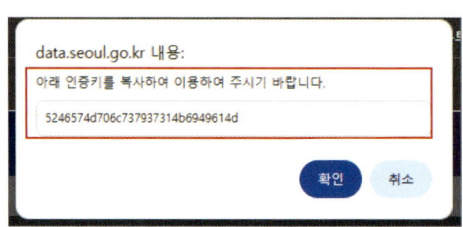

▲ 서울 열린 데이터 광장 인증키 복사

API 키를 보관하는 .env 파일 생성: API 키 발급 및 등록: 발급된 인증키(영문과 숫자로 된 긴 문자열)을 복사하여, 우리의 프로젝트 폴더에 있는 .env 파일에 추가합니다.

예를 들어 .env 파일 내용을 다음과 같이 작성합니다:

SEOUL_API_KEY=발급받은_API_키를_여기에_붙여넣으세요

이렇게 하면, config.py에서 load_dotenv()를 통해 이 값을 읽어와서 코드에서 사용할 수 있게 됩니다.

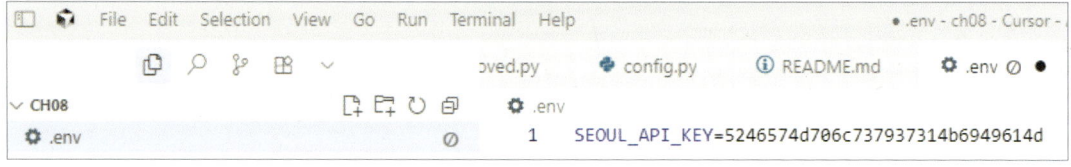

▲ env 파일 생성

서울 열린 데이터 광장 API 호출 실행

01 API 호출 실행

▲ API 호출 실행

서울 열린 데이터 광장 API 호출 오류

만약 API 엔드포인트 URL이나 파라미터가 잘못되었을 경우, 처음 실행 시 오류 메시지가 나올 수도 있습니다. 예를 들어 API 주소 오타나 잘못된 요청으로 404 오류 등이 발생하면, 터미널에 오류 로그가 출력됩니다. 그런 경우 당황하지 말고, 오류 내용을 복사해서 AI에게 도움을 요청하면 됩니다. Cursor의 AI 패널에 오류 메시지를 붙여넣고 "이 오류를 해결할 수 있도록 코드를 수정해줘"라고 추가 프롬프트를 주면, AI가 문제를 진단하고 코드를 보완해줍니다.

API 키 또는 엔드포인트 주소가 잘못되어서 발생한 오류 화면입니다

```
Problems    Output    Debug Console    Terminal    Ports

Microsoft Windows [Version 10.0.26100.4770]
(c) Microsoft Corporation. All rights reserved.

C:\Cursor\projects\ch08>python seoul_housing_price_improved.py
=== 서울 집값 데이터 수집기 (개선된 버전) ===
=== 현재 설정 ===
API 키: *****************************
기본 URL: http://openapi.seoul.go.kr:8088
페이지 크기: 1000
요청 타임아웃: 30초
요청 간 대기: 2초
출력 디렉토리: housing_data
수집 기간: 최근 5년
---------------------------------
서울 집값 데이터 수집을 시작합니다...
최근 5년치 서울 집값 데이터 수집을 시작합니다...
서울시 아파트 실거래가 데이터 수집 중...
아파트 데이터를 가져올 수 없습니다.
서울시 오피스텔 실거래가 데이터 수집 중...
오피스텔 데이터를 가져올 수 없습니다.
서울시 빌라/연립 실거래가 데이터 수집 중...
빌라/연립 데이터를 가져올 수 없습니다.
수집된 데이터가 없습니다. API 키와 엔드포인트를 확인해주세요.

C:\Cursor\projects\ch08>
```

▲ API 호출 후 오류-1

02 API 키 또는 엔드포인트 주소가 잘못되었다는 메시지를 입력창에 복사합니다.

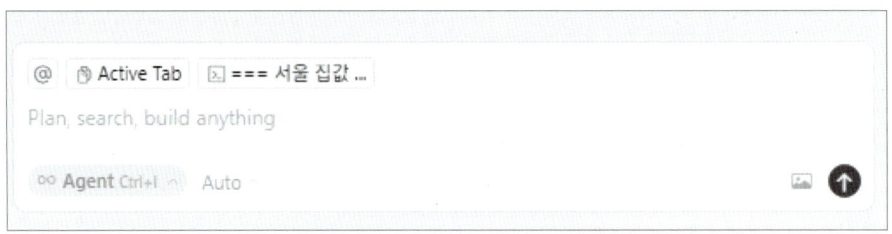

▲ API 호출 후 오류 입력창 붙여넣기

서울 열린 데이터 광장 API 수정 후 호출

01 서울 열린 데이터 광장의 실제 API 엔드포인트와 우리가 예상한 구조가 다르기 때문에 올바른 엔드포인트를 사용하도록 코드를 수정 작업 합니다.

▲ API 호출 후 수정 코드 작성

02 데이터 수신에는 성공했지만, 응답 구조가 전부 RESULT 키만 포함하고 있습니다. 이는 API 키가 유효하지 않거나, 해당 요청에 필요한 권한이 없을 가능성이 높습니다.

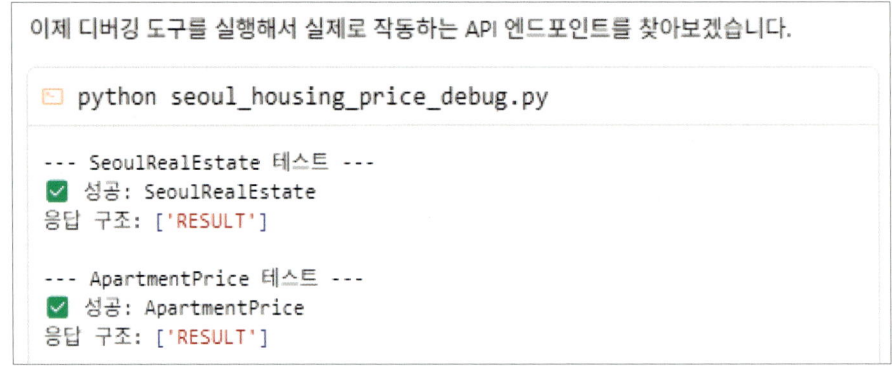

▲ 데이터 받기 성공 하지만 응답 구조 오류

03 수정된 버전을 실행해봅니다. 이 버전은 실제 API 가 작동하지 않을 때 샘플 데이터를 생성하여 테스트 할 수 있습니다. 정상적인 컬럼 정보와 데이터 타입별 통계를 출력하고 있습니다.

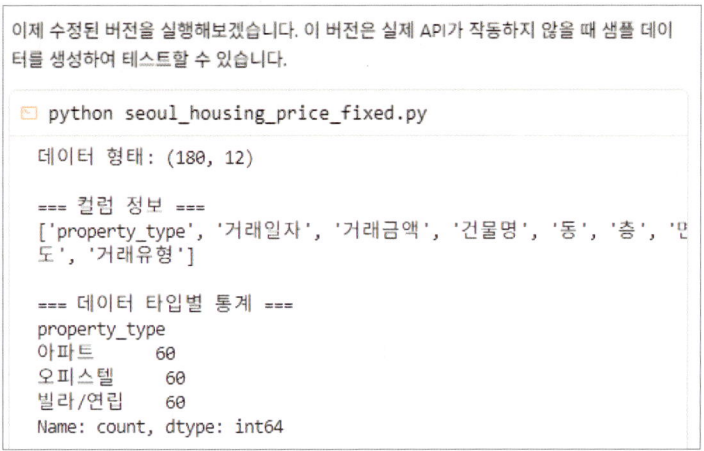

이제 수정된 버전을 실행해보겠습니다. 이 버전은 실제 API가 작동하지 않을 때 샘플 데이터를 생성하여 테스트할 수 있습니다.

```
python seoul_housing_price_fixed.py
```

```
데이터 형태: (180, 12)

=== 컬럼 정보 ===
['property_type', '거래일자', '거래금액', '건물명', '동', '층', '면
도', '거래유형']

=== 데이터 타입별 통계 ===
property_type
아파트      60
오피스텔    60
빌라/연립  60
Name: count, dtype: int64
```

▲ API 호출 후 정상적인 데이터 응답

04 생성된 데이터 요약에서는 총 레코드 수, 데이터 수집 기간, 그리고 아파트·오피스텔·빌라/연립 등 부동산 유형별 데이터 분포를 한눈에 확인할 수 있습니다.

포함된 데이터 항목에는 거래일자, 거래금액, 건물명, 동·층·면적, 주소 및 법정동명, 시군구, 건축년도, 거래유형 등 분석과 활용에 필요한 세부 정보가 모두 포함되어 있습니다.

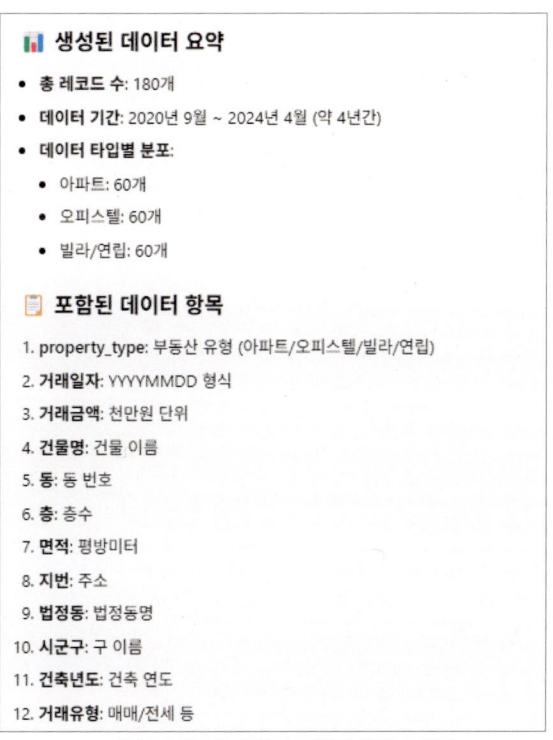

📊 **생성된 데이터 요약**

- **총 레코드 수**: 180개
- **데이터 기간**: 2020년 9월 ~ 2024년 4월 (약 4년간)
- **데이터 타입별 분포**:
  - 아파트: 60개
  - 오피스텔: 60개
  - 빌라/연립: 60개

📋 **포함된 데이터 항목**

1. **property_type**: 부동산 유형 (아파트/오피스텔/빌라/연립)
2. **거래일자**: YYYYMMDD 형식
3. **거래금액**: 천만원 단위
4. **건물명**: 건물 이름
5. **동**: 동 번호
6. **층**: 층수
7. **면적**: 평방미터
8. **지번**: 주소
9. **법정동**: 법정동명
10. **시군구**: 구 이름
11. **건축년도**: 건축 연도
12. **거래유형**: 매매/전세 등

▲ 생성된 데이터 요약과 포함된 데이터 항목

05 상단에는 실제 API를 사용할 때 꼭 확인해야 할 주의사항이 정리되어 있으며, 하단에는 기본 버전부터 개선·수정·디버깅 버전까지 다양한 코드 파일과 설정 파일, 패키지 목록, 사용 설명서, 그리고 최종 생성된 CSV 데이터가 포함되어 있습니다. 이를 통해 학습자는 코드 작성 후 어떤 산출물이 만들어지는지, 그리고 각 파일이 어떤 역할을 하는지 직관적으로 이해할 수 있습니다.

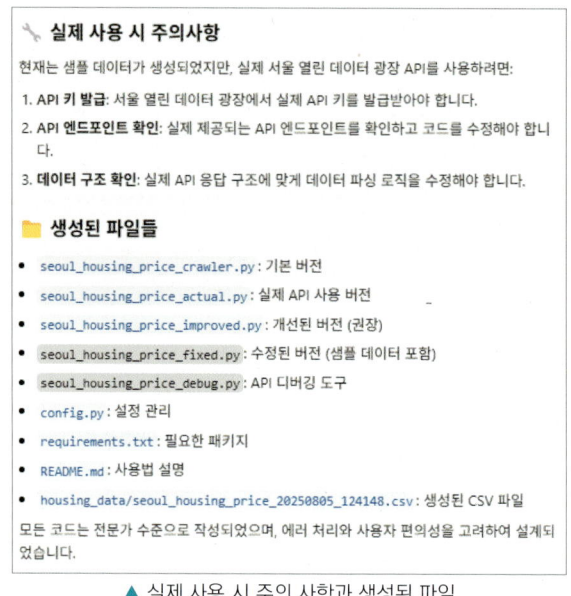
▲ 실제 사용 시 주의 사항과 생성된 파일

06 API 정상 호출 후 프로젝트 구조 화면입니다.

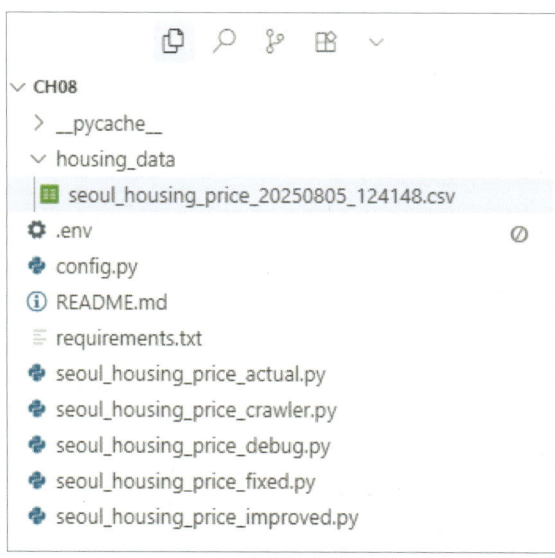
▲ API 호출 후 프로젝트구조

07 API 호출 결과를 CSV 파일로 저장한 샘플 데이터 예시입니다.

각 행에는 부동산 유형(property_type), 거래일자, 거래금액, 건물명, 동·층·면적, 법정동, 시군구, 건축년도, 거래유형 등 다양한 항목이 포함되어 있습니다.

이러한 데이터는 실거래 분석, 가격 변동 추세 파악, 지도 시각화 등 다양한 분석 작업의 기초 자료로 활용할 수 있습니다. 예시 화면입니다.

▲ API 호출 후 csv 샘플 데이터예시

3단계 데이터 전처리 및 훈련/테스트 분할 (프롬프트 2)

데이터 수집이 끝났다면, 다음으로 데이터 전처리를 할 차례입니다. 실제 현업에서는 수집한 원천 데이터(raw data)에 결측치나 이상치가 있기 마련이고, 모델 학습을 위해 데이터를 훈련용(train)과 테스트용(test)으로 나누는 작업도 필요합니다. 이를 자동화하는 코드를 AI에게 요청해보겠습니다.

프롬프트 2: 가져온 집값 데이터 파일에서 누락된 데이터(빈 칸)를 제거하고 훈련용과 테스트용으로 나누는 파이썬 코드를 작성해줘

@ 🗂 Active Tab

가져온 집값 데이터 파일에서 누락된 데이터(빈 칸)를 제거하고 훈련용과 테스트용으로 나누는 파이썬 코드를 작성해줘

∞ Agent Ctrl+I ✓   Auto   🖼 ⬆

▲ 프롬프트2의 입력

먼저 현재 데이터 파일의 구조를 확인하고, 누락된 데이터를 제거한 후 훈련용과 테스트용으로 나누는 코드입니다. 누락된 데이터를 제거하고 훈련용/테스트용으로 나누는 코드를 작성하는 화면입니다.

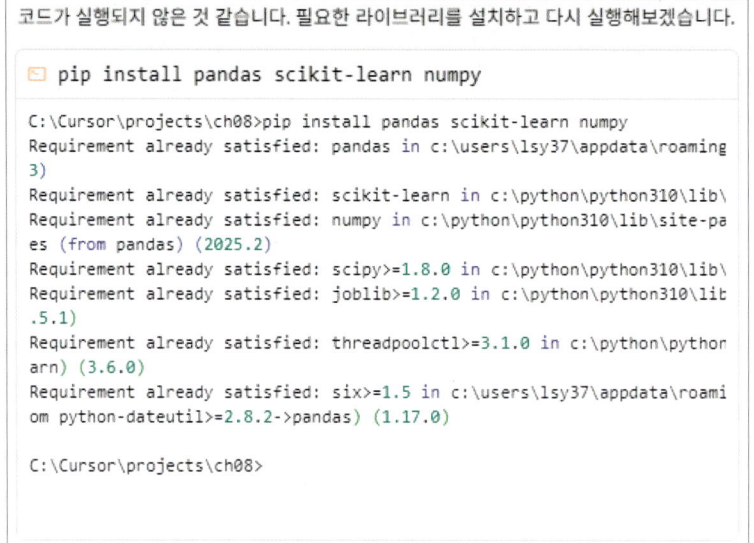

```
data_preprocessing.py (new) +195 •                    ×  ✓  ◇
import pandas as pd
import numpy as np
from sklearn.model_selection import train_test_split
from sklearn.preprocessing import LabelEncoder
import warnings
warnings.filterwarnings('ignore')

def load_and_clean_data(file_path):
    """
    CSV 파일을 로드하고 누락된 데이터를 제거하는 함수
```

▲ 훈련용/테스트용으로 나누는 전처리 작업 코드

코드 실행을 위해 필요한 라이브러리를 설치하는 화면입니다.

코드가 실행되지 않은 것 같습니다. 필요한 라이브러리를 설치하고 다시 실행해보겠습니다.

```
pip install pandas scikit-learn numpy

C:\Cursor\projects\ch08>pip install pandas scikit-learn numpy
Requirement already satisfied: pandas in c:\users\lsy37\appdata\roaming
3)
Requirement already satisfied: scikit-learn in c:\python\python310\lib\
Requirement already satisfied: numpy in c:\python\python310\lib\site-pa
es (from pandas) (2025.2)
Requirement already satisfied: scipy>=1.8.0 in c:\python\python310\lib\
Requirement already satisfied: joblib>=1.2.0 in c:\python\python310\lib
.5.1)
Requirement already satisfied: threadpoolctl>=3.1.0 in c:\python\python
arn) (3.6.0)
Requirement already satisfied: six>=1.5 in c:\users\lsy37\appdata\roami
om python-dateutil>=2.8.2->pandas) (1.17.0)

C:\Cursor\projects\ch08>
```

▲ 필요한 라이브러리를 설치

data_preprocessing.py 스크립트를 실행했을 때 나타나는 정상적인 전처리 성공 예시입니다. 출력 결과로 총 10개의 특성이 확인되며, 이는 데이터에서 필요한 열(column)들이 올바르게 추출·정리되었음을 의미합니다.

이제 다시 코드를 실행해보겠습니다.

```
python data_preprocessing.py

특성 개수: 10개
```

▲ 정상적인 전처리 성공 화면

코드 실행 후 자동으로 생성된 README_data_preprocessing.md 파일을 보여줍니다.
문서에는 서울 집값 데이터 전처리 프로젝트의 목적과 주요 기능이 정리되어 있으며, CSV
파일 로드 및 정제, 거래금액 단위 변환, 거래일자 분리 등 구체적인 처리 단계가 설명되어
있습니다. 이를 통해 전처리 과정을 반복 실행하거나 협업 시, 다른 개발자와 데이터 처리
로직을 쉽게 공유할 수 있습니다.

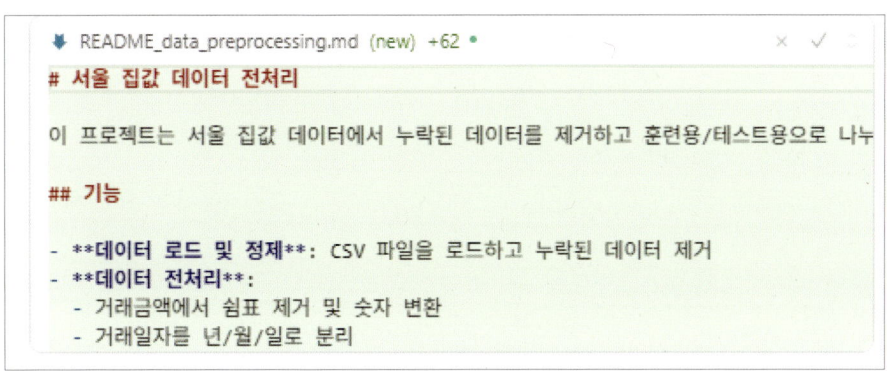

▲ 데이터 전처리 결과 내용 정리

전처리 코드의 핵심 기능과 실행 결과를 한눈에 볼 수 있도록 정리한 요약본입니다.

데이터 로드 및 정제 단계에서는 CSV 파일을 불러오고, 누락된 행을 자동으로 제거합니다.

데이터 전처리 단계에서는 거래금액의 천 단위 구분기호를 제거하고 숫자로 변환하며, 거래일
자를 연·월·일로 분리하고 범주형 변수를 숫자로 인코딩합니다. 건축년도, 층수, 면적도 숫자형
으로 변환됩니다.

데이터 분할 단계에서는 데이터를 80% 훈련 세트(144개 샘플), 20% 테스트 세트(36개 샘
플)로 나눕니다.

파일 저장 단계에서는 processed_data/ 폴더에 X_train.csv, y_train.csv, X_test.csv, y_
test.csv 파일이 저장됩니다.

처리 결과에서는 원본 데이터 180개, 누락 데이터 0개, 최종 특성 10개(부동산 유형, 층수,
면적, 건축년도, 지역, 거래일자 등)가 확인됩니다.

모든 코드는 가독성을 높이기 위해 한글 주석과 명확한 변수명을 사용하였습니다.

완료되었습니다! 서울 집값 데이터에서 누락된 데이터를 제거하고 훈련용/테스트용으로 나누는 파이썬 코드를 작성했습니다.

주요 기능:

1. **데이터 로드 및 정제:**
   - CSV 파일을 로드하고 누락된 데이터 확인
   - 누락된 행을 자동으로 제거

2. **데이터 전처리:**
   - 거래금액에서 쉼표 제거 후 숫자 변환
   - 거래일자를 년/월/일로 분리
   - 범주형 변수들을 LabelEncoder로 숫자 인코딩
   - 건축년도, 층수, 면적을 숫자로 변환

3. **데이터 분할:**
   - 훈련용 80% (144개 샘플)
   - 테스트용 20% (36개 샘플)

4. **파일 저장:**
   - `processed_data/` 폴더에 4개 파일 저장
   - X_train.csv, y_train.csv, X_test.csv, y_test.csv

처리 결과:

- 원본 데이터: 180개 샘플
- 누락 데이터: 0개 (모든 데이터가 완전함)
- 최종 특성: 10개 (부동산 유형, 층수, 면적, 건축년도, 지역, 거래일자 등)

코드는 에러 처리를 포함하여 안정적으로 작성되었으며, 한글 주석과 명확한 변수명을 사용했습니다.

▲ 주요 기능과 사용 방법

4단계 선형 회귀 모델 학습 (프롬프트 3)

> **프롬프트 3:** 정리된 데이터를 이용해서 다음 집값을 예상하는 간단한 직선 예측기(선형 회귀) 모델을 학습시키는 파이썬 코드를 작성해줘

드디어 AI 모델을 학습시킬 시간입니다! 이제까지 우리는 데이터 준비를 모두 마쳤습니다. 서울 아파트 거래 데이터를 수집했고, 깨끗이 다듬어서 훈련과 테스트 세트로 나누어두었죠. 이 데이터를 이용해 다음 번 집값을 예측하는 간단한 직선 예측기, 즉 선형 회귀(Linear Regression) 모델을 만들어보겠습니다. 이를 위해 AI에게 세 번째 프롬프트를 입력합니다.

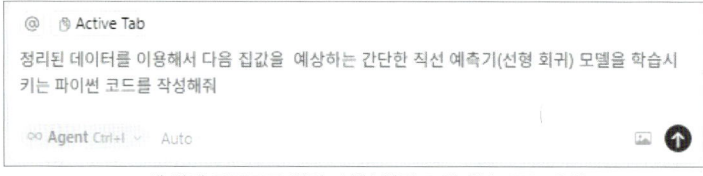

▲ 세 번째 프롬프트 입력: 선형 회귀 모델 학습 코드 요청

세 번째 프롬프트로 AI에게 정리된 데이터를 이용해서 다음 집값을 예상하는 간단한 직선 예측기(선형 회귀) 모델을 학습시키기 작업을 요청합니다.

AI는 scikit-learn 라이브러리의 LinearRegression 모델을 사용하여 예측기를 만드는 linear_regression_model.py 파일을 생성합니다.

```python
import pandas as pd
import numpy as np
from sklearn.linear_model import LinearRegression
from sklearn.metrics import mean_squared_error, r2_score, mean_absolute_
from sklearn.preprocessing import StandardScaler
import matplotlib.pyplot as plt
import seaborn as sns
import warnings
warnings.filterwarnings('ignore')
```

▲ 선형 회귀 모델 학습 코드(linear_regression_model.py) 생성

코드를 실행하면, 모델이 훈련용 데이터로 학습을 완료하고 테스트용 데이터로 성능을 평가한 결과를 즉시 보여줍니다.

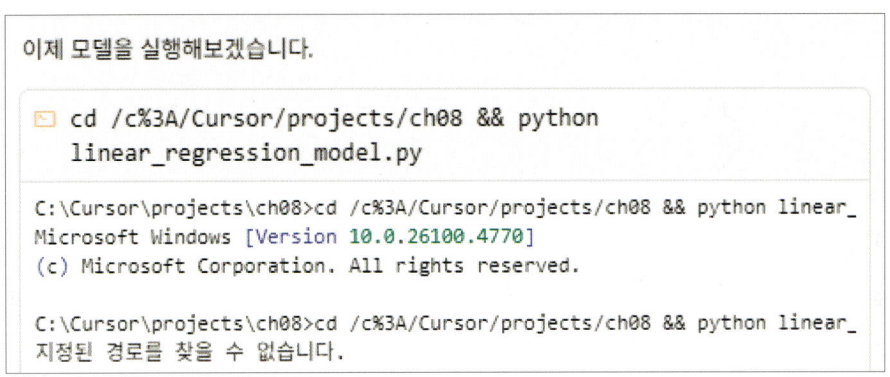

이제 모델을 실행해보겠습니다.

```
cd /c%3A/Cursor/projects/ch08 && python
linear_regression_model.py
```

```
C:\Cursor\projects\ch08>cd /c%3A/Cursor/projects/ch08 && python linear_
Microsoft Windows [Version 10.0.26100.4770]
(c) Microsoft Corporation. All rights reserved.

C:\Cursor\projects\ch08>cd /c%3A/Cursor/projects/ch08 && python linear_
지정된 경로를 찾을 수 없습니다.
```

▲ 모델 학습 스크립트 실행

여기서 R2 점수(R-squared score)는 모델이 데이터를 얼마나 잘 설명하는지를 나타내는 지표로, 1에 가까울수록 성능이 좋다는 의미입니다. 0.9934라는 매우 높은 점수는 우리 모델이 샘플 데이터를 거의 완벽하게 예측하고 있음을 보여줍니다. 또한, 실제값과 예측값의 차이(오차)를 직접 보여주어 모델의 성능을 체감할 수 있게 합니다.

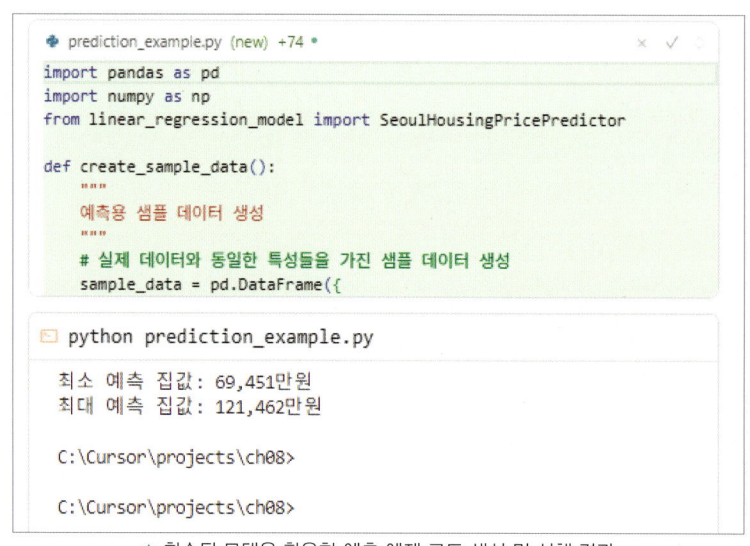

경로 문제가 있었네요. 다시 실행해보겠습니다.

```
python linear_regression_model.py
```

```
- 학습 RMSE: 1347.09

=== 모델 성능 평가 ===
R² 점수: 0.9934
RMSE: 1690.92
MAE: 1304.06

=== 예측 결과 샘플 ===
         실제값              예측값              오차
0    83200.0     83525.788442    -325.788442
1   130000.0    127274.630862    2725.369138
2   113000.0    113827.122761    -827.122761
3   125000.0    123218.385348    1781.614652
8    72000.0     72850.083624    -850.083624
9    95200.0     95033.362287     166.637713
```

▲ 모델 학습 완료 및 성능 평가 결과 출력

학습이 끝난 머신러닝 모델을 사용하여 실제 예측을 진행한 예시입니다.
prediction_example.py 파일에서는 실제 데이터와 동일한 특성 구조를 가진 샘플 데이터를 생성한 뒤, SeoulHousingPricePredictor 클래스를 이용해 집값 예측을 수행합니다.
코드 실행 결과, 최소 예측 집값은 69,451만 원, 최대 예측 집값은 121,462만 원으로 산출되었습니다. 이를 통해 모델이 학습한 내용을 기반으로 새로운 입력 데이터에 대한 가격 범위를 계산할 수 있음을 확인할 수 있습니다.

```
prediction_example.py (new) +74

import pandas as pd
import numpy as np
from linear_regression_model import SeoulHousingPricePredictor

def create_sample_data():
    """
    예측용 샘플 데이터 생성
    """
    # 실제 데이터와 동일한 특성들을 가진 샘플 데이터 생성
    sample_data = pd.DataFrame({
```

```
python prediction_example.py
```

```
최소 예측 집값 : 69,451만원
최대 예측 집값 : 121,462만원

C:\Cursor\projects\ch08>

C:\Cursor\projects\ch08>
```

▲ 학습된 모델을 활용한 예측 예제 코드 생성 및 실행 결과

모델 학습이 완료된 후 자동 생성된 README_linear_regression.md 파일을 보여줍니다.
문서에는 서울 집값 예측 선형 회귀 모델의 개요와 함께, 모델 성능 지표가 정리되어 있습니다. R² 점수: 0.9934 (매우 높은 예측 정확도를 의미)
RMSE: 1,690.92만 원 (평균 제곱근 오차), MAE: 1,304.06만 원 (평균 절대 오차)
이러한 지표를 통해 모델의 예측력이 매우 우수하며, 실제 적용 가능성이 높음을 확인할 수 있습니다.

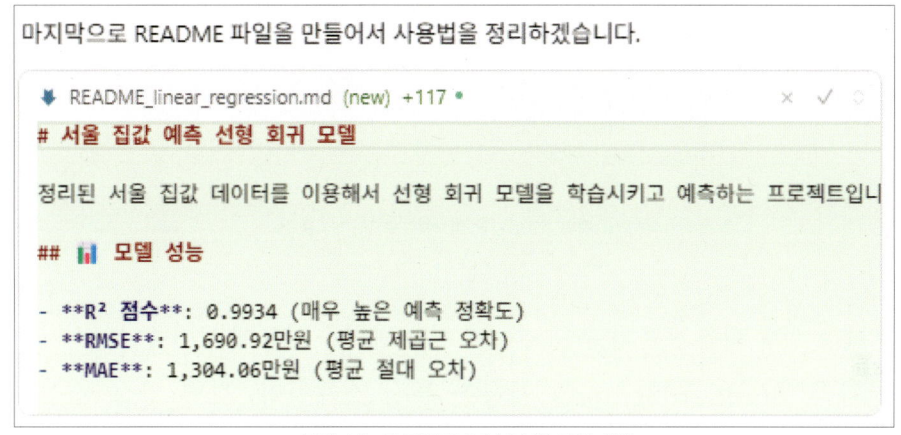

▲ 모델 성능을 정리한 README 파일 생성

정리된 데이터를 이용해 서울 집값 예측 선형 회귀 모델을 구현·평가한 최종 요약본입니다.
주요 성과로는 매우 높은 예측 정확도를 나타내는 R² 점수 0.9934, 평균 제곱근 오차(RMSE)
1,690.92만 원, 평균 절대 오차(MAE) 1,304.06만 원이 기록되었습니다.
생성된 파일은 다음과 같습니다. linear_regression_model.py – 데이터 로드·전처리, 모델
학습, 성능 평가, 예측 기능 포함 prediction_example.py – 샘플 데이터 기반 예측 예시와
유형별 예측 결과 제공 README_linear_regression.md – 사용 가이드와 성능 지표 설명
이를 통해 데이터 전처리부터 모델 학습, 평가, 예측까지의 전체 흐름을 체계적으로 확인할
수 있습니다.

완성되었습니다! 정리된 데이터를 이용해서 서울 집값을 예측하는 선형 회귀 모델을 성공적으로 구현했습니다.

📋 **구현된 내용 요약**

◇✦ **주요 성과**

- R² 점수: 0.9934 (매우 높은 예측 정확도)
- RMSE: 1,690.92만원
- MAE: 1,304.06만원

📁 **생성된 파일들**

1. `linear_regression_model.py` - 메인 모델 클래스
   - 데이터 로드 및 전처리
   - 선형 회귀 모델 학습
   - 성능 평가 및 시각화
   - 새로운 데이터 예측 기능

2. `prediction_example.py` - 예측 예제
   - 샘플 데이터로 집값 예측
   - 다양한 건물 유형별 예측 결과

3. `README_linear_regression.md` - 상세한 사용법 가이드

▲ 모델 학습 및 평가 과정 완료 요약

서울 집값 예측 선형 회귀 모델의 주요 기능과 사용 방법을 한눈에 보여줍니다.

데이터 전처리: StandardScaler를 사용한 특성 스케일링, 모델 학습: scikit-learn LinearRegression을 이용한 학습, 성능 평가: R², RMSE, MAE 지표로 모델 정확도 측정, 시각화: 예측 결과, 오차 분포, 특성 중요도 그래프 출력, 예측: 새로운 주택 정보 입력 시 집값 예측.

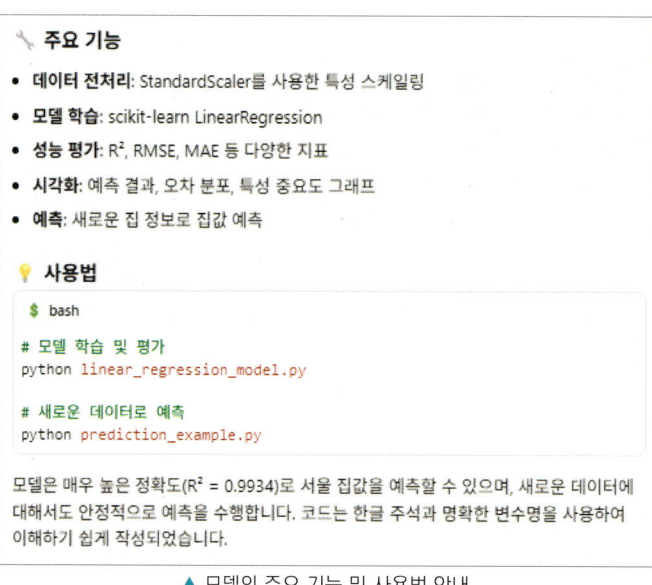

🔧 **주요 기능**

- **데이터 전처리**: StandardScaler를 사용한 특성 스케일링
- **모델 학습**: scikit-learn LinearRegression
- **성능 평가**: R², RMSE, MAE 등 다양한 지표
- **시각화**: 예측 결과, 오차 분포, 특성 중요도 그래프
- **예측**: 새로운 집 정보로 집값 예측

💡 **사용법**

```bash
# 모델 학습 및 평가
python linear_regression_model.py

# 새로운 데이터로 예측
python prediction_example.py
```

모델은 매우 높은 정확도(R² = 0.9934)로 서울 집값을 예측할 수 있으며, 새로운 데이터에 대해서도 안정적으로 예측을 수행합니다. 코드는 한글 주석과 명확한 변수명을 사용하여 이해하기 쉽게 작성되었습니다.

▲ 모델의 주요 기능 및 사용법 안내

터미널에서 코드를 다시 실행합니다.

```
Problems   Output   Debug Console   Terminal   Ports
Microsoft Windows [Version 10.0.26100.4770]
(c) Microsoft Corporation. All rights reserved.

C:\Cursor\projects\ch08>python linear_regression_model.py
```

▲ 모델 학습 스크립트 재실행

서울 집값 예측 선형 회귀 모델의 학습 과정과 성능 평가 결과를 상세하게 보여줍니다. 학습 데이터와 테스트 데이터의 크기, 전처리 완료 여부, 각 단계별 진행 상황이 로그로 기록됩니다. 성능 평가 지표로는 R^2 0.9934, RMSE 1,690.92만 원, MAE 1,304.06만 원이 출력되어 모델의 높은 예측 정확도를 확인할 수 있습니다. 또한 예측 샘플과 각 샘플별 오차 값이 함께 표시되며, 예측 결과를 시각화한 그래프 파일(seoul_housing_prediction_results.png)이 자동 생성·저장됩니다. 이를 통해 사용자는 모델의 성능을 수치와 시각 자료 모두로 직관적으로 파악할 수 있습니다.

```
Problems   Output   Debug Console   Terminal   Ports
Microsoft Windows [Version 10.0.26100.4770]
(c) Microsoft Corporation. All rights reserved.

C:\Cursor\projects\ch08>"C:/Program Files/Python313/python.exe" c:/Cursor/projects/ch08
/linear_regression_model.py
=== 서울 집값 예측 선형 회귀 모델 ===
✓ 한글 폰트 설정 완료: Malgun Gothic
데이터 로드 완료:
- 학습 데이터: (144, 10)
- 테스트 데이터: (36, 10)
데이터 전처리 완료
모델 학습 완료:
- 학습 R² 점수: 0.9955
- 학습 RMSE: 1347.09

=== 모델 성능 평가 ===
R² 점수: 0.9934
RMSE: 1690.92
MAE: 1304.06

=== 예측 결과 샘플 ===
         실제값          예측값          오차
0   83200.0   83525.788442  -325.788442
1  130000.0  127274.630862  2725.369138
2  113000.0  113827.122761  -827.122761
3  125000.0  123218.385348  1781.614652
4   92000.0   91813.961257   186.038743
5  102000.0  105341.028875 -3341.028875
6  103000.0  106101.795693 -3101.795693
7   76200.0   77256.618104 -1056.618104
8   72000.0   72850.083624  -850.083624
9   95200.0   95033.362287   166.637713

그래프가 저장되었습니다: seoul_housing_prediction_results_20250805_201356.png
```

▲ 모델 학습 및 성능 평가 상세 결과 출력

모델 학습 과정에서 자동으로 생성된 예측 성능 시각화 자료입니다. 좌측 상단: 파란 점은 실제 집값, 빨간 직선은 모델의 예측 값을 나타냅니다. 점들이 직선에 밀착되어 있어, 모델이 실제 데이터 패턴을 매우 정확히 학습했음을 확인할 수 있습니다. 우측 상단: 예측 오차의 분포를 보여주며, 대부분의 오차가 0 주변에 분포하고 있습니다. 좌측 하단: 특성 중요도 상위 10개의 계수를 시각화하여, 어떤 특성이 예측에 큰 영향을 미쳤는지 확인할 수 있습니다. 우측 하단: 실제값과 예측값의 변화를 시간 순서대로 비교한 그래프로, 두 선이 거의 겹쳐져 있어 예측 결과가 안정적임을 나타냅니다. 이 시각화 자료는 모델의 예측력과 신뢰도를 직관적으로 이해할 수 있는 중요한 참고 자료입니다.

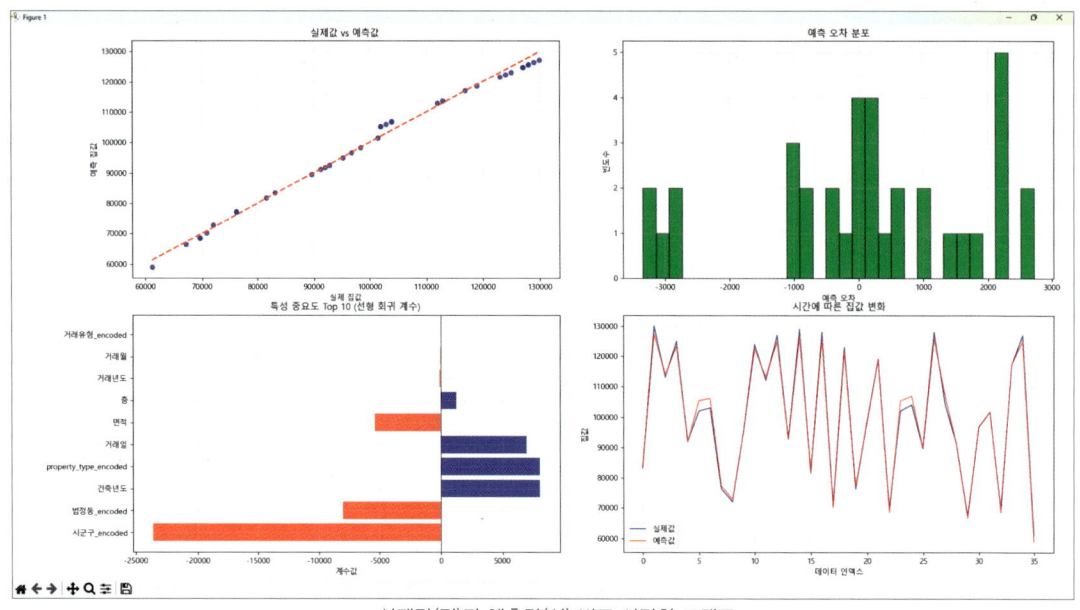

▲ 실제값(점)과 예측값(선) 비교 시각화 그래프

prediction_example.py 스크립트를 실행해 새로운 샘플 데이터에 대한 집값 예측 과정을 출력한 예시입니다. 스크립트는 가상의 아파트 정보를 생성하며, 여기에는 층수, 면적, 건축년도, 법정동, 시군구, 거래유형 등이 포함됩니다. 이 데이터는 모델 입력 형식에 맞춰 숫자 인코딩되어 표시되며, 학습된 모델(SeoulHousingPricePredictor)이 이를 기반으로 예측을 수행합니다. 출력된 로그에는 학습 데이터·테스트 데이터 정보, 모델 성능 지표(R^2, RMSE)와 함께 새롭게 생성된 예측 대상 데이터가 상세히 나타납니다. 이를 통해 사용자는 모델이 실제 데이터뿐 아니라 새로운 입력값에도 안정적으로 예측을 수행할 수 있음을 확인할 수 있습니다.

```
Problems    Output    Debug Console    Terminal    Ports                            ☰ Python  + ∨  ⬚  🗑  …  ^  ×
Microsoft Windows [Version 10.0.26100.4770]
(c) Microsoft Corporation. All rights reserved.

C:\Cursor\projects\ch08>"C:/Program Files/Python313/python.exe" c:/Cursor/projects/ch08/prediction_example.py
=== 새로운 데이터로 집값 예측 ===
√ 한글 폰트 설정 완료: Malgun Gothic
데이터 로드 완료:
- 학습 데이터: (144, 10)
- 테스트 데이터: (36, 10)
데이터 전처리 완료
모델 학습 완료:
- 학습 R² 점수: 0.9955
- 학습 RMSE: 1347.09

=== 예측할 새로운 데이터 ===
   property_type_encoded  층  면적  건축년도  법정동_encoded  시군구_encoded  거래유형_encoded  거래년도  거래월  거래일
0                      1  15  85.0  2012            1             0              0  2024    6    15
1                      0   3  35.0  2008            2             1              0  2024    6    15
2                      2   8  60.0  2016            0             2              0  2024    6    15
3                      1  20  95.0  2010            1             0              0  2024    6    15
4                      0   5  40.0  2006            2             1              0  2024    6    15
```

▲ 새로운 샘플 데이터에 대한 예측 과정 출력

모델이 새로운 샘플 데이터에 대해 예측한 개별 집값 결과와 요약 통계를 보여줍니다. 각 샘플에는 건물 유형(아파트, 오피스텔, 빌라 등), 층수, 면적, 건축년도와 함께 해당 조건에서 예측된 집값이 표시됩니다. 예를 들어, 샘플 1의 아파트(15층, 85㎡, 2012년 준공)는 약 12억 1,462만 원으로 예측되었습니다. 하단의 예측 결과 요약에서는 평균 예측 집값: 94,908만 원, 최소 예측 집값: 69,451만 원, 최대 예측 집값: 121,462만 원이 제시되어, 전체 샘플의 가격 분포를 한눈에 파악할 수 있습니다. 이러한 출력은 모델의 예측 결과를 개별 사례와 통계적으로 동시에 확인할 수 있어, 실무 분석 및 보고서 작성에 유용합니다.

```
=== 예측 결과 ===
샘플 1:
 - 건물 유형: 아파트
 - 층수: 15.0층
 - 면적: 85.0㎡
 - 건축년도: 2012.0년
 - 예측 집값: 121,462만원

샘플 2:
 - 건물 유형: 오피스텔
 - 층수: 3.0층
 - 면적: 35.0㎡
 - 건축년도: 2008.0년
 - 예측 집값: 73,965만원
```

```
샘플 3:
 - 건물 유형: 빌라
 - 층수: 8.0층
 - 면적: 60.0㎡
 - 건축년도: 2016.0년
 - 예측 집값: 93,147만원

샘플 4:
 - 건물 유형: 아파트
 - 층수: 20.0층
 - 면적: 95.0㎡
 - 건축년도: 2010.0년
 - 예측 집값: 116,516만원
```

```
샘플 5:
 - 건물 유형: 오피스텔
 - 층수: 5.0층
 - 면적: 40.0㎡
 - 건축년도: 2006.0년
 - 예측 집값: 69,451만원


=== 예측 결과 요약 ===
평균 예측 집값: 94,908만원
최소 예측 집값: 69,451만원
최대 예측 집값: 121,462만원
```

▲ 최종 예측 집값 및 요약 통계

모델 학습과 예측 예제 실행이 모두 끝나면, 우리 프로젝트 폴더에는 다양한 결과물들이 생성됩니다. models 폴더에는 학습된 AI 모델 파일(.pkl)이, processed_data 폴더에는 전처리된 데이터 파일들이, results 폴더에는 모델 성능 및 예측 결과와 관련된 각종 CSV 파일과 이미지 파일이 체계적으로 저장됩니다.

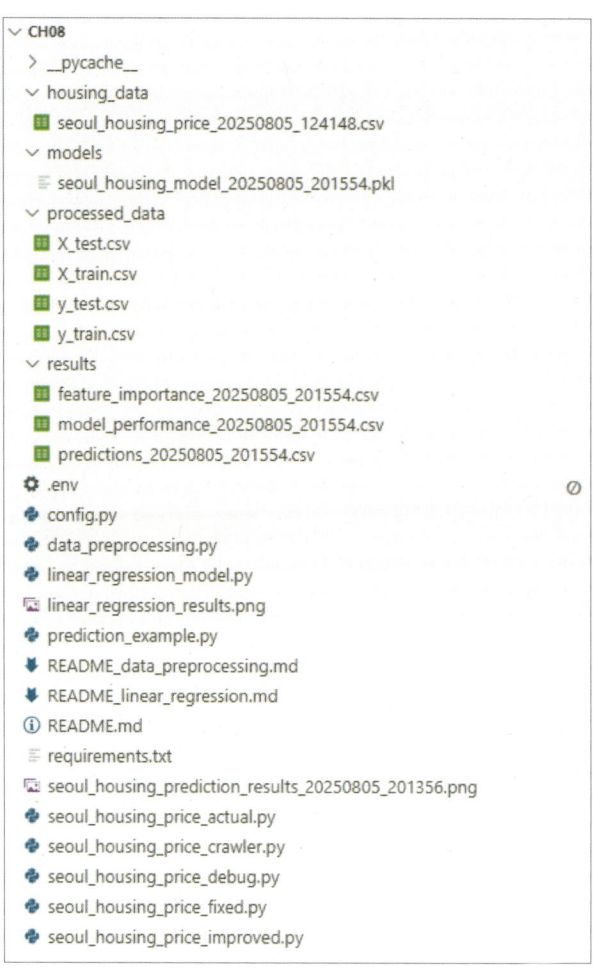

▲ 모델 학습 단계 완료 후의 최종 프로젝트 폴더 구조

5단계 학습된 모델로 새로운 데이터 예측 (프롬프트 4)

> **프롬프트 4:** 훈련된 모델을 사용해서 다음의 집값을 예측하는 파이썬 코드를 작성해줘.

네 번째 프롬프트는 이미 훈련된 모델을 불러와 예측을 수행하는, 보다 실용적인 코드를 요청합니다. AI는 기존의 prediction_example.py를 개선하고, 사용자가 직접 터미널에서 아파트 정보를 입력하면 예측 결과를 바로 확인할 수 있는 simple_prediction.py라는 새로운 파일을 만들어줍니다. 이제 우리는 샘플 데이터뿐만 아니라, 원하는 어떤 조건으로든 집값 예측을 수행할 수 있는 상호 작용형 프로그램을 갖게 되었습니다. 실행 결과, 사용자가 입력한 조건에 따라 예측된 집값과 가격대가 성공적으로 출력되는 것을 볼 수 있습니다.

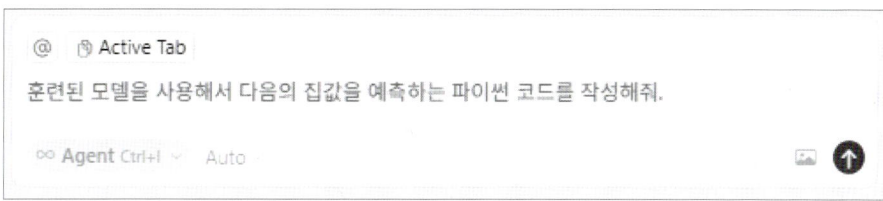

▲ 네 번째 프롬프트 입력: 훈련된 모델 사용 코드 요청

이제 훈련된 모델을 사용해서 집값을 예측하는 개선된 코드를 작성합니다. 기존 코드를 더 실용적이고 사용하기 쉽게 개선하는 화면입니다.

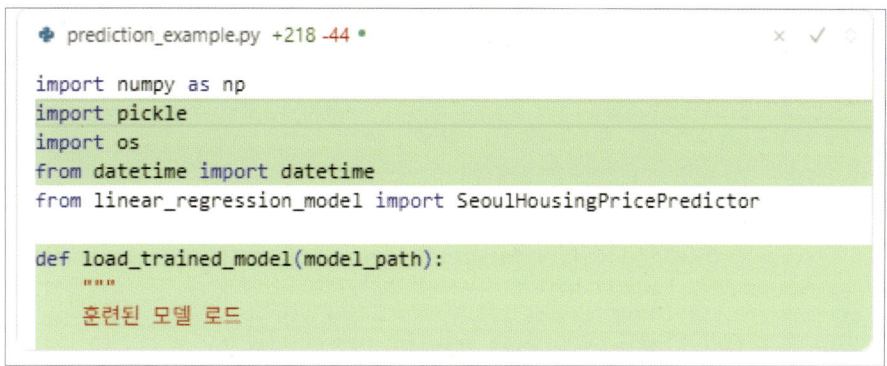

▲ 기존 예측 코드를 개선하고 모델 로드 기능 추가

simple_prediction.py 스크립트를 실행해 간단한 버전의 집값 예측을 테스트한 결과입니다. 예시 1은 아파트, 예시 2는 오피스텔로 설정되었으며, 학습된 모델과 스케일러를 불러와 예측을 수행합니다. 출력 결과, 아파트의 예측 집값은 121,462만 원, 오피스텔의 예측 집값은 142,892만 원으로 계산되었습니다. 이 스크립트는 복잡한 데이터 전처리 없이도 빠르게 모델 예측 기능을 확인할 수 있어, 학습된 모델이 정상적으로 동작하는지 점검하는 데 유용합니다.

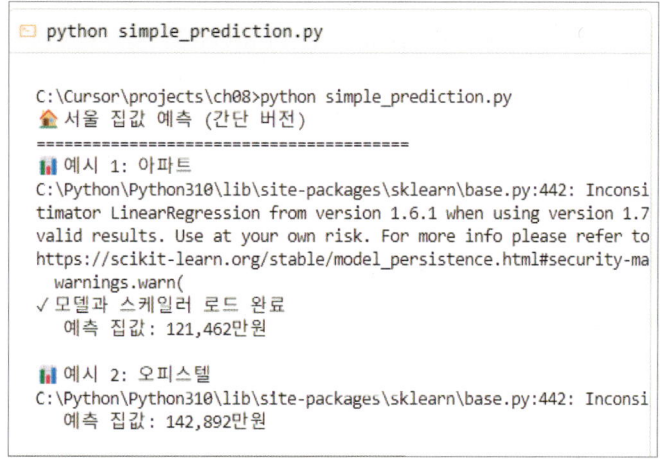

▲ simple_prediction.py 실행 및 샘플 예측 결과 확인

simple_prediction.py 스크립트를 실행해 사용자가 직접 입력한 부동산 정보를 기반으로 집값 예측을 수행하는 과정입니다. 프로그램은 건물 유형(예: 아파트, 빌라), 층수, 면적(㎡), 건축년도 등을 차례로 입력받습니다. 입력값이 모델에 전달되면, 학습된 스케일러를 통해 데이터가 변환되고, 선형 회귀 모델이 예측 집값을 산출합니다. 예시에서 아파트(10층, 84㎡, 2022년 준공)의 예측 집값은 139,547만 원이며, 가격대는 '고가'로 분류되었습니다. 이러한 방식은 사용자 맞춤형 예측이 가능하다는 장점이 있어, 실무 분석이나 서비스 개발 시 유용하게 활용될 수 있습니다.

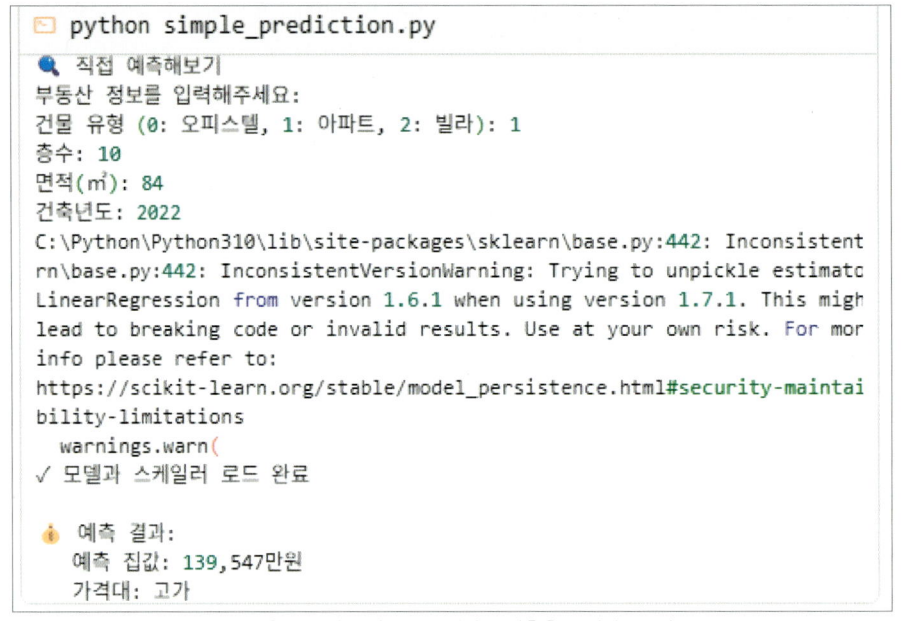

```
python simple_prediction.py
```

🔍 직접 예측해보기
부동산 정보를 입력해주세요:
건물 유형 (0: 오피스텔, 1: 아파트, 2: 빌라): 1
층수: 10
면적(㎡): 84
건축년도: 2022
C:\Python\Python310\lib\site-packages\sklearn\base.py:442: Inconsistent
rn\base.py:442: InconsistentVersionWarning: Trying to unpickle estimato
LinearRegression from version 1.6.1 when using version 1.7.1. This migh
lead to breaking code or invalid results. Use at your own risk. For mor
info please refer to:
https://scikit-learn.org/stable/model_persistence.html#security-maintai
bility-limitations
  warnings.warn(
✓ 모델과 스케일러 로드 완료

ℹ️ 예측 결과:
  예측 집값: 139,547만원
  가격대: 고가
```

▲ 사용자가 직접 정보를 입력하여 예측을 수행하는 모습

개선된 prediction_example.py를 실행했을 때 나타나는 초기 인터페이스입니다. 프로그램은 학습된 모델(.pkl 파일)을 불러오고, 데이터 전처리와 환경 설정을 완료한 뒤, 사용자가 선택할 수 있는 예측 옵션을 제공합니다. 1. 샘플 데이터로 예측: 미리 준비된 샘플 데이터 세트를 기반으로 집값 예측을 수행 2. 사용자 정의 데이터로 예측: 사용자가 직접 입력한 건물 유형, 층수, 면적, 건축년도 등 조건으로 집값 예측 3. 종료: 프로그램을 종료
이러한 구조는 하나의 스크립트 안에서 다양한 예측 모드를 지원하므로, 테스트와 실제 활용 모두에 적합합니다.
```

```
C:\Cursor\projects\ch08>python prediction_example.py
🏠 서울 집값 예측 시스템
==========================================
=== 훈련된 모델로 집값 예측 ===
√ 모델 로드 완료: models/seoul_housing_model_20250805_201554.pkl
√ 한글 폰트 설정 완료: Malgun Gothic
데이터 로드 완료:
- 학습 데이터: (144, 10)
- 테스트 데이터: (36, 10)
데이터 전처리 완료
√ 모델 준비 완료


==========================================
📋 예측 옵션 선택:
1. 샘플 데이터로 예측
2. 사용자 정의 데이터로 예측
3. 종료
==========================================
선택하세요 (1-3): []
```

▲ 개선된 prediction_example.py 실행 화면

8개의 샘플 데이터를 대상으로 한 집값 예측 결과를 보여줍니다. 각 샘플에는 건물 유형, 층수, 면적, 건축년도, 예측 집값, 그리고 가격대 분류(고가·중가)가 포함되어 있습니다.

예를 들어, 샘플 1은 아파트(15층, 85㎡, 2012년 준공)로 예측 집값은 121,462만 원, 가격대는 '고가'입니다. 하단의 예측 결과 통계에는 평균 예측 집값: 95,485만 원, 최소 예측 집값: 69,451만 원, 최대 예측 집값: 142,159만 원, 표준편차: 25,984만 원이 제시되어, 전체 데이터의 가격 분포를 수치로 파악할 수 있습니다.

또한, 프로그램은 사용자가 원할 경우 예측 결과를 CSV 파일(results/new_predictions_20250805_203519.csv)로 저장하여, 추후 분석이나 보고서 작성에 활용할 수 있도록 지원합니다.

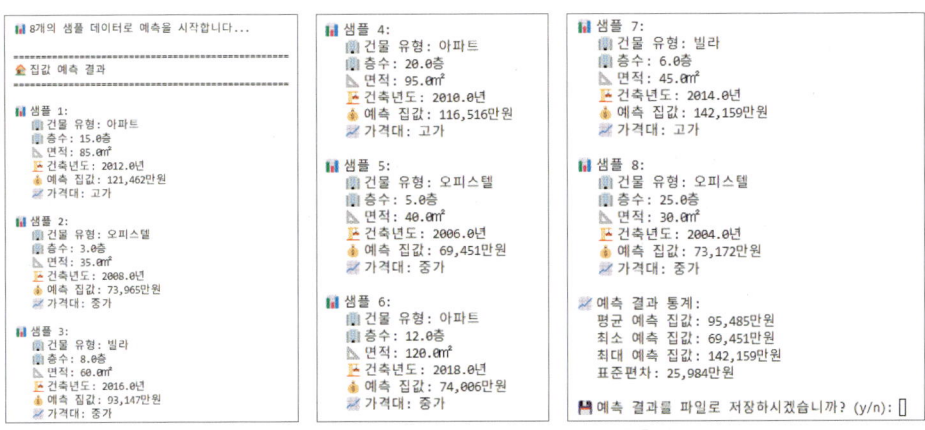

▲ 다양한 샘플 데이터에 대한 예측 결과 상세 출력

> **프롬프트 5:** Flask를 사용해서 예측한 집값 결과를 웹 페이지로 보여주는 파이썬 코드를 작성해줘.

드디어 마지막 단계입니다. 지금까지 만든 집값 예측 모델을 모든 사람이 쉽게 사용할 수 있도록 웹 서비스로 만드는 과정입니다. 다섯 번째 프롬프트로 "Flask를 사용해서 예측 결과를 웹 페이지로 보여주는 코드를 작성해줘"라고 요청합니다.

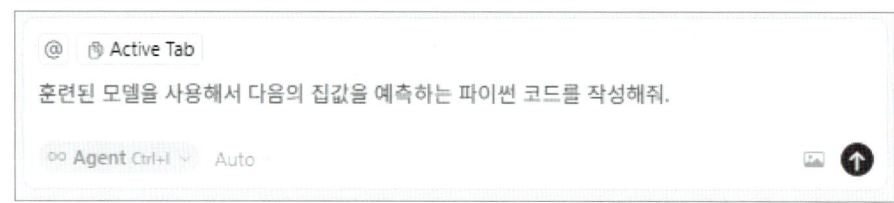

▲ 다섯 번째 프롬프트 입력: Flask 웹 연동 코드 요청

Flask를 사용해서 집값 예측 결과를 웹 페이지로 보여주는 코드를 작성 중입니다. 먼저 현재 프로젝트 구조를 파악하고 기존 코드를 확인합니다. 이제 Flask를 사용하여 웹 애플리케이션을 만들어보겠습니다. 기존 예측 코드를 활용하여 웹 인터페이스를 제공하는 Flask 앱을 작성하겠습니다.

```
➕ app.py +237 ✓
from flask import Flask, render_template, request, jsonify
import pandas as pd
import numpy as np
import pickle
import os
from datetime import datetime
from linear_regression_model import SeoulHousingPricePredictor

app = Flask(__name__)
```

▲ 웹 서버 로직을 담을 app.py 파일 생성

웹 페이지 UI 구성을 위해 HTML 템플릿을 저장할 templates 폴더를 생성하는 명령어 실행 예시입니다. Flask나 Django와 같은 웹 프레임워크에서는 HTML 파일을 templates 디렉터리에 두어야 템플릿 렌더링이 정상적으로 동작합니다. 이 단계에서는 메인 페이지를 포함한 모든 UI 템플릿 파일이 이 폴더에 저장될 예정입니다.

```
☐ mkdir templates

 Microsoft Windows [Version 10.0.26100.4770]
 (c) Microsoft Corporation. All rights reserved.

 C:\Cursor\projects\ch08>mkdir templates
```

▲ 웹 페이지 UI를 담을 templates 폴더 생성

서울 집값 예측 시스템의 메인 페이지 템플릿인 index.html 파일을 작성하는 모습입니다. HTML의 기본 문서 구조를 정의하고, UTF-8 문자 인코딩과 반응형 웹을 위한 viewport 설정을 포함했습니다. 또한 Bootstrap과 Font Awesome 라이브러리를 연동하여 페이지 디자인과 아이콘을 손쉽게 구현할 수 있도록 준비했습니다. 이 파일은 templates 폴더에 저장되어, Flask 앱 실행 시 메인 페이지로 렌더링됩니다.

```
<> index.html (new) +450 ●                              ⋯  ⎘  ×  ✓  ⌄
<!DOCTYPE html>
<html lang="ko">
<head>
    <meta charset="UTF-8">
    <meta name="viewport" content="width=device-width, initial-scale=1.0
    <title>서울 집값 예측 시스템</title>
    <link href="https://cdn.jsdelivr.net/npm/bootstrap@5.1.3/dist/css/bc
    <link href="https://cdnjs.cloudflare.com/ajax/libs/font-awesome/6.0.
    <style>
        body {
                                    ⌄
```

▲ 메인 페이지 index.html 템플릿 생성

서울 집값 예측 시스템에서 샘플 데이터를 기반으로 한 예측 결과를 보여주는 페이지 템플릿 sample_predictions.html을 작성하는 모습입니다. HTML 기본 구조와 함께 UTF-8 문자 인코딩, 반응형 웹을 위한 viewport 설정을 포함했으며, Bootstrap과 Font Awesome 라이브러리를 연동하여 페이지 디자인과 아이콘 스타일링을 지원합니다. 이 템플릿은 Flask 앱에서 예측 실행 후, 샘플 데이터의 결과를 시각적으로 표시하는 역할을 합니다.

```
<> sample_predictions.html (new) +347 ●                    ×  ✓  ⌄
<!DOCTYPE html>
<html lang="ko">
<head>
    <meta charset="UTF-8">
    <meta name="viewport" content="width=device-width, initial-scale=1.0
    <title>샘플 예측 결과 - 서울 집값 예측 시스템</title>
    <link href="https://cdn.jsdelivr.net/npm/bootstrap@5.1.3/dist/css/bc
    <link href="https://cdnjs.cloudflare.com/ajax/libs/font-awesome/6.0.
    <style>
        body {
```

▲ 샘플 예측 결과 페이지 sample_predictions.html 템플릿 생성

이제 Flask 애플리케이션을 실행하기 위한 requirements.txt 파일을 업데이트하는 화면입니다.

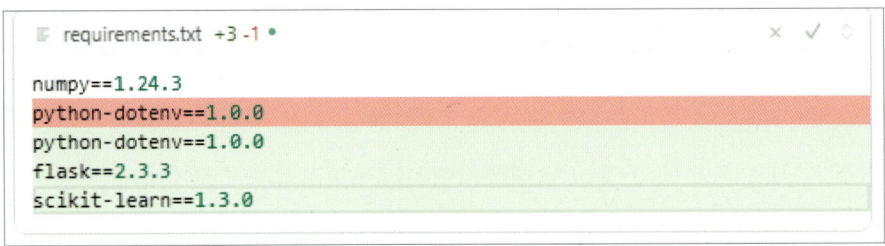

▲ requirements.txt에 Flask 라이브러리 추가

집값예측 Flask Web 실행하기

app.py를 실행하여 서울 집값 예측 Flask 애플리케이션을 정상적으로 구동한 콘솔 출력입니다. 프로그램은 먼저 학습된 모델(.pkl 파일)을 불러오고, 1,000개 샘플 데이터를 생성하여 전처리를 수행한 뒤, 예측에 필요한 환경을 준비합니다. 이후 Flask 서버가 시작되며, 개발 모드에서 다음 주소로 접속할 수 있습니다. 로컬: http://127.0.0.1:5000

네트워크: http://192.168.219.103:5000 , 콘솔에는 디버거 활성 상태와 PIN 번호도 함께 표시되며, 이는 개발 중 문제 발생 시 즉시 디버깅이 가능하도록 돕습니다.

```
C:\Cursor\projects\ch08>python app.py
=== 집값 예측 모델 초기화 ===
√ 모델 로드 완료: models\seoul_housing_model_20250805_213601.pkl
더미 데이터를 생성합니다...
데이터 로드 완료: 1000개 샘플
데이터 전처리를 수행합니다...
데이터 전처리 완료
√ 모델 준비 완료
√ Flask 서버 시작 준비 완료
 * Serving Flask app 'app'
 * Debug mode: on
WARNING: This is a development server. Do not use it in a production deployment. Use a production WSGI server instead.
 * Running on all addresses (0.0.0.0)
 * Running on http://127.0.0.1:5000
 * Running on http://192.168.219.103:5000
Press CTRL+C to quit
 * Restarting with stat
=== 집값 예측 모델 초기화 ===
√ 모델 로드 완료: models\seoul_housing_model_20250805_213601.pkl
더미 데이터를 생성합니다...
데이터 로드 완료: 1000개 샘플
데이터 전처리를 수행합니다...
데이터 전처리 완료
√ 모델 준비 완료
√ Flask 서버 시작 준비 완료
 * Debugger is active!
 * Debugger PIN: 113-401-201
```

▲ Flask 서버 성공적으로 실행된 터미널 화면

Flask로 구현한 서울 집값 예측 웹 애플리케이션의 사용 방법과 주요 기능을 문서화한 README_web_app.md 파일 생성 예시입니다. 문서에는 다음과 같은 기능 설명이 포함됩니다.

맞춤 예측: 사용자가 직접 부동산 정보를 입력하여 집값 예측 수행, 실시간 응답: AJAX 요청을 통해 빠르게 결과 제공, 시각화된 결과 표시: 예측 결과를 그래프나 표 형태로 직관적으로 표시, 이 README는 개발자뿐 아니라 최종 사용자가 웹 애플리케이션을 쉽게 활용할 수 있도록 돕는 가이드 역할을 합니다.

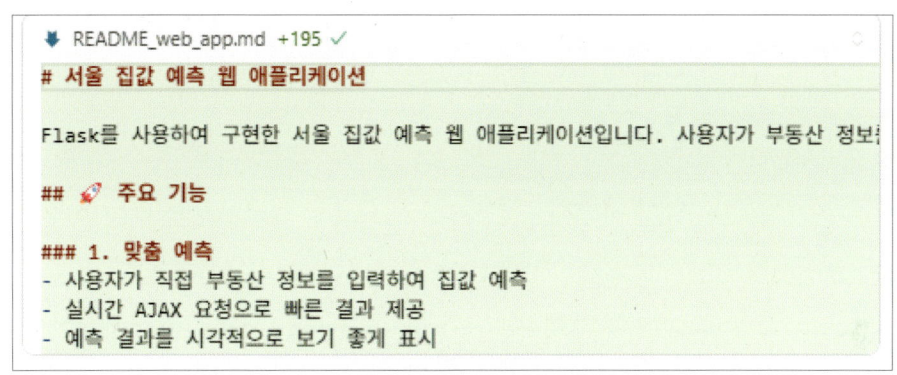

▲ 웹 사용법을 담은 README 파일 생성

Flask 기반 서울 집값 예측 웹 애플리케이션의 최종 구현 완료 사항을 요약한 것입니다.

1. Flask 웹 애플리케이션

(app.py) 기존 예측 모델을 웹 인터페이스와 연결, RESTful API 엔드포인트 제공, 모델 초기화 및 예측 기능 구현.

2. 웹 인터페이스

메인 페이지(templates/index.html): 맞춤 예측과 샘플 예측 선택 가능, AJAX를 통한 빠른 결과 제공, 반응형 UI 디자인 , 샘플 예측 페이지(templates/sample_predictions.html): 예측 결과 상세 표시, 평균·최소·최대·표준편차 등의 통계 제공

3. 주요 기능

맞춤 예측: 사용자 입력 기반 개별 집값 예측, 샘플 예측: 다양한 조건의 샘플 데이터 예측

실시간 결과: AJAX 처리로 빠른 응답, 반응형 디자인: 모바일·데스크톱 모두 지원,

시각적 피드백: 로딩 표시, 오류 메시지, 결과 시각화

이로써 데이터 전처리 → 모델 학습 → 웹 서비스 연동까지의 전체 파이프라인이 완성되었습니다.

완성되었습니다! Flask를 사용한 서울 집값 예측 웹 애플리케이션을 성공적으로 구현했습니다.

🎉 구현 완료 사항

1. Flask 웹 애플리케이션 (`app.py`)

- 기존 예측 모델을 웹 인터페이스로 연결
- RESTful API 엔드포인트 제공
- 모델 초기화 및 예측 기능 구현

2. 웹 인터페이스

- 메인 페이지 (`templates/index.html`):
    - 맞춤 예측과 샘플 예측 탭 제공
    - 실시간 AJAX 요청으로 빠른 결과 표시
    - 반응형 디자인과 현대적인 UI
- 샘플 예측 페이지 (`templates/sample_predictions.html`):
    - 상세한 샘플 예측 결과 표시
    - 통계 정보 제공 (평균, 최소, 최대, 표준편차)

3. 주요 기능

- ☑ **맞춤 예측**: 사용자 입력으로 개별 집값 예측
- ☑ **샘플 예측**: 다양한 조건의 샘플 데이터 예측
- ☑ **실시간 결과**: AJAX를 통한 비동기 처리
- ☑ **반응형 디자인**: 모바일과 데스크톱 모두 지원
- ☑ **시각적 피드백**: 로딩 표시, 오류 메시지, 결과 표시

▲ Flask 웹 애플리케이션 구현 완료 요약

서울 집값 예측 웹 애플리케이션의 사용자 경험(UX)과 기술적 특징을 정리한 내용입니다.

4. 사용자 경험

현대적인 디자인: 그라데이션 배경과 글래스모피즘 효과 적용, 직관적인 인터페이스: 탭 기반 구성과 명확한 폼 레이아웃, 빠른 응답: 실시간 예측 결과 제공, 모바일 친화적: 모든 기기에서 최적화된 반응형 경험 제공

5. 기술적 특징

백엔드: Flask, scikit-learn, pandas, numpy, 프론트엔드: Bootstrap 5, Font Awesome, JavaScript, API: RESTful 엔드포인트를 통한 데이터 교환, 에러 처리: 포괄적인 예외 처리 및 사용자 피드백 기능 이를 통해 사용자 입장에서는 깔끔하고 직관적인 사용성을, 개발자 입장에서는 확장성과 유지보수성을 확보할 수 있습니다.

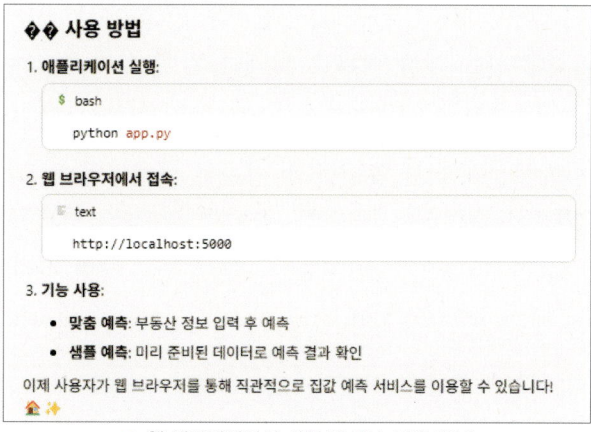
▲ 웹 앱의 사용자 경험 및 기술적 특징 설명

서울 집값 예측 웹 애플리케이션의 실행 및 접속 방법을 안내하는 가이드입니다.

1. 애플리케이션 실행

python app.py

명령어를 실행하면 Flask 서버가 시작됩니다.

2. 웹 브라우저에서 접속

http://localhost:5000

브라우저 주소창에 위 URL을 입력하면 애플리케이션 메인 페이지가 열립니다.

3. 기능 사용

맞춤 예측: 사용자가 부동산 정보를 입력하여 개별 집값을 예측

샘플 예측: 미리 준비된 데이터의 예측 결과를 확인

이 절차를 통해 사용자는 로컬 환경에서 브라우저를 통해 직접 예측 서비스를 체험할 수 있습니다.

▲ 웹 애플리케이션 실행 및 접속 방법 안내

웹 브라우저를 통해 접속한 서울 집값 예측 시스템의 메인 페이지입니다. 상단 입력 폼에서 사용자는 부동산 유형, 층수, 면적(㎡), 건축년도, 법정동, 시군구를 선택 및 입력할 수 있습니다. [집값 예측하기] 버튼을 클릭하면, 입력한 조건을 기반으로 AI 모델이 즉시 예측 결과를 제공합니다. 하단에는 서비스의 핵심 특징이 간략히 소개되어 있습니다. AI 기반 예측: 머신 러닝 모델을 활용한 집값 예측, 실시간 데이터: 빠른 결과 제공, 다양한 분석: 위치, 면적, 연식 등 종합 분석 이러한 구성은 사용자가 직관적으로 데이터를 입력하고, 즉시 예측 결과를 확인할 수 있는 편리한 UX를 제공합니다.

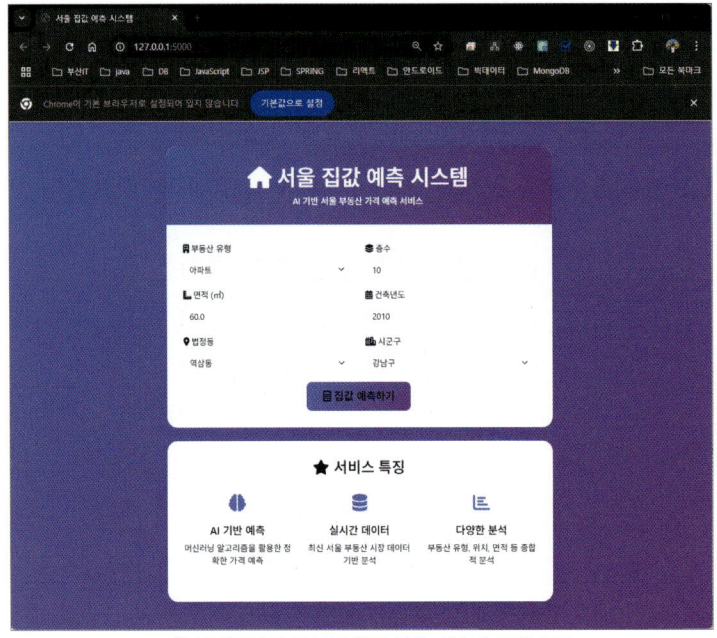

▲ 웹 브라우저에 표시된 집값 예측 시스템 메인 화면

사용자가 강남구 역삼동, 10층, 면적 60㎡, 건축년도 2010년을 입력했을 때의 예측 결과를 보여줍니다. AI 모델은 해당 조건에 대한 예측 집값을 128,383만 원으로 계산하였으며, 가격대는 고가로 분류되었습니다. 예측 결과 카드에는 입력 정보(층수, 면적, 건축년도, 법정동, 시군구)와 함께 가격대 구분이 시각적으로 강조되어 표시됩니다. 이러한 구성은 사용자가 입력값과 예측 결과를 한눈에 비교·확인할 수 있도록 설계되었습니다.

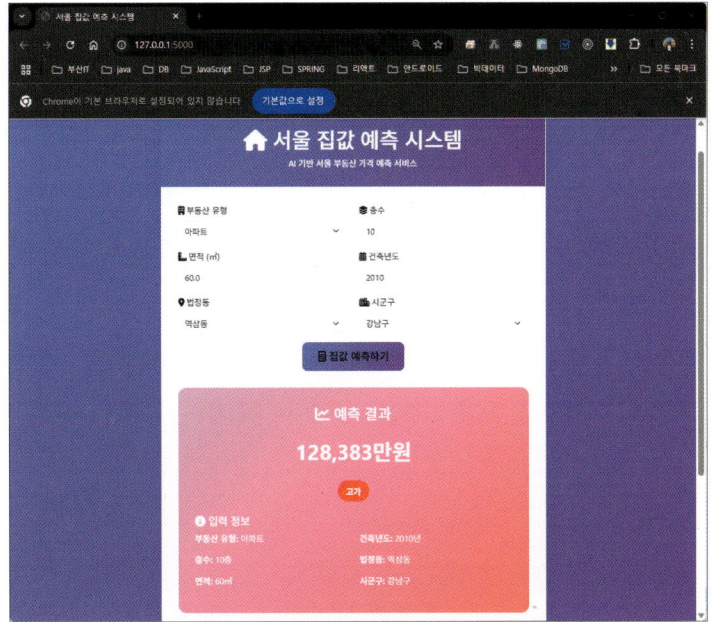

▲ 사용자가 입력한 조건으로 예측된 결과가 표시된 화면

사용자가 강남구 역삼동, 12층, 면적 85㎡, 건축년도 2020년을 입력했을 때의 예측 결과를 보여줍니다. AI 모델은 해당 조건에 대한 예측 집값을 195,080만 원으로 산출하였으며, 가격대는 고가로 분류되었습니다. 결과 카드에는 입력한 부동산 정보와 예측된 가격, 그리고 가격대 구분이 함께 표시됩니다. 이러한 방식은 사용자가 조건을 변경하며 다양한 시나리오를 테스트하고, 가격 변화를 직관적으로 확인할 수 있도록 설계되었습니다.

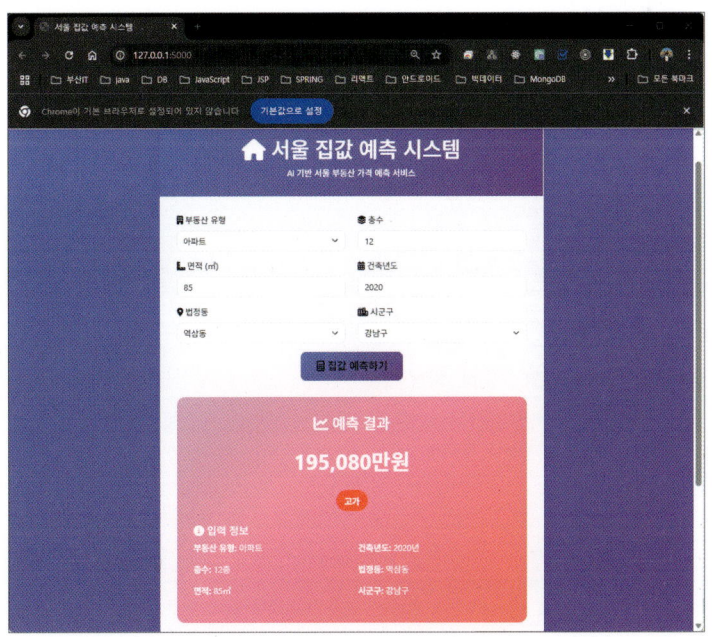

▲ 사용자가 입력한 다른 조건으로 예측된 결과가 표시된 화면

모든 구현 과정을 완료한 뒤의 최종 프로젝트 폴더 구조를 보여줍니다. 데이터 폴더(housing_data, processed_data): 원본 및 전처리된 CSV 데이터 저장, 모델 폴더(models): 학습된 모델 파일(.pkl) 보관, 결과 폴더(results): 모델 성능, 특성 중요도, 예측 결과 등의 출력 파일 저장, 템플릿 폴더(templates): 웹 UI 페이지(index.html, sample_predictions.html),

파이썬 스크립트: 데이터 전처리(data_preprocessing.py), 모델 학습(linear_regression_model.py), 예측 실행(prediction_example.py, simple_prediction.py) 등 기능별 코드 구성

문서 파일: 사용 가이드(README.md), 기능 설명(README_web_app.md), 모델 성능 문서(README_linear_regression.md) 이러한 구조는 데이터, 모델, 코드, 문서를 명확하게 분리하여 유지보수와 확장이 용이하도록 설계되었습니다.

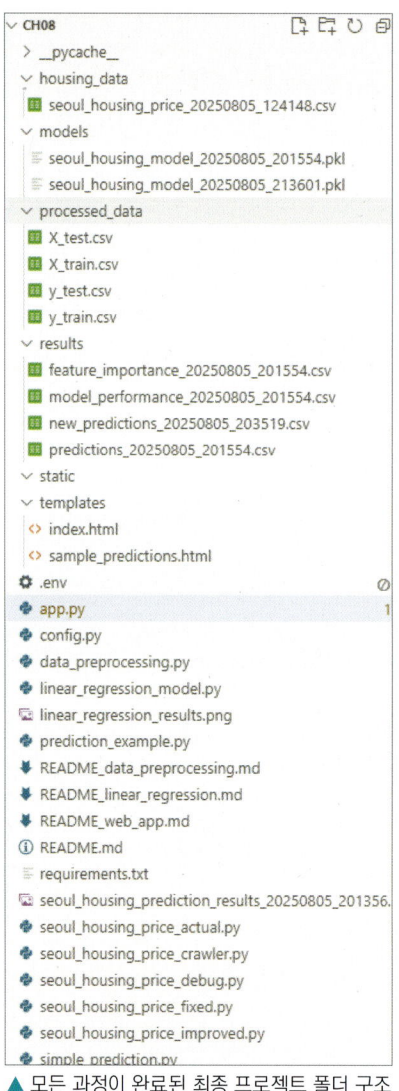

▲ 모든 과정이 완료된 최종 프로젝트 폴더 구조

이번 장에서는 선형 회귀 기반의 아파트 가격 예측 AI를 만들어보고, 그것을 Flask 웹 앱 형태로 제공하는 일련의 과정을 실습했습니다. 공개된 부동산 실거래 데이터를 전처리하고, 선형 회귀 기반의 모델을 학습시켰으며, Cursor의 AI 코드 생성 기능을 활용하여 필요한 코드 조각들을 빠르게 얻는 법도 경험했습니다. 완성된 웹을 통해 사용자는 직접 면적, 연식, 지역을 입력하여 모델이 예측한 아파트 가격을 확인할 수 있었습니다.

요약하면, 데이터 준비 → 모델 학습 → 웹 연동의 흐름을 처음부터 끝까지 구현해 봄으로써 AI 코딩의 전체 사이클을 배우게 되었습니다. 실제 예측 정확도를 높이려면 더 많은 변수(예: 층수, 공급면적, 주변 시설 등)를 고려하거나, 다른 모델 (예: 랜덤 포레스트, XGBoost 등)로 개선할 여지도 있습니다. 또한 Flask 앱에 지도 API를 연계하여 아파트 위치를 시각화한다든지, UI를 더 다듬어서 사용자 친화적으로 만들 수도 있을 것입니다.

이번 실습을 발판 삼아, 독자분들께서는 원하는 다른 데이터나 문제에도 도전해 보세요. 예를 들어 중고차 가격 예측, 주택 임대료 예측 등 구조는 유사하므로 데이터를 바꾸어 동일한 흐름으로 실습해볼 수 있습니다. 중요한 것은 데이터와 친해지고, 아이디어를 구현해보는 경험입니다. Cursor와 같은 AI 도구를 잘 활용하면 복잡한 프로그래밍 작업도 훨씬 수월해집니다.

이 책을 마치며

이 책은 Cursor와 Python을 활용하여, AI 프로젝트의 시작부터 완성까지를 직접 경험할 수 있도록 구성되었습니다. 총 8장에 걸쳐, 그림 인식부터 챗봇, 이미지 분석과 생성, 텍스트 요약, 주가 및 집값 예측까지—실생활과 밀접한 AI 응용 사례를 단계별로 실습했습니다.

책의 가장 큰 특징은 비전공자부터 실무자까지 모두가 따라할 수 있도록 설계했다는 점입니다. 복잡한 이론이나 방대한 수식을 최소화하고, 대신 Cursor의 직관적인 개발 환경과 실습 중심의 안내를 통해, 독자가 스스로 코드를 실행하고 결과를 확인하며 배우도록 구성했습니다. 각 장에서 다룬 프로젝트는 다음과 같습니다.

1장: Cursor 설치와 사용법, Python 환경 준비

2장: 마우스 드로잉으로 숫자를 인식하는 Doodle 인식기

3장: 간단한 규칙 기반과 ML을 결합한 AI 챗봇

4장: 업로드 이미지를 분석하는 이미지 분석기

5장: 긴 뉴스 기사를 한 줄로 요약하는 텍스트 요약기

6장: 텍스트 입력으로 이미지를 생성하는 이미지 생성 AI

7장: 최근 주가 데이터를 분석하여 내일 종가 예측

8장: 아파트 데이터 기반의 집값 예측 웹 애플리케이션

이 과정을 통해 독자 여러분은 데이터를 준비 → 모델을 학습 → 결과를 서비스화하는 AI 프로젝트의 흐름을 처음부터 끝까지 경험하게 되었습니다.

또한 각 프로젝트는 그대로 활용할 수도 있고, 데이터를 바꿔 새로운 주제로 확장할 수도 있습니다. 예를 들어, 집값 예측을 중고차 가격 예측으로 바꾸거나, 뉴스 요약을 블로그 글 요약으로 응용하는 식입니다. AI 기술은 빠르게 발전하고 있습니다. 하지만 기술의 본질은 변하지 않습니다. 문제를 정의하고, 데이터를 다루며, 아이디어를 구현하는 능력이야말로 시대가 변해도 계속 필요한 핵심 역량입니다. 이 책을 통해 익힌 흐름과 경험을 바탕으로, 독자 여러분이 스스로의 아이디어를 현실로 만들어내는 AI 개발자로 성장하길 바랍니다.

감사의 말씀

이 책과 함께 AI 코딩 여정을 걸어와 주셔서 진심으로 감사드립니다.

여러분의 실습 하나하나가 앞으로의 성장과 도약의 밑거름이 되길 바랍니다.

여러분이 만들어 갈 멋진 프로젝트를 기대합니다.

다음 학습 추천

이 책을 마친 후 도전해볼 만한 주제들

1. 모델 고도화, XGBoost, LightGBM, 딥러닝 등 다른 모델로 성능 비교

2. 데이터 확장, 더 많은 변수 추가(위치 좌표, 주변 상권, 계절 요인 등)

3. 서비스 배포, AWS, Vercel, Render 등을 활용한 웹 서비스 실 배포

4. 다른 도메인 적용, 중고차 가격 예측, 영화 흥행 예측, 매출 예측 등

5. UI 개선, React, Vue 등 프론트엔드 프레임워크 연동

"미래를 예측하는 가장 좋은 방법은, 그것을 창조하는 것이다."

— 피터 드러커 (Peter Drucker)

추천 도서

JSP & Servlet
웹 프로그래밍 입문+활용 [4판]

정동진, 최주호, 윤성훈 공저 공저 | 575쪽 | 25,500원

그누위즈의
PHP & MySQL 웹 프로그래밍 입문 [개정판]

윤성훈, 정동진, 최주호 공저 | 608쪽 | 23,000원

한 권으로 끝내는
HTML5 & CSS3 웹디자인 입문+활용

윤성훈, 정지영, 정동진 공저 | 300쪽 | 25,500원

따라하며 완성하는 클라우드 배포 입문서
AWS로 배우는 실전형 CI/CD

최주호, 정재원, 류재성 공저 | 300쪽 | 22,000원